董强 著

近代江南
公共危机与社会应对

苏州大学出版社

图书在版编目(CIP)数据

近代江南公共危机与社会应对／董强著. --苏州：苏州大学出版社，2024.10. -- ISBN 978-7-5672-4905-9

Ⅰ. D630.8

中国国家版本馆 CIP 数据核字第 2024H5769Y 号

书　　名：	近代江南公共危机与社会应对 JINDAI JIANGNAN GONGGONG WEIJI YU SHEHUI YINGDUI
著　　者：	董　强
责任编辑：	王晓磊
助理编辑：	汝硕硕
装帧设计：	吴　钰
出版发行：	苏州大学出版社(Soochow University Press)
出 版 人：	蒋敬东
社　　址：	苏州市十梓街1号　邮编：215006
印　　装：	苏州市古得堡数码印刷有限公司
网　　址：	www.sudapress.com
邮　　箱：	sdcbs@suda.edu.cn
邮购热线：	0512-67480030
开　　本：	700 mm×1 000 mm　1/16　印张：16.5　字数：297千
版　　次：	2024年10月第1版
印　　次：	2024年10月第1次印刷
书　　号：	ISBN 978-7-5672-4905-9
定　　价：	62.00元

凡购本社图书发现印装错误，请与本社联系调换。
服务热线：0512-67481020

序

  自然灾害频发是江南地区较为突出的社会问题。早年，我在日本求学期间，受今堀诚二、夫马进、寺地遵等前辈学者思想的影响，开始对明清以来江南地区的民间慈善事业发展问题产生浓厚的学术兴趣，同时接触了大量江南地区的灾荒赈济史料，并进行过粗浅的探讨。十余年前，董强投学于我门下，先后攻读硕士、博士学位。硕士研究生期间，我引导他专注于雍乾时期"鸿儒宰相"陈宏谋的荒政思想与实践研究，开始接触和了解江南地区的灾荒赈济问题。博士研究生期间，我冀望他围绕近代江南社会问题展开更深层次的研究，并尝试运用新的理论和研究方法予以阐释和分析。

  近年来，受重大公共危机事件的触动及影响，无论是学界还是社会，对公共危机管理问题已颇为关注。十余年前，公共危机管理理论在国内学界兴盛未久，至少在史学界的关注度远不及今天。缘此，在国家大力倡导应急管理体系建设的契机下，董强博士将现代社会隐喻的"公共危机管理模式"移植到近代中国的"江南场域"之中，无疑为江南区域史研究提供了新的视角和方法，不失为一次有益探索。

  可以说，近代江南地区所衍生出的人口、环境、灾害以及其他社会问题，在为近代江南社会治理机制的转型带来严峻挑战的同时，也孕育着破土而出的新契机。事实上，公共危机事件并非孤立事件，其与特定的历史环境和时代背景紧密相关，甚至会引发政治、经济、社会的连锁反应。正是基于这一认识，只有充分探究近代江南公共危机的应对问题，才能使我们更加清晰地认识近代江南社会的本来面目，从而构建微观史学的研究方法。尤其在当今全球化风险日益加剧的背景下,生产力的指数式增长促使社会风险和潜在威胁达到了一个前所未知程度的释放,给新时代国家治理体系和治理能力建设带来了挑战。这些都要求我们从历史经验中汲取不断前行的智慧与力量,因此,有关这类问题的探讨仍有较大提升空间。

十年磨一剑。欣闻董强的博士学位论文即将出版,我由衷感到高兴。希望通过此书,读者不仅可以看到一个不一样的江南,也可以从更加直观的侧面加深对近代江南社会的理解。谨作上述数语荐引,还请读者方家自行评述。是为序!

(教育部长江学者、苏州大学教授)

目录 Contents

- 绪 论 / 1
- 第一章 近代江南的公共危机与应对机制 / 13
  - 第一节 近代江南公共危机概述 / 14
  - 第二节 公共危机应对机制变迁 / 45
- 第二章 多方参与的应对模式：以清末两次鼠疫为例 / 66
  - 第一节 1894 年鼠疫中上海与相关各方的应对 / 68
  - 第二节 1910 年鼠疫中上海与相关各方的应对 / 93
  - 第三节 近代江南公共卫生体系的构建 / 118
- 第三章 绅商主导的应对模式：以民国初年南汇风灾为例 / 128
  - 第一节 南汇县情与自然灾害 / 129
  - 第二节 应对机制的历史基础 / 139
  - 第三节 1915 年的南汇风灾 / 145
  - 第四节 南汇风灾应对机制的轨迹 / 154
  - 第五节 南汇风灾应对机制的成效与影响 / 171
- 第四章 近代公共危机应对机制产生的原因及影响 / 175
  - 第一节 近代公共危机应对机制产生的原因 / 176
  - 第二节 近代公共危机应对机制的影响 / 189

- 结　语 / 223
- 参考文献 / 227
- 附　录 / 230
- 后　记 / 253

绪　论

一、选题缘起

人与自然的关系是永恒的主题。自然赐与人类以宝贵资源，也引发无穷灾祸。在漫长的历史中，灾害与人类相伴相随、齐肩并踵。远古先民由于缺乏科学指导，只能依凭星象预测灾祥。在持久不懈的努力下，人类积累了丰富的防灾与抗灾经验，为推动社会进步做出巨大贡献。在长期的实践中，人类试图探寻一条人与自然"和谐共融"的生存方式。工业革命后，人类改造自然的能力不断增强，同时所面临的灾害种类超越了以往任何时代。为了应对深根宁极的危机，人类不断总结与归纳科学的应对措施，开创了公共危机管理理论（Theory of Public Crisis Management）。

公共危机管理理论在中国的起步稍晚。2002年"非典"，即严重急性呼吸系统综合征（Severe Acute Respiratory Syndrome，SARS）突如其来，使党和政府意识到公共危机管理的重要性。2003年，中央各有关部门组织相关专家，探索并建立一套行之有效的应急预案系统，涵盖国家总体应急预案、省级应急预案、国务院部门应急预案、国家专项应急预案等。2006年1月12日，国务院颁布了《国家地震应急预案》，明确抗震救灾的组织体系、相关职责、预警机制、预防机制、应急响应机制、后期处置及保障措施，为抗震救灾提供良好的预警基础。2008年5月12日，四川省汶川县发生了里氏8.0级大地震，地震造成了巨大的人员及财产损失，截至2008年9月22日，已确认69 227人遇难，374 643人受伤，17 923人失踪；至2008年9月5日，直接经济损失高达8451亿元。地震发生后，国家立即启动了《国家地震应急预案》，各部门立即启动了相关预案。国务院成立了抗震救灾指挥部，党和国家领导人亲临救灾一线，指挥灾区的救济、灾害应对措施及规划未来的重建方案。在各级政府、部门以及社会各界的大力支持下，抗震救灾工作有效开展，在最大程度上减少了地震灾害带来的损失。这一切,不仅得到了全国人民的一致认可,而且赢得了海外媒体的一片赞誉。毋庸置疑,应对公共危机事件,需要政府和全社会共同参与和相互协作。通过科学的理论方法指导,构建"统一指挥、分工协作、体系完备、责任明确、保障权利"的综合体系,以及"反应迅捷、功能齐备、协调有方、运转高效"的治理机制,以抵御各种危机。

我国是自然灾害发生频率较高的国家,灾害的种类多、强度大、波及面广、成灾比率高。历史上,我国一直是人口众多的农业大国,承灾与抗灾能力均较为薄弱。据学者统计,19世纪末至20世纪初,中国处于灾害的群发期。咸同年间,江南发生大疫,死伤无数。1870年,长江中下游发生大洪水,成为近800年来影响最大的一次洪峰高发期。1876—1895年,上海连续年均温度低于15.1℃,农作物大面积歉收。① 1877年,黄河中下游干旱,死伤者高达1 300余万人。1910—1911年,长江水系发生大水灾,波及湖北、湖南、安徽、江西、江苏、浙江等沿江六省,仅江苏境内就有61个州县的民房与良田被淹,各地所报灾民不下二三百万人。② 1910—1911年,东北暴发了20世纪最严重的鼠疫,波及东北、华北、华东等多个地区,夺走了6万多人的生命。③

由此观之,运用公共危机管理理论对历史上的灾荒事件进行研究,具有历史与现实的双重意义,对于推动社会经济的进步与发展具有重要价值。

二、概念界定

(一) 公共危机管理理论

公共危机管理理论的核心是"危机"(Crisis)。它滥觞于希腊语,后被医学界广泛运用。通常指人濒临死亡,游离于生死之间的一种状态。20世纪70年代,西方学界将危机理论引入社会学研究范畴。为了应对层出不穷的危机,人们在实践中总结了诸多危机治理的措施与方法,开创了危机学(Crisisology)的理论。荷兰学者乌里尔·罗森塔尔(Uriel Rosenthal)是危机学的早期创立者,他认为:"危机就是对一个社会系统的基本结构或行为准则所产生的严重威

---

① 科技部国家计委国家经贸委灾害综合研究组.灾害·社会·减灾·发展:中国百年自然灾害态势与21世纪减灾策略分析[M].北京:气象出版社,2000:3.
② 夏明方,唐沛竹.20世纪中国灾变图史:上[M].福州:福建教育出版社,2001:3-5.
③ 夏明方,唐沛竹.20世纪中国灾变图史:上[M].福州:福建教育出版社,2001:17-18.

胁,并在时间压力与不确定性极高的情况下,所做出的关键性决策。"①美国危机学家劳伦斯·巴顿(Laurence Barton)认为,危机是"一个会引起潜在负面影响的具有不确定性的大事件,这种事件及其后果可能对组织及其员工、产品、服务、资产和声誉造成巨大的损害"②。巴顿注重将危机影响的阈限由个体延展至社会,强调在危机治理中公共社会沟通与重塑的重要性,进而产生公共危机管理理论。

简言之,公共危机就是"一个事件突然发生并对大众正常的生活、工作以至生命财产构成威胁的状态"③。从特征上看,公共危机的界定具有四个本质属性:一是公共性(Publicity)。只有波及并影响到公共领域的危机,才称为公共危机。二是突发性(Suddenness)或紧迫性(Urgency)。公共危机事件的产生具有隐蔽性,含有潜在的偶发因素。在危机转换的过程中,决策主体的应对时间十分紧迫,必须在较短时间内做出反应与决策。三是扩散性(Diffusibility)。在日益增强的社会网络的组织建构中,公共危机突破地域限制,形成了由点及面的"涟漪效应"(Ripple Effect)。四是危害性(Perniciousness)与破坏性(Destructiveness)。公共危机的受众面广,倘若处置失策,恐会酿成巨大灾祸。从动因上分析,公共危机大致分为灾害性公共危机、公共卫生危机、社会公共危机等。灾害性公共危机,泛指由自然现象所诱发的各种灾害,诸如水灾、旱灾、风灾等导致的危机。公共卫生危机,泛指卫生防疫领域的瘟疫或烈性传染病等所引发的危机。社会公共危机,泛指一国内部或国与国之间由社会、民族、宗教、外交、政治、局部军事冲突乃至资源环境争夺等因素导致的危机。人们所熟知的"群体性事件",就是社会公共危机的一类。

目前,公共危机管理理论多被学术界运用于行政管理学的研究,史学领域的研究成果较少。郭剑鸣所著《晚清绅士与公共危机治理——以知识权力化治理机制为路径》④一书,将公共危机治理机制的理论运用到晚清社会变迁的研究之中,通过分析知识权力化的公共危机治理机制与解释性政治合法性,以

---

① ROSENTHAL U, CHARLES M T, HART P T. Coping with crisis : the management of disaster, riots and terrorism[M]. Springfield, Illinois: Chaerles C. Thomas Publisher, Ltd, 1989: 10.
② 罗伯特·希斯. 危机管理[M]. 王成,等译. 北京:中信出版社, 2001:19.
③ 龚维斌. 公共危机管理[M]. 北京:新华出版社, 2004:4.
④ 郭剑鸣. 晚清绅士与公共危机治理——以知识权力化治理机制为路径[M]. 北京:光明日报出版社,2008.

及以士人为中介的朝廷与社会关系模式之间的互动关系,进而提出公共危机应对机制必须以政治合法性模式的转型和政府与社会的关系模式为基础。此外,还有不少相关专题论文。

(二) 传统应对机制与近代应对机制

近代中国社会面临"数千年未有之大变局"。侵略者一方面劫掠无尽的财富与宝藏,另一方面运用宗教信仰与精神鸦片为殖民侵略服务。近代江南社会正值由传统向近代过渡的时期。在面对灾害性公共危机、公共卫生危机、社会公共危机时,囿于政局不稳、财政困窘等因素,官赈系统日趋没落,政府应对公共危机的能力显著退化。与此同时,开明的地主阶级知识分子开始探索救亡图存的道路。他们在封建道统的感召下,在民间广泛开展义赈(Famine Relief),以应对日益严峻的社会问题。此外,西方传教士作为文化侵略的急先锋,在基督教博爱思想的掩饰下,积极投身民生领域,为传教制造便利。当然,以传教士为主导的教赈(Missionary Famine Relief)也折射出所谓的人道主义的光辉。

就近代公共危机应对机制而言,以官赈、义赈、教赈为代表的应对力量呈现出了三足鼎立的态势。公共危机应对机制逐步由传统向近代转变。就近代公共危机的属性而言,其不仅涵盖传统危机,还包括前所未有的新危机,这促使近代社会政治系统的变化与社会结构的调整。

以晚清为例,民众的民主意识不强,民权观念淡薄,自治风气有待开化。在封建等级制度的影响下,社会分配不均与政治权力不平等现象依旧存在,社会矛盾尖锐。每逢灾荒之际,这种矛盾便达到巅峰。底层民众渴望改变自身低下的地位与不平等的分配体制,于是试图通过"民变""抗租""抢粮"等暴力革命的方式实现自我解放的诉求。太平天国运动的兴起,无疑是这一诉求的集中体现。地主阶级为了维护自身统治,竭力消除战乱对政权的影响,在政策上予以适当让步。开明的地主阶级知识分子意识到需维护封建道统,于是便实施跨越地域的义赈,开启了近代义赈的先河。他们的善举对于纾缓灾情与百姓疾苦起到了重要作用。当然,士绅的义赈从根本上是为了使用道统武器捍卫封建统治。西方传教士在基督教博爱思想的感召下,广泛参与中国的灾荒赈济,其中也不乏一定的政治目的。传教士的"善举"使部分国人重新认识"洋教"。不少人皈依基督教,并在中国传播现代医疗卫生观念,这对中国公共卫生体系的建立具有推动作用。

由此观之,公共危机绝非单一、孤立的存在,它与政治结构、社会变迁、民族矛盾等均存在必要联系。只有充分探究近代公共危机与应对机制之间的关系,我们才能更加清晰地认识到晚清社会的真实面目,更能洞悉近代社会变迁的原因与过程,从而深刻理解社会各阶层对挽救民族危亡所做出的种种努力。

(三) 应对机制与应对模式

应对机制,指的是一个社会系统在面临外部条件发生不确定的变化时,能自动并迅速做出反应,调整原定的策略和措施,实现目标优化。应对模式,指的是在一个良好的规范指导下,为解决某一类问题而设计优良的方案,以期达到事半功倍的效果,从而得出解决问题的最佳方法。就本书而言,公共危机应对机制指的是在特定的历史时期或环境下,社会各系统为应对危机所采取的惯性策略或措施,是长时段目标的体现。公共危机应对模式指的是在单个或多个危机事件中,社会各系统为应对某一类危机所制定的方案,其目的在于实现短期或具体的目标。

三、学术史回顾

(一) 灾荒史研究

灾荒是公共危机研究中的主题之一。中国是自然灾害频发的国家,特别是近代已成为中国历史书写中灾荒最频繁、最严重的时期。[1] 据学者统计,晚清71年,全国共发生自然灾害1 354起。[2] 中国是较早研究灾荒的国家。清代以来,冠以"荒政""筹济""康济"之名的书不下百种,尤以《荒政辑要》《筹济编》《康济录》等最为著名。20世纪20年代,华洋义赈会汇聚多名学者编纂"中国荒政全书",但之后因抗战爆发而停滞。邓拓在《中国救荒史》(武汉大学出版社,2012)一书中,运用多学科的研究方法,梳理了中国荒政事业的基本发展脉络。冯柳堂的《中国历代民食政策史》(商务印书馆,1937)和于佑虞的《中国仓储制度考》(正中书局,1948)则系统性地总结了近代救荒政策。改革开放后,李文海等学者成立了"近代中国灾荒研究课题组",出版了《灾荒与饥馑:1840—1919》(高等教育出版社,1991)、《近代中国灾荒纪年》(湖南教育出版社,1990)、《近代中国灾荒纪年续编》(湖南教育出版社,1993)等一批著作。

近代灾荒史研究,主要有以下诸类。

---

[1] 夏明方.民国时期自然灾害与乡村社会[M].北京:中华书局,2000:5.
[2] 刘仰东,夏明方.灾荒史话[M].北京:社会科学文献出版社,2011:1.

第一,对近代荒政的整体性研究。李向军的《清代荒政研究》(中国农业出版社,1995),就清代200多年的荒政实践进行整体考察。孙绍骋的《中国救灾制度研究》(商务印书馆,2004)中篇部分,对1949年以前的中国救灾制度进行了系统的梳理与归纳,对救灾主体、防灾、减灾及救灾措施等做了周详的归纳与论述,其中不少篇幅涉及晚清灾荒制度的研究。

第二,结合近代政治环境,对某一时段的灾荒史进行发掘和梳理,如夏明方的《民国时期自然灾害与乡村社会》(中华书局,2000),夏明方、康沛竹主编的《20世纪中国灾变图史》(福建教育出版社,2001),池子华的《中国流民史》(近代卷)(安徽人民出版社,2001)等。此外,陈桦、刘宗志所著《救灾与济贫:中国封建时代的社会救助活动(1750—1911)》(中国人民大学出版社,2005)对清代中后期政府与社会的饥荒政策、救灾措施和方法等进行了系统的论述。美国学者 Lillian M. Li(李明珠)所著 Fighting Famine in North China: State, Market, and Environmental Decline, 1690s-1990s(Stanford, CA: Stanford University Press, 2007),考察了晚清的国家干涉主义与灾荒赈济之间的关系。

第三,对近代荒政中的某一领域或某一专题进行深入剖析。光绪年间的"丁戊奇荒"是学者们关注的焦点之一。最早的研究见于何汉威的《光绪初年(1876—1879)华北的大旱灾》(中文大学出版社,1980)。朱浒在《地方性流动及其超越:晚清义赈与近代中国的新陈代谢》(中国人民大学出版社,2006)一书中,围绕江南士绅在"丁戊奇荒"中的义赈,就传统与现代、内发行动力与外部冲突、国家与社会、地方性与普遍性等诸多问题展开了颇具说服力的阐析,对史学界背后潜在的研究模式之争,尤其是"冲击—回应"与"中国中心观"模式之争做出回应。靳环宇的《晚清义赈组织研究》(湖南人民出版社,2008)一书考察了晚清义赈,从历时性和共时性的研究视角,立体聚焦晚清义赈组织,将中国慈善史和中国赈济史两条研究理路相整合,充分解析了义赈组织的发展演变过程及其运行实态,概括出了义赈组织的结构和功能。王卫平在《光绪二年苏北赈灾与江南士绅——兼论近代义赈的开始》(《历史档案》2006年第1期)一文中,认为光绪二年(1876)的苏北赈灾开近代义赈的先河,灾区的惨象引起了江南民众巨大的震撼,江南士绅出于同情心与社会责任感,突破了传统的赈灾范围,有组织地前往苏北参与赈济是具有标志性意义的事件。

(二)传统社会保障研究

传统社会保障一直以来是学界关注的焦点。围绕这一主题,专家们集中对晚清至民国时期影响较大的华洋义赈会、红十字会等民间救助团体的发展过程与影响做了深入探讨。

第一，对传统社会保障制度的研究。郑功成在《我国古代社会保障思想及其评价》(《上海保险》1991年第4期)和《中国社会保障论》(湖北人民出版社,1994)等论著中对古代社会保障的思想传统和具体措施做了初步探讨。王卫平、黄鸿山所著《中国古代传统社会保障与慈善事业：以明清时期为重点的考察》(群言出版社,2005)一书，总结了中国传统社会保障事业发展的脉络，尤其是重点考察了明清时期政府制定的社会保障政策、民间社会主持的以社区为中心的慈善事业和宗族面向族内人员所实行的救济措施。

第二，对华洋义赈会的研究。蔡勤禹的《民间组织与灾荒救治——民国华洋义赈会研究》(商务印书馆,2005)一书，结合政治史的研究成果，探讨了华洋义赈会的产生背景及发展过程，就转型时期民间组织发展的困境做了阐述。刘招成的《华洋义赈会的农村赈灾思想及其实践》(《中国农史》2003年第3期)一文，认为华洋义赈会从实践中提出并实施了"建设救灾""防灾救灾"等颇有特色的指导思想与原则，发展与完善了一套赈灾运作机制，对当时的中国社会产生了积极影响。

第三，对红十字会的研究。学界对红十字运动研究的著作颇丰，尤以池子华、张建俅、周秋光等人的研究最为突出，先后出版了《百年红十字》(孙柏秋主编，安徽人民出版社,2003)、《红十字与近代中国》(池子华，安徽人民出版社,2004)、《中国红十字历史编年(1904—2004)》(池子华、郝如一主编，安徽人民出版社,2005)、《中国红十字会初期发展之研究》(张建俅，中华书局,2007)、《红十字会在中国(1904—1927)》(周秋光，人民出版社,2008)、《中国红十字会百年往事》(池子华、郝如一主编，合肥工业大学出版社,2011)等论著，并对近代以来红十字会的发展进行了深入剖析。2005年，红十字运动研究中心在苏州大学成立，这是中国第一所以红十字运动为专门研究对象的学术机构。

第四，对慈善人物的研究。研究对象主要分为以下三类：一是具有官方背景的慈善家，如中国史学会等汇编的《林则徐与近代中国》(海峡文艺出版社,2009)、夏东元编著的《盛宣怀年谱长编》(上、下)(上海交通大学出版社,2004)、虞和平编的《经元善集》(华中师范大学出版社,1988)等；二是民间士绅所构成的慈善家，如朱英的《经元善与晚清慈善公益事业的发展》[《华中师范大学学报》(人文社科版)2001年第1期]等；三是宗教界的慈善家及其活动,如王中秀编著的《王一亭年谱长编》(上海书画出版社,2010),李宪堂、侯林莉所译的《亲历晚清四十五年:李提摩太在华回忆录》(天津人民出版社,2005)等。

(三) 医疗卫生史研究

第一,疫病史的研究。余新忠的《清代江南的瘟疫与社会:一项医疗社会史的研究》(中国人民大学出版社,2003)对清代江南地区瘟疫流行的状况、社会与政府的对策及与中国近代化道路相关的问题做了全面探讨。赖文、李永宸的《岭南瘟疫史》(广东人民出版社,2004)全面梳理了唐末至近代岭南地区的疫情概况,尤其是对近代以来粤港之间就防疫问题所展开的合作及应对措施的影响进行了深入剖析。曹树基、李玉尚的《鼠疫流行对近代中国社会的影响》(复旦大学历史地理研究中心主编,《自然灾害与中国社会历史结构》,复旦大学出版社,2001),在论及鼠疫流行对近代中国社会的影响时,认为"近代中国的变迁,本质上是一种生态的变迁"。

第二,公共卫生史的研究。余新忠的《清代江南的卫生观念与行为及其近代变迁初探——以环境和用水卫生为中心》(《清史研究》2006 年第 2 期)以江南地区的环境和用水卫生为讨论中心,认为传统社会时期,国家尚未建立有效的公共卫生法律体系,但人们却存有此类观念。晚清以后,在精英知识分子的推动下,江南开始汲取现代公共医疗卫生系统的成功经验,并逐步将其纳入国家的常态性建设。张泰山的《民国时期国人对公共卫生建设的认识》(《安徽史学》2008 年第 5 期)一文,认为当时的国人已经意识到公共卫生在发展社会经济、提高国家地位与声誉方面的重要性,以及建设公共卫生的困难因素,并提出了克服各方面困难的方法和手段,努力推动民国公共卫生事业的发展。

四、相关文献资料

史料是史学研究的基石,运用实证主义的研究方法是史学研究的惯用做法,需要史学家尽可能占有详尽的史料,并辅以科学、细致的甄别与梳理,从而得出合理、正确的推断与结论。笔者的论题虽扩及近代,但研究视域以清末民初的江南地区为主。在笔者看来,清末民初正值波谲云诡的变革时代,这一时代所遗留的历史文献资料极其丰富,不仅有来自官方的文牍、邸报、公报,亦有源于民间的报刊与文人笔记;不仅有关于中国人亲身经历的记述,亦有日本、英国、美国等国外交家、记者、商人的旁观之辞,双方论述可相互佐证,互为补充,使扑朔迷离的事件变得清晰。

绪 论

历经岁月封尘,许多资料湮没于滚滚尘嚣之中,或毁于兵燹,或散佚不全,或分散于文集之中。除部分已公开出版的文集、档案资料、汇编外,不可复者亦不在少数。笔者几度奔走于苏州、上海、南京等地的档案馆、图书馆,并通过挚友,从广州图书馆、中山大学图书馆等地复印了不少珍贵的档案及外文资料。特别值得一提的是挚友的无私援助,其从日本邮寄了部分档案资料及原著,不少资料尚未被引介到国内,亦无中文译本。笔者秉持探求史实真谛的原则,从各馆庋藏的浩瀚典籍文献中,积聚汇总、抽丝剥茧、去芜存菁。一言以蔽之,除充分利用已公开出版的文集、档案资料、汇编等诸多史料外,笔者还广泛涉猎中英文报刊、文集,中央及地方政府所编印的公报,港英政府与日本明治政府的年鉴、公报等多种文献,并有效利用各慈善组织所刊印之征信录、报告书、往来信件等未刊史料,使研究更为细致、严谨、缜密,具有较强的说服力。现仅对文献资料做如下分类介绍。

（一）地方志

地方志是研究历史的重要文献来源。明清以降,中国地方志的编撰体例逐渐完备,上至一统志,下至省志、府志、县志、乡镇志等,纲目完备、门类齐全,素有"百科全书"之誉。江南地区素有修志的传统,典藏的方志众多。为了更好地研究晚清江南公共危机应对机制的变迁,笔者对江浙两省地方志中有关灾异的部分进行了细致、周密的梳理,编撰了《晚清江南地区重大自然灾害年表(1840—1911)》。就地域分布来看,涉及苏州、松江、常州、太仓州、杭州、嘉兴、湖州等"六府一州";就囊括种类而言,涉及洪灾、旱灾、潮灾、风灾、地震、霜冻、冰雹、虫灾、瘟疫等灾害。为了统计相关数据并保证数据的精确、可靠,笔者需依凭多种方志和文献对某一灾害所波及的地域、时间、周期等反复对比并校正数据。在查阅的过程中,也发现不少地方志记载的数据存在前后抵牾的现象。

（二）档案与公报

档案资料具有原始性、可靠性,素为史学界所重视。笔者以历史事实为归旨,遍览清政府、租界当局以及有关外国政府各时期的档案与公报。具体而言,主要有如下诸类。中文资料主要有苏州大学图书馆、苏州图书馆、上海图书馆所藏之各个历史时期的政府公报与档案资料,尤其是灾害、卫生、医疗救济等方面的档案。外文档案,笔者主要查阅了上海市档案馆所藏工部局年报(Shanghai Municipal Council Annual Report)、香港大学图书馆(HKUL)所藏港英政府公报(Hong Kong Government Reports)、日本国立公文书馆所藏明治时

期东亚历史资料(日本国立公文書館アジア歷史資料)等。

(三) 报刊

近代新闻业日臻繁盛,在上海、宁波等通商口岸,不仅有中文报刊,还有英文报刊等,来源十分广泛,受众面亦较广。报刊资料相较于政府公报等,可信度较低。不少报刊虽对某一公共危机事件进行跟踪报道,但是小道消息或谣传亦被作为信息来源予以著录,影响了报刊的真实性与可信度。以《申报》(*Shun Pao*)为例,其不仅刊载上海的重大事件,而且对外埠的重大事件进行广泛的报道与评论。不过,诸如《申报》、《万国公报》(*A Review of the Times*)等报刊,得益于外国势力的庇护,政治上受清政府政策的影响较小,所刊布之言论不乏针砭时弊之辞。此外,《申报》的出版时间较长,保存完整,大多能秉持公允,在一定程度上揭示出事件的来龙去脉,史料价值不可低估。

(四) 文集

晚清不少学人编撰并著有大量的文集,其中不乏关于当时社会生活与各阶层情况的记录,这对我们深入了解清末民初的社会状况具有参考价值。其中中文文集有:王韬的《瀛壖杂志》、葛元煦的《沪游杂记》、黄懋材的《沪游脞记》。英文文集有:杜格尔德·克里斯蒂(Dugald Christie)所撰《奉天三十年(1883—1913):杜格尔德·克里斯蒂的经历与回忆》、李提摩太(Richard Timothy)所著《亲历晚清四十五年:李提摩太在华回忆录》等。

五、研究方法与论文框架

发端于社会学的公共危机管理理论在西方史学界得到广泛关注,成为研究现代国家运行机制的标杆。公共危机作为古老而时新的话题,驱动着内向型、封闭型的近代社会向外向型、开放型的现代国家转变。清末民初的江南社会这一研究背景,正是传统危机治理向现代危机治理转变的典型切片。对其进行剖解,有助于对转型时期的中国社会结构与社会变迁做更为细微的认知与把握。公共危机管理理论在国际学术界还是一个较为新颖的理论,诞生于20世纪70年代。2003年,"非典"之后,国家应急管理体系建设快速发展,以灾害性公共危机、公共卫生危机、社会公共危机为母题的理论框架、研究方法、基本原理、应用体系等在国内学界颇受人瞩目。将现代社会隐喻的"公共危机管理模式"移植到近代社会的"江南场域"之中,无疑为近代史的研究注入了新鲜血液,不失为有益的探索。

绪 论

按照前述研究思路与方法,本书由绪论、主体、结语和附录四部分组成,主体部分共四章。

绪论部分主要介绍了选题的缘起、学术史及研究现状等,阐述了研究的思路、方法、框架及创新与不足等。

第一章主要叙述了近代江南的公共危机与应对机制。通过回溯明清时期江南公共危机应对机制的概况及相关背景,为全面分析与论证近代江南公共危机应对机制的转变做好铺垫,其中着重分析了近代江南的灾害性公共危机、公共卫生危机、社会公共危机等。在应对机制的部分,笔者分析了传统应对机制衰落的原因,探讨了近代应对机制的兴起,并就义赈与教赈模式做了广泛而深入的探讨。

第二章与第三章是全书的例证部分,也是本书的核心。

第二章主要以1894年与1910年发生的两次鼠疫为例,通过剖析两次鼠疫风潮的传播脉络及社会的应对机制,尤其将江南与其他地域的危机应对予以对比,基本廓清了近代江南地区公共卫生体系的建立与公共卫生危机应对机制的迭变过程。

第三章主要以民国初年的南汇风灾赈济为例,通过对比历史上南汇灾荒赈济与民国初年风灾赈济所依靠的路径,探讨近代江南社会在应对机制方面的变迁。民国初年的南汇风灾赈济呈现出官赈与义赈并举的格局。在义赈方面,地方乡绅不仅捐资成立了南汇义赈公所等专门性的赈济机构,对募捐、放赈的各个环节予以监督,还广泛利用借贷、股票、储蓄券等现代金融手段,推动传统慈善事业向近代义赈转变,从而构建以绅商为主导的危机应对模式。

第四章主要分析了近代公共危机应对机制产生的原因及影响。就应对机制产生的原因而言,其一,晚清政府囿于内忧外患,统治能力逐渐衰弱,从而导致负责任政府的缺失,进而引发官赈的衰微;其二,面对连续不绝的公共危机事件,士绅毅然肩负起了社会责任与道德使命,积极参与灾荒赈济,从而使义赈渐趋兴起;其三,以传教士为主导的外来势力不断扩张,并逐步对近代中国社会进行渗透,从而使教赈的力量得以增强。就应对机制的影响而言,笔者采取理论与实例相结合的方法,经研究认为,近代公共危机事件引发了政权危机,使社会舆论传播的力量得以增强,并使江南士绅产生了民族危亡的意识。

此外,笔者通过爬梳地方志、文献档案等相关史料,对晚清江南地区重大自然灾害进行了系统的梳理与总结,并予以附录。笔者力图解决如下三个问题:一是近代江南公共危机应对机制变迁的原因、过程、结果;二是近代江南公共危机应对机制与江南社会之间的互动与影响;三是以近代江南公共危机的应对为例,从微观视角对近代社会的变迁予以深入剖析,从而更为全面地了解与透视近代社会的转型与变迁这一社会史研究的主题。

六、创新与不足

跨学科与交叉学科的研究在史学界已蔚然成风。公共危机管理理论作为新兴的理论在其他学科领域已日臻繁荣,但史学界的相关研究却方兴未艾。将公共危机管理理论引入历史学的研究领域,对于笔者而言,无疑是大胆的尝试与挑战。在研究过程中需要面对跨学科研究领域理论与研究方法整合等一系列难题,笔者如履薄冰、潜心研究,希冀对相关研究有所裨益。具体而言,本文的创新之处主要有以下几点。

第一,运用实证主义的研究方法,将公共危机管理理论贯穿于史学研究之中。笔者以清末民初的公共危机事件为案例,对相关历史事件抽丝剥茧,充分运用微观研究的方法,大体勾勒出晚清江南公共危机应对机制变迁的过程。

第二,采用对比研究的方法,对处于同一危机事件阴霾中的不同地域、城市进行整体性研究。如在第二章的1894年鼠疫危机案例中,笔者对上海、香港、广州、横滨四座城市进行对比研究,不难发现,在面对鼠疫这起突发性公共卫生危机事件时,四座城市的管理者采取了截然不同的应对措施。之所以出现这样的情况,与它们当时的政治生态环境及社会制度的差异密不可分,从而起到了以小见大的效果。

第三,全面梳理了晚清江南地区重大自然灾害,制成年表,对晚清江南地区的灾害种类及状况进行了数理化的分析。灾荒数据统计的真实性与可靠性,对系统研究公共危机应对机制的变迁具有重要的价值。笔者采用统计学、气象学、灾害学等多学科的研究方法,对灾害进行细致分析,从而廓清了晚清江南地区的自然灾害概貌。

当然,将公共危机管理理论运用到史学研究之中,本身就是一件颇为不易的事情。它不仅需要研究者具有扎实的理论功底与敏锐的观察视角,还要求研究者具备驾驭史料、发现历史问题的能力。笔者囿于自身能力,在观点的陈述与研究方法的运用等方面还略显稚嫩,对相关的一些问题缺乏深入探讨,在材料的挖掘与运用上还存在不足。这些方面,都有待笔者在今后的科研工作中做进一步的探讨,以期构建完善、合理、科学的公共危机史学研究平台与研究理论框架。

第一章
近代江南的公共危机与应对机制

史学研究存在"纵向剖析"(Portrait)与"横向解构"(Horizontal)两种方法。所谓"纵向剖析",指的是研究一个时期或一个时代的不同时段的史实,即断代史的研究方法。所谓"横向解构",指的是研究某一政治性、地理性或人文性区域的史实,即区域史(Regional History)的研究方法。这里所涉及的区域含有两层涵义,既指自然区域,亦指人文或社会区域。对江南的研究属于区域史研究范畴。史学界所指的"江南",既含有地理概念,也具有社会属性。明辨江南的地理构造与社会发展脉络,对我们廓清近代江南的公共危机与应对机制有所裨益。

公共危机的成因是多方面的,既有自然因素,又有社会因素。从自然因素看,江南处于水系发达、河网密布的长江三角洲,全年降雨量充沛,尤其夏秋时节是洪涝灾害的多发期。温暖潮湿的生态环境给许多微生物的孳生提供了适宜的温床,各种疫病猖獗肆虐。从社会因素看,近代江南人口的基数与繁衍率远甚于之前的历史时期,出现了数次生育高峰,人口不断攀升。咸同以后,江南掀起了开埠通商的浪潮,对外贸易繁盛,区域间人口流动频繁,给疾病的传播提供了渠道。面对频繁发生的公共危机事件,传统危机应对机制缺乏活力,以民间义赈与西方传教士教赈为代表的近代危机应对机制勃然兴起。近代江南的公共危机应对机制发生了历史性的变迁,形成了官方赈济、民间义赈、教会赈济三足鼎立的局面。三股力量在应对危机的过程中,既相互博弈,又互相合作,推动了近代江南公共危机应对机制的变迁。

第一节 近代江南公共危机概述

一、江南的地理环境与社会环境

（一）地理环境

不同历史时期，江南的地理话语指向迥异，但大体指现今长江中下游一带，尤指以太湖平原为中心的长江三角洲一带。现有的考古资料表明，在冰川时期，长江三角洲还是一片汪洋。随着地质构造变化与大规模海退，海岸线逐渐推至东海大陆架边缘，长江三角洲的地质轮廓逐渐清晰可辨，海滨环境就此形成。长江中上游充沛的水量与河床的缓慢抬升，使得上游冲刷的泥沙在长江入海口不断沉积，加之海平面上升速度趋于平缓，长江入海口的泥沙沉积量远超侵蚀量，长江下游的陆地不断抬升，东海大陆架的边界发生变化，长江三角洲冲积平原渐趋成型。

斗转星移，长江入海口的海岸线渐朝东南方向推移，长江三角洲的地理区位悄然发生变化。充沛的水源与适宜的气候孕育了长江三角洲地区史前人类生存和繁衍的环境。从地质环境看，以长江三角洲为中心的江南主要覆盖了太湖平原、宁镇丘陵、杭嘉湖平原、宁绍平原等地理区域。这里不仅拥有长江、太湖、钱塘江等大的江河湖泊，而且支流、渠塘等密布，蜿蜒曲折、纵横交错，仅太湖沿岸就有各类大小河流210余条，构成了发达的内河航运系统。各类大小湖泊总计达190余个，面积占整个江南区域面积的10%以上。

根据考古资料，在江南出现过马家浜文化与良渚文化。丰富的出土文物与史前遗迹，见证了这片区域曾经拥有灿烂、光辉的文明。司马迁《史记》中把江南的地理环境概括为有"三江五湖之利"。三江指的是宣泄太湖之水入海的松江、东江、娄江。北支娄江，经苏州府的昆山县、太仓州与浏河交汇，注入东海。中支松江，今名吴淞江，在松江府境内名为苏州河，本源自吴江县，在上海县与黄浦江交汇，流入东海。南支东江，即为人们所谙熟的黄浦江。三江水系的水量充沛，尤以松江的河床最为宽广。五湖是指太湖流域的大小湖泊，尤以太湖的水域面积最大，另有滆湖、淀山湖等。五湖流域，人烟稠密、物阜民丰，以盛产稻米和各类鲜鱼著称。五湖周边地势低洼，雨季来临时易酿成洪涝灾害。水路的畅通无阻与邗沟、京杭大运河等人工水系的开凿,为江南与外部区域的交流提供了便捷的水路运输系统。江南属于亚热带季风性气候,年平均气温为15℃—19℃,终年雨量充沛,气候湿润,平均年降水量为1 000—1 500毫米。充沛的水源与充足的光照及热量,为农作物的生长提供了优质的环境,促进了江南农业生产的发展。勤劳与智慧的江南人民善于利用自然湖泊修筑堤坝,兴建水利工程,旱时引水灌溉,涝时排水宣泄,变有害自然环境为利,以服务人类。优良的区域生态环境使江南一跃成为全国稻麦、油菜、棉花、茶叶、蚕桑等作物的主产区之一,增强了农业经济实力,为商业与初级手工业的发展提供了充足的原材料。

  司马迁在《史记》中载有"饭稻羹鱼"一说,成为汉代人们对江南印象的真实写照。历经永嘉之乱、安史之乱、宋室南迁的沧桑巨变,江南一跃由南蛮之地成为全国经济与文化的重心。唐宋时代,江南俨然成为华夏大地的富庶之区,所谓"茧税鱼盐,衣食半天下"。唐代文豪韩愈直言不讳地说道:"当今赋出于天下,江南居十九。"南宋以降,稻麦两熟制在江南普遍推广,稻米品种十分丰富,各类经济作物广泛种植。农业生产呈现出"苏湖熟,天下足"的丰收景象。江南不仅为国家提供了充足的粮食,还提供了丝、棉等名目繁多的物质资料,无论在数量上还是质量上,都领先于全国。明清以降,江南业已蔚为天下粮仓,成为东南税赋的主要征收地。精湛的生产工艺与发达的生产力水平使江南创造出了富可敌国的物质财富,各项农产品的生产指标已远远超过北方的粮食主产区,成为明清两代国家的经济支柱。丘濬在《大学衍义补》里写道:"韩愈谓'赋出天下,而江南居十九'。以今观之,浙东西又居江南十九,而苏、松、常、嘉、湖五郡又居两浙十九也。"可见江南粮食生产之兴盛。徐光启在《农政全书》里写道:"窃惟直隶之苏、松、常,浙江之杭、嘉、湖,约其土地,虽无一省之多,计其赋税,实当天下之半。"

  以江南为中心的长江三角洲区域,经济地位在全国而言,可见一斑。缘于明清之际的江南生产与生活方式以及语言、风俗的趋同性,江南地域概念的厘定愈加清晰。对于江南地域概念的界定,历史上的诸多学者给出了不同的观点,但是大抵都集中在以太湖平原为中心,以长江三角洲为界的区域范围内。李伯重在《简论"江南地区"的界定》一文中,认为江南的区域范围应限定为苏州、松江、常州、镇江、江宁、杭州、嘉兴与湖州,即所谓"八府",加上从苏州府析出的太仓州,合为"八府一州",地域面积大约4.3万平方公里。① 依照李伯重的观点,这个地区无论从地理环境、水文系统、自然生态,还是人文风貌、经济联系等方面来说,都是一个相对完整的统一体。当然,亦有不少学者认为江南的地理概念应缩小范围,大抵只包含"六府一州",即苏州、松江、常州、杭州、嘉兴、湖州与太仓州。此外,也有学者提出广义上的"江南"概念,将宁绍平原地区也归入江南,认为除"八府一州"外,还应当囊括宁波与绍兴等地区。地域概念界定的不同,在于研究对象的偏差。"江南"并非纯粹的地理学名词,而是承载自然地理与人文历史的专业术语。笔者在考察晚清江南公共危机之时,大抵以"六府一州"作为研究的核心区域,但灾疫并不会限于特定的区域,将视野拓展至广义上的江南,并予以旁证,必能更为明晰地探究某些问题的来龙去脉。

(二) 社会环境

近代江南的社会环境发生了显著变化,主要有如下特征。

1. 人口基数大,增长速度快

随着清中期的社会经济发展,江南人口与日俱增。到19世纪中叶,江南的人口数量达到高峰,人口基数庞大,主要有两方面的原因:一是工农业的发展使得劳动力的需求量急剧增加,外来人口不断涌入;二是江南处于富庶的太湖平原,粮食可基本满足人口的需求。总体而言,清末民初的江南人口,呈现出三个阶段的变化:第一阶段为1840年至1850年前后,这一时期是江南人口的缓慢增长期。据学者的不完全统计,太平天国运动前夕(1850年前后)的江南人口维持在3 635万左右。第二阶段为1850年至1864年前后,这一时期是江南人口的锐减期。由于太平天国运动与苏浙皖瘟疫的影响,这一时期的江南人口大规模锐减。第三阶段为1864年至民国初年,这一时期是江南人口的较快增长期,尤以上海、无锡、南通等新兴工业城市人口增长速度最快。太平天国运动彻底改变了江南人口的空间布局,上海作为全国工业与经济中心,人口数量位居江南乃至全国前列。

(1) 太平天国运动前后江南人丁和人口的变化

太平天国运动波及江南后,江南人丁(男性)和人口的数量发生了显著变化,战争与灾疫无疑是人丁和人口锐减的主要因素。以苏南为例,1864年太平天国运动结束后,苏州、常州、太仓州等地均出现了不同程度的人丁和人口锐

---

① 李伯重. 简论"江南地区"的界定[J]. 中国社会经济史研究,1991(1):100 - 105.

减。战前(太平天国运动进入江南前),苏南地区州府的人丁总数大致为725万,战后降至390万左右,减幅达46.22%。在苏州、松江、常州、太仓四个地区中,以太仓州的减幅最小,战前人丁数为1 064 758,战后锐减至586 503,减幅达44.92%。其次为常州府,战前人丁数为1 379 432,战后锐减至556 020,减幅达59.69%。减幅最大的是苏州府,战前人丁数为3 412 694,战后锐减至1 288 145,减幅达62.25%。唯独松江府出现了人丁的小幅增长,战前约为1 388 899人,战后增长至1 466 195人,增幅达5.57%。究其缘由,大抵是战乱后苏州、太仓州一带的民众躲避至上海租界。1874年,清政府为涤荡南方战乱所遗留的积弊,对南方的人口与土地进行重新勘查,以便作为征收赋税的依据。1874年的户部清册中,江苏省人口为1 982.3万,相较于1851年清政府统计的约4 439万人,减幅达56.56%。太平天国运动前后苏南地区人丁变化的具体情况如表1-1所示。

表1-1 太平天国运动前后苏、松、常、太地区人丁数值变化表

府(含州、厅)	太平天国运动前人丁数	太平天国运动后人丁数	太平天国运动后人丁增减幅度/%
苏州府	3 412 694	1 288 145	62.25
松江府	1 388 899	1 466 195	5.57
常州府	1 379 432	556 020	59.69
太仓州	1 064 758	586 503	44.92
小 计	7 245 783	3 896 863	46.22

资料来源:王树槐.中国现代化的区域研究:江苏省1860—1916[M].台北:"中央研究院"近代史研究所,1984:444.

探讨太平天国运动前后江南人口的具体变化数值颇有难度,但人口的锐减是事实。从各州府的情况看,人口存在不同程度的锐减。1851年,清政府登记造册的苏州府人口大约有654.1万;1865年,登记造册的人口大约有228.9万,减幅达65.01%。与苏州府的人口锐减相比,松江府的人口减幅较小。1851年,松江府登记造册人口大约为293万;1865年,松江府登记造册的人口大约为263万,减幅为10.24%。而常州府1851年登记造册人口大约为431.4万,1865年登记造册人口大约为167.2万,减幅达61.24%。

从苏南各县的人口变化趋势来看,人口锐减是普遍事实。嘉定县1813年人口为436 466,1864年人口为223 131,减幅达48.88%。松江府的青浦县1810年人口为332 164,1865年人口为208 870,减幅达37.12%。吴江县1820

年人口为 304 057,1864 年人口为 113 653,减幅达 62.62%。常熟县 1820 年人口为 377 918,1865 年人口为 213 532,减幅达 43.50%。苏州府的昭文县 1820 年人口为 260 839,1865 年人口为 185 571,减幅达 28.86%。无锡县 1830 年人口为 339 549,1865 年人口为 72 053,减幅达 78.78%。常州府的金匮县 1830 年人口为 258 934 人,1865 年人口为 138 008,减幅达 46.70%。太平天国运动前后江南部分州县人口变动情况如表 1-2 所示。

表 1-2 太平天国运动前后江南部分州县人口变动情况表

县名	太平天国运动前		太平天国运动后	
	年份	人口	年份	人口
嘉定	1813	436 466	1864	223 131
青浦	1810	332 164	1865	208 870
吴江	1820	304 057	1864	113 653
常熟	1820	377 918	1865	213 532
昭文	1820	260 839	1865	185 571
无锡	1830	339 549	1865	72 053
金匮	1830	258 934	1865	138 008

资料来源:李文治.中国近代农业史资料:第 1 辑[M].北京:生活·读书·新知三联书店,1957:151.

近代江南人口变化的原因在于苏北、安徽、山东、河南、江西等外埠流民涌入江南的工业城市,这无疑对江南人口的结构产生了影响。其中的流动人口,由既往的旅居、流寓变为长住、定居,成为后期人口基数增长较快的因素之一。外来人口的涌入改变了江南的人口布局,充分补充了因战乱而丧失的劳动力资源,对战后经济的恢复与发展起到了重要的推动作用。

(2) 清末民初的人口变化

清末民初是江南人口的快速增长期。随着宁波、上海、苏州、杭州等通商口岸的陆续开放,商品流通与海外贸易日益频繁。上海已一跃超越广州,成为中国最重要的对外贸易口岸。江南的商贸物流大幅提升,无锡、南通等新兴工业城市一派商贾辐辏、往来殷繁的景象。日本学者大村欣一在《支那政治地理志》一书中,对光绪二十八年(1902)江苏省的人口进行过粗略的统计,得出当时全省人口大抵为 23 980 000。[①] 光绪三十三年江苏省的民政机构对全省人

---

① 大村欣一.支那政治地理誌[M].影印本.東京:丸善株式会社,1913.

口进行统计,得出当时全省人口大抵为 24 588 915。宣统二年(1910)清政府设立民政部,为做好仿行立宪的准备,对江苏省的人口进行统计,得出当时的人口大抵为 26 918 000。① 清王朝覆灭后,中华民国南京临时政府于 1912 年对全国人口进行普查。江苏作为畿辅重地,对全省人口展开清查,普查出的人口大抵为 32 273 000。② 1916 年,上海《时报》对民国元年的江苏人口亦有所记载,称当时全省人口大抵为 32 150 000。③

倘若将清末同治年间江南各州府的人口与民国初年的人口对比,大抵可知清末民初之际江南人口的变化趋势。同治四年(1865)苏州府的人口为 2 344 422,1912 年的人口为 2 579 096,增加了 234 674 人,每年的增幅达 2.03‰。同治三年松江府的人口为 2 629 786,1912 年的人口为 2 706 555,增加了 76 769 人,每年的增幅达 0.6‰。常州府与太仓州囿于人口统计年限的不同,因而缺少可比性。从各县情况看,同治四年无锡县的人口为 382 311 人,1912 年的人口为 798 286,增加了 415 975 人,每年的增幅达 15.79‰。光绪二年(1876)江阴县的人口为 309 441,1912 年的人口为 598 697,增加了 289 256 人,每年的增幅达 18.5‰。同治四年宝山县的人口为 233 593,1912 年的人口为 273 037,增加了 39 444 人,每年的增幅达 3.33‰。清末民初江南人口具体的增减趋势如表 1-3 所示。

表 1-3　清末民初江南人口增减趋势表

地区	年份	人口	相隔时间	1912 年人口	增减人口	每年增减幅度/‰
苏州府	同治四年	2 344 422	47 年	2 579 096	234 674	2.03
吴县	同治四年	1 114 500	47 年	1 027 091	-87 409	-1.74
昆山	同治四年	105 279	47 年	230 649	125 370	16.83
常熟	同治四年	726 367	47 年	832 810	106 443	2.91
吴江	同治四年	398 276	47 年	488 546	90 270	4.35
松江府	同治三年	2 629 786	48 年	2 706 555	76 769	0.60
松江	同治三年	534 137	48 年	389 647	-144 490	-6.55

---

① 民政部汇造京外第二次查报户数清册(宣统二年调查)[J].东方杂志.1911,8(09):5.
② 香港亚东学社.中国历代人口问题论集[M].香港:龙门书店,1965:266.
③ 江苏政闻汇志(五)[N].时报.1916-01-28.

续表

地区	年份	人口	相隔时间	1912年人口	增减人口	每年增减幅度/‰
奉贤	同治三年	264 166	48年	187 412	-76 754	-7.13
上海	同治三年	544 357	48年	1 169 664	625 303	16.06
川沙	同治三年	122 386	48年	104 402	-17 984	-3.31
南汇	同治三年	515 318	48年	426 461	-88 857	-3.94
青浦	同治三年	375 047	48年	279 468	-95 579	-6.11
常州府	—	—	—	—	—	—
无锡	同治四年	382 311	47年	798 286	415 975	15.79
宜兴	光绪六年	346 348	32年	521 586	175 238	12.88
江阴	光绪二年	309 441	36年	598 697	289 256	18.50
靖江	同治四年	444 644	47年	334 272	-110 372	-6.05
太仓州	—	—	—	—	—	—
太仓	同治八年	253 241	43年	265 793	12 552	1.13
嘉定	同治三年	385 585	48年	222 338	-163 247	-11.40
宝山	同治四年	233 593	47年	273 037	39 444	3.33
崇明	光绪五年	634 634	33年	714 160	79 526	3.58

注：1. 清代各州府人口数据来源于地方志，此处不一一注明。

2. 1912年人口数据来源于《民立报》（1912年11月9日）。

3. 太仓州的人口数据，比照《民国元年江苏人口增加趋势表》（王树槐. 中国现代化的区域研究：江苏省 1860—1916 [M]. 台北："中央研究院"近代史研究所，1984：449）中的数据。

  由表1-3可知，太平天国运动结束后至南京临时政府成立前夕，江南的人口呈递增态势，尤以松江府的上海县、常州府的江阴县的人口增长率较高。1843年开埠后，上海由以传统手工业为主的市镇向以近代工商业为主的城市迅速发展，外来人口与外国移民竞相累增。上海逐渐成长为江南乃至全国重要的对外商贸口岸与近代工业中心，吸引了苏、浙、皖、赣、鲁、豫、粤、闽等众多外埠人口涌入，从事轻纺、制造、钢铁、运输、航运乃至金融投资等行业。倘若说太平天国运动是上海人口增加的直接原因，那么上海近代工业的飞速发展则是吸引外来人口的根本原因。而江阴自古便是长江口岸要津，光绪二十一年（1895）中日《马关条约》签订后，长江沿线之重庆、沙市、苏州等地相继开埠通商，外资可在各通商口岸自由投资设厂，使得本来就十分繁忙的长江黄金水道往来商船鳞次栉比。作为长江中游与下游的贸易口岸枢纽,江阴的航运业渐趋繁盛,急需大量的劳动力从事物流、运输等行业,客观上促使江阴人口激增。此外,江阴是苏北、鲁东南等地流民进入江南的要道,外地流民的聚居成为江阴人口增加的主要原因。

总体而言,晚清江南的人口呈现出基数大、增长速度快的特点,一方面保证了江南城镇工商业发展所需的劳动力,为近代江南工业的崛起提供了必备条件。另一方面加剧了江南的人口与就业压力,使得江南市政公用服务设施,尤其是城市的公共卫生体系面临严峻挑战,客观上增加了公共危机发生的概率。

2. 劳动力资源富余,农业生产效率平稳

近代江南的农业生产以小农经济为主。传统的农耕模式急需一定的劳动力资源与生产资料,从而将人力、物力分散投入至土地之上。明清以来,江南劳动力过剩。清中期,江南迎来了生育高峰,土地供需矛盾进一步加剧,人地紧张的矛盾日益突出。为了控制人口的过快增长,以溺婴的方式节制生育在江南诸多州县频现。晚清时,江南的人地矛盾格局发生了诸多变化:一方面有限的土地面积使得新增耕地规模锐减,可开垦的土地存量日渐萎缩;另一方面城市与市镇规模的拓展使得大量的可耕土地转为他用,存量土地的调配空间日益缩小。基于此,农村富余劳动力的总量逐渐攀升,以往粗放式的耕作方式渐趋向集约化的耕作方式转变,土地经营的集约化模式日趋稳固。迫于生存压力,富余劳动力开始向城市或市镇流徙,客观上促进了手工业与商品经济的发展。反之,手工业与农副加工业的茁壮成长,不仅加速了农业的商品化进程,而且为工商业的发展提供了急需的原材料。在各种经济体的相互作用下,近代江南经济被推向了崭新的高峰。

在人口基数逐渐攀升与耕地面积不断锐减的大背景下,江南的农业经济为何能保持经久不衰的态势?史学界对此有过广泛讨论。一般情况下,在农业技术大致相当或保持恒定的条件下,唯有提高单位亩产量,才能保证粮食的基本供需平衡。那么,明清江南的人均耕地规模大致如何?从遗存的史料中可知,诸多学者提出了"人耕十亩"的概数。这一推断是否反映历史真实还有待进一步商榷。但有一点是明确的,即明代以降,江南已成为全国人口最稠密的地区,因而人均耕地面积相较前代逐年递减,明末至太平天国运动前夕的道咸年间,江南的人均耕地面积,唯恐十亩也不及。① 事实上,江南各州县的实际情况迥异,由于各州县地权、劳力、财力、可耕土地面积的不同,单个农户的生产经营规模与农业产量也相差较大。

晚清江南农业生产的概况为:耕地面积锐减;从事农业生产的人口相对稳定;集约化生产程度显著提升;单个农户的生产效率趋于平稳,略有降低。特别是传统的稻田生产效率有所下降,利润空间随之缩小。更多的富余劳动力投入到桑、棉等经济作物的生产领域,经济作物的种植面积较之前代逐年扩大。可见,以桑、棉为主的经济作物生产已取代以稻米为主的粮食生产,成为晚清江南农业的支柱性产业。

3. 城市化进程加快,市镇发展迅速

近代江南的城市化水平(Urbanization Level)有了明显提升,城市化的步伐显著加快。区域中心城市(Regional Hub City)与卫星城镇(Satellite Town)吸纳并聚居了大量人口。美国学者施坚雅(G. William Skinner)在《十九世纪中国的城市化》(Regional:Urbanization in Nineteenth Century China)一文中,对19世纪的江南城市人口及经济发展状况有过细致的探讨。他认为,1843年前后,在长江下游经济区中,大抵有330个中心地(Central Place),其人口占当时总人口的7.4%,城市化水平较前代有所提升。为了更好地探明江南城市群在全国城市群中的城市化水平,施坚雅通过横向对比的方法,将长江下游地区与华北地区进行对比。就人口而言,截至1843年,在长江下游地区,约2/3的城市居民生活在人口超过16 000的大中型城市中;与此同时,华北地区只有1/2左右的城市居民生活在人口超过16 000的大中型城市中。从城市的经济层级上看,在长江下游地区,人口超过16 000的城市有31个,占长江下游地区城市总数的7%;人口为8 000—15 999的城镇有43个,占长江下游地区城镇总数的10%,其中城市36个,市镇7个。在华北地区,人口超过16 000的城市有42个,占华北地区城市总数的5%;人口为8 000—15 999的城镇有53个,占华北地区城镇总数的6%,其中城市51个,市镇2个。②

国际学术界形成了多种城市化的研究理论与范式,美国地理学家诺瑟姆(Ray. M. Northam)的Logistic模型是学界较为公认的一种。诺瑟姆认为城市

---

① 李伯重. 多视角看江南经济史:1250—1850[M]. 北京:生活・读书・新知三联书店, 2003:241 - 268.

② 施坚雅. 中华帝国晚期的城市[M]. 叶光庭,等译. 北京:中华书局, 2000:280 - 282.

化的进程轨迹,可以概括为一条被拉长的 S 型曲线(Sigmoid Curve),即用数学模型表示为:

$$Y = \frac{1}{(1 + Ce - rt)}$$

其中,Y 指的是一定区域内的城市化水平。Ce 指的是同一时期内城市化发展的积分常数(Integral Constant),具体指的是城市化起步时间的早晚。r 指的是同一时期内城市化发展的积分常数,具体指的是城市化发展速度的快慢。t 指的是一定区域内城市化进程的时间。运用数学模型的研究方法十分科学,但对不同时期的城市化发展进程缺乏一定的可评价性(Assessment)。为此,学界又引入了更为简便的研究范式,即用城镇人口占总人口的比重来衡量城市化水平,即用数学模型表示为:

$$Y = \frac{U}{P} \times 100\%$$

其中,Y 指的是一定区域内的城市化水平,U 指的是一定区域内的城镇人口(Urbanization Populations),P 指的是一定区域内的总人口(Total Populations)。这种评价方式更为简洁明晰,具有较强的数据对比性。笔者据此推算,1843 年江南的城市化水平大致为 8%—9%,华北地区的城市化水平大致为 5%—6%。可见,江南的城市化水平应当比华北地区的城市化水平略高。

随着上海、宁波等东南沿海港口的开埠通商,口岸城市群成为江南城市发展的亮丽风景线。无锡、南通、嘉兴等新兴工业城市迅速崛起,使得江南城市格局发生了显著变化。综观近代江南城市发展的脉络,城市群大抵分为三个等级:一是以上海为首的中心城市,这类城市不仅集经济、文化、商贸、交通及海外贸易等多种功能于一体,而且对周边城市极具辐射力,城市吸纳人口的能力特别强。二是以苏州、杭州、宁波、无锡、南通等为首的区域中心城市,这类城市往往是所在区域的中心城市或中心地,对周边市镇与乡村起到一定的辐射作用。这一层级的城市群,又大抵分为两类,一类是以苏州、杭州为代表的传统区域城市,一类是以无锡、南通为代表的新兴区域城市。三是以南浔、乌镇、盛泽、濮院为代表的市镇或小城镇。台湾学者刘石吉在《明清时代江南市镇研究》一书中统计,从明洪武年间至清末宣统年间,以长江三角洲为统计范围的江南市镇总数多达 1 383 个。① 吴建华在《明清江南人口社会史研究》一书中,经统计认为,在江南的核心区域中,苏州、松江、太仓州、常州、杭州、嘉

---

① 刘石吉. 明清时代江南市镇研究[M]. 北京:中国社会科学出版社,1987:156.

兴、湖州七个州府的市镇总数多达1 235个。由此推算,江南核心区域中的市镇总数占江南市镇总数的89.29%。另有一种估计为,江南核心区域中的市镇总数应为1 053个。由此推算,江南核心区域中的市镇总数占江南市镇总数的87.68%。①

近代江南的城市化发展浪潮与同时期西欧的城市化发展浪潮间存在显著不同。中国的大、中、小城市往往与封建行政的政治权力存在千丝万缕的联系,即以工商产业为主导的生产性城市难以突破政治权力的桎梏。西方的城市发展与之相悖,缘于西欧市民社会发展的完备与代议政治的完善,政治权力并不能从根本上限制城市发展的轨迹,其内驱性经济实力的崛起是城市发展的主导性因素。在近代江南的政治生态环境中,行政力量相对薄弱的区域,或远离行政中心的区域,或诸多行政中心交叉边缘的区域,均为城市化的发轫区域,是推动城市化利因较多的区域。

在苏州、杭州等传统商业城市的周边,同样存系着市镇勃兴与经济发展的因素。然而,封建的政治势力或行政性干预力量见缝插针般地渗透、抑止、阻碍市镇的发展。仅清代的江南核心区就建有州府级巡检司6个,县级巡检司20个。② 日本学者太田出、佐藤仁史在《太湖流域社会历史学的研究:地方文献与实地调查的研究》一书中,通过考察清末民初江南丝绸行业(シルク業界)的组织结构与商会机构,认为封建政治势力的盘剥与压榨,是阻碍晚清江南市镇经济发展的诱因之一。③

二、近代江南的灾害性公共危机

近代中国战祸连连,灾疫频繁。以晚清为例,在1840—1911年的71年间,全国共发生自然灾害1 354次。④ 按照危机事件的不同成因,学界将公共危机事件划分为灾害性公共危机事件、公共卫生危机事件、社会公共危机事件等。

灾害性公共危机事件涵盖自然灾害、环境灾害、技术灾害、人为灾害等。常见的自然灾害有风灾、洪涝灾害、旱灾、潮灾、地震灾害、霜冻灾害、风雹灾害

---

① 吴建华.明清江南人口社会史研究[M].北京:群言出版社,2005:259.
② 林绍明.明清年间江南市镇的行政管理[J].华东师范大学学报,1987(02):93-95.
③ 太田出,佐藤仁史.太湖流域社会の歴史学的研究:地方文献と現地調査からのアプローチ[M].東京:汲古書院,2007.
④ 刘仰东,夏明方.灾荒史话[M].北京:社会科学文献出版社,2011:1.

等;依照灾害发生机理的不同,又分为洪涝灾害、干旱灾害、生物灾害、地质灾害等。笔者通过旁搜地方志、报刊、清代文人的笔记与文集,以及博采学界已有之研究作为统计资料,对晚清江南 71 年间的自然灾害,做了较为细致的爬梳。

江南位于富庶的长江三角洲平原,沿江靠海的地理位置使江南频遭自然灾害的侵袭。河网密布、湖泊众多使得江南拥有丰沛的淡水资源,但春夏雨季易频发洪涝灾害,尤以长江、太湖、钱塘江水系的支脉河道为最。江南地处秦岭、淮河以南的区域,北方冬季常见的雪灾,在江南地域十分鲜见;以霜冻、风雹为代表的气象灾害却不绝于闻。旱灾是江南又一严重的自然灾害,夏季的江南闷热、少雨,持续的高温及人为对水利系统的破坏,使得旱灾发生的概率陡然增加。长江三角洲毗邻东海,位于太平洋西岸,在亚热带气旋的作用下,沿海易多发台风、潮灾等与海洋相关的气象灾害。揆诸史乘,以下诸类自然灾害对江南影响尤深。

(一)洪涝灾害

洪涝灾害(Flood Catastrophe)是历史上常见的一种自然灾害,通常指因水量突然增加或水量过度,对人类社会的生产、生活造成危害及导致财产损失的现象和过程。清代江南的地方文献中多以"暴雨""溃决""河溢""水患""涝""雨"等言词著录。

依据现代气象学理论,我们可知"洪涝灾害"主要分为两类:一类是洪灾(Flood Disaster),俗称"水灾",指的是暴雨急流或河流泛滥造成的灾害;又因成灾形式的不同,分为河流湖泊中水量过度造成的洪灾和风暴潮汐造成的洪灾。江南的部分州县多处沿海、沿江地带,受洪灾的影响较大。尤其是夏秋时,台风或强风暴等易造成河水漫决或强风暴潮等自然灾害。一类是涝灾(Waterlog),俗称"雨涝",指的是暴雨侵袭或长时间降水导致积水陡然增加而造成的灾害,此外因渍水、水淹等造成的灾害亦属此类。与洪灾相比,涝灾对农作物的生长危害较大,有时还会导致农作物减产或绝收,给农业生产与居民生活带来巨大损失。

从晚清 71 年间江南洪涝灾害的统计数据可知,洪涝灾害在自然灾害中所占比重最大,危害程度最深。笔者统计,晚清 71 年间江南共发生各类洪涝灾害 119 次,占自然灾害总数的 31.73%。从地域上看,杭州府发生洪灾的次数最多,共有 40 次,占江南州县洪灾总数的 33.6%;湖州府发生洪灾的次数位居第二,共有 27 次,占江南州县洪灾总数的 22.7%;松江府发生洪灾的次数位居第三,共有 19 次,占江南州县洪灾总数的 16%。从时段上看,以 5—8 月为洪涝灾害的多发期。5 月发生的次数最多,占全年洪灾总数的 19.3%。其次为 6 月,占全年洪灾总数 12.6%;6 月的江南处于梅汛期,降水量比其他月份多,太湖水系与长江水系的支脉河道大多漫决河床,造成溃堤,引发洪涝灾害。7 月也是洪灾的多发期,占全年洪灾总数的 11.8%;七八月,江南遭受夏季亚热带气旋及季风锋面雨的直接影响,台风肆虐,从而造成海塘溃堤、河流溢水等灾害。晚清 71 年间,江南洪涝灾害的具体数据如表 1-4 所示。

表 1-4　晚清江南洪涝灾害时空分布统计表

单位:次

时间	苏州府	松江府	常州府	太仓州	杭州府	嘉兴府	湖州府	总数	占比/%
1月									
2月		2						2	1.7
3月						1	1	2	1.7
春季	1	4	1	2	1		1	10	8.4
4月					1	1	1	1	4	3.4
5月	1	1	1	1	10	2	7	23	19.3
6月					6	2	6	15	12.6
夏季	1	1	4	1	4	1	2	14	11.8
7月					7	5	2	14	11.8
8月	1	5			4		2	12	10.1
9月					4		1	5	4.2
秋季	1	4			1	1	4	11	9.2
10月					1		1	3	2.5
11月		1	1		1	1		4	3.4
12月									
冬季									
总数	5	19	8	5	40	15	27	119	100
占比/%	4.2	16.0	6.7	4.2	33.6	12.6	22.7	100	

资料来源:江南各地区地方志及附录《晚清江南地区重大自然灾害年表(1840—1911)》。

(二)旱灾

旱灾(Drought Catastrophe),通常指在一定时期内,因气候变化导致的久晴、少雨,或由土壤缺少水分、空气干燥等诱因造成的农作物吸收水分不足,或不能满足正常的植物生长及人类生活所需的水量,从而危害农作物的生长、发育、结果,以致农作物凋谢、枯萎,对农业生产造成巨大损失的灾害。清代江南的地方文献中多以"不雨""久旱""旱蝗害稼"等言词著录。

清代江南遗存的农谚史书或农书中对"旱灾"的记载尤多。干旱发生在农作物的播种期,会造成农作物缺苗或断垄,以致稻种或树种等不能正常生根发芽。干旱发生在农作物的生长期,会影响农作物或牧草的正常发育,甚至出现植株枯萎、死亡的情况。倘若不采取有力措施防止灾情蔓延,势必造成农田绝收,并影响下一季农作物的播种。干旱发生在农作物的开花期,会造成谷类、藤类等农作物结实率低,棉花、果树等大量落花,严重影响农作物的产量。不仅如此,严重的旱灾,还会造成河水断流、塘干井涸,河塘中的鱼、虾、蟹等水产品无法生存、繁衍,果木植株等直接枯萎、死亡。

从晚清江南71年间的干旱灾害统计数据可知,干旱灾害所占的比重仅次于洪涝灾害,贻害较深。笔者统计,晚清71年间江南共发生各类干旱灾害67次,占自然灾害总数的17.86%。从地域上看,杭州府发生旱灾的次数最多,共有21次,占江南州县旱灾总数的31.3%;湖州府发生旱灾的次数位居第二,共有13次,占江南州县旱灾总数的19.4%;常州府发生旱灾的次数位居第三,共有9次,占江南州县旱灾总数的13.4%。从时段上看,以5—7月为干旱灾害的多发期。6月发生的次数最多,占全年旱灾总数的13.4%。其次为7月,占全年旱灾总数的9%。清代江南的地方志,对旱灾的情况大多记载详细,对成灾的原因却语焉不详。从现代气候学理论看,旱灾大抵分为两类:一类是春旱,发生的主要原因是降水量稀少,加之季风气候影响,冷热不均,地表升温速度较快,水蒸气蒸发加速。一类是夏旱,又称"伏旱",大抵由于部分月份的降雨时间推迟,以致春夏连旱。伏旱的危害最大,由于夏季是各种秋收作物生长的旺季,这一时期农作物所需水分最多,因此降水稍有缺失,势必影响农作物的产量,乃至绝收。晚清71年间,江南干旱灾害的具体数据如表1-5所示。

表 1-5　晚清江南干旱灾害时空分布统计表

单位:次

时间	苏州府	松江府	常州府	太仓州	杭州府	嘉兴府	湖州府	总数	占比/%
1月									
2月		1						1	1.5
3月									
春季			2					2	3.0
4月									
5月		1			2	1		4	6.0
6月		1			3		5	9	13.4
夏季	3	1	5	4	13	7	1	34	50.7
7月		1			1		4	6	9.0
8月				1	2			3	4.5
9月		1						1	1.5
秋季	2		2				2	6	9.0
10月					1			1	1.5
11月									
12月									
冬季									
总数	5	6	9	5	21	8	13	67	100
占比/%	7.5	9.0	13.4	7.5	31.3	11.9	19.4	100	

资料来源:江南各地区地方志及附录《晚清江南地区重大自然灾害年表(1840—1911)》。

(三)风雹灾害

风雹灾害(Hailstorm Catastrophe),通常指的是强对流天气发展成积雨云后出现狂风、暴雨、冰雹、龙卷风、雷电等造成损失的灾害。大抵分为两类:一类是风灾(Windstorm),一类是雹灾(Hail)。清代江南的地方志中多将"风灾"与"雹灾"合二为一,称为"风雹",并杂有"风""雹""雷"等诸多言词著录。

从气候条件上看,江南的风雹灾害极为频仍。江南地处中纬度地区,濒海、沿江的地理区位,使得江南常受季风性气候影响,尤其是夏秋两季,多遭受太平洋上生成的热带气旋和冷暖气流交替作用的影响。热带气旋是亚热带地区常见的一种气候现象,它生成于热带或副热带海洋之上,乃是由水汽凝结时释放的潜热发展而来,多伴有狂风骤雨式的空气旋涡。热带气旋在北半球地区,大抵呈逆时针方向旋转。在气象特征上,以大风、暴雨、特大暴雨,或风雨交加等形式为主,在沿海滩涂地区还往往引发风暴潮。我国气象工作者多年的数据统计与研究表明,在全球热带海洋上,约有3/4的热带气旋发生在北半球的海洋上,靠近我国的西北太平洋是热带气旋的重灾区,占全球热带气旋总数的38%。① 雹灾与风灾大多形影相随,尤其在夏季强对流天气形成时,受天气系统的抬升作用影响,积雨云等气候现象在近海地区频仍,并引发沿海内陆地区气候征象变化。在"强雷暴""风暴潮"等作用下,多降下大冰雹或普降暴雨,易砸伤农作物、果木、树林等。风雹猛烈时,还会将大树连根拔起,坏屋覆舟。

从晚清江南71年间风雹灾害的统计数据可知,风雹灾害是江南较为频发的自然灾害,贻祸较深。笔者统计,晚清71年间江南共发生各类风雹灾害54次,占自然灾害总数的14.4%。从地域上看,松江府与杭州府发生风雹灾害的次数最多,均为14次,各占江南州县风雹灾害总数的25.9%。太仓州发生风雹灾害的次数位居第二,共有9次,占江南州县风雹灾害总数的16.7%。常州府发生风雹灾害的次数位居第三,共有7次,占江南州县风雹灾害总数的13%。从晚清71年间的整体情况上看,咸丰十年(1860)至光绪元年(1875)是风雹灾害多发年份,共发生30次,平均一年发生2次风雹灾害,占晚清71年风雹灾害总数的55.6%,相较其他历史时期十分罕见。晚清71年间,江南风雹灾害的具体数据如表1-6所示。

表1-6 晚清江南风雹灾害时空分布统计表

单位:次

年份	苏州府	松江府	常州府	太仓州	杭州府	嘉兴府	湖州府	总数	占比/%
1840		2	2	1				5	9.3
1845		2						2	3.7
1850		3			1	1	1	6	11.1
1855									

---

① 阎守诚. 危机与应对:自然灾害与唐代社会[M]. 北京:人民出版社,2008:52.

续表

年份	苏州府	松江府	常州府	太仓州	杭州府	嘉兴府	湖州府	总数	占比/%
1860	1	3			2	1		7	13.0
1865		2		1	1			4	7.4
1870		1	3	2	2	1	2	11	20.4
1875		1	1	4	2			8	14.8
1880					3	1		4	7.4
1885									
1890					1			1	1.9
1895					1			1	1.9
1900									
1905				1	1		1	3	5.6
1911	1		1					2	3.7
总数	2	14	7	9	14	4	4	54	100
占比/%	3.7	25.9	13.0	16.7	25.9	7.4	7.4	100	

资料来源：江南各地区地方志及附录《晚清江南地区重大自然灾害年表（1840—1911）》。

（四）霜冻灾害

霜冻灾害（Frost Catastrophe），通常指由极地强冷空气侵袭引发的气温骤降、结冰、冻雨、暴风雪、霜寒等灾害性天气，危害农业生产，影响人类生活和正常的交通运输。霜冻灾害主要分为三类：霜灾、冻灾、雪灾。其中，江南囿于地理环境与气候环境的影响，大抵以霜灾（Frost Hazard）最为常见，主要表现为无霜期时，气温骤降、霜降频繁，以致出现低温冻害天气，使得动植物或人类冻损、冻伤甚至冻死。清代江南的地方文献中对霜冻灾害，多以"霜""冻""雪""寒""冰"等言词著录。

竺可桢对明清气候变迁有过深入研究，他认为明清时期的中国已进入"小冰期"（Little Glacier Epoch），这与欧洲历史上的"小冰期"有相似之处。此后，不少学者通过对气象史料的爬梳，认为15—20世纪初期，中国进入了一个寒冷时期,即"明清小冰期"①。以有清一代为例,清代的中国处于相对寒冷的时期,因而霜冻灾害明显。"从乾隆二十九年至同治四年(1764—1865),共计102年。其间发生霜冻灾害51次,平均每年发生0.5次,年均发生概率为50%。……从同治五年至宣统三年(1866—1911),共计46年。其间共发生霜冻灾害7次,平均每年发生0.15次,年均发生概率为15%。"②不少学者据此断定,"明清小冰期"确实存在,但时间大抵为明嘉靖二十九年至清道光三十年(1550—1850)。从晚清江南71年间发生的霜冻灾害次数来看,江南的霜冻灾害主要介于1840年和1860年之间,其后鲜有所闻,这与学界推断的"明清小冰期"的时期大体相符。

江南地处秦岭、淮河以南,霜冻灾害并不常见。受带有南方地域特色的农业生产方式与生活方式的影响,江南民众对霜冻灾害的防范意识不强,故霜冻产生的危害远甚于北方。江南的霜冻灾害主要发生在冬季或早春时节,称为"早霜"或"晚霜"。所谓"早霜",指的是秋冬时节反常的霜降天气,它会影响二季稻的播种与生长;所谓"晚霜",指的是初春时节严寒的霜降天气,会危害春季农作物的播种。江南霜冻灾害的总体特征是近地面层空气温度从0℃以上骤然下降至0℃以下,或低于年平均最低温度。其中,早春的霜冻对农业生产影响最大。春季是江南播种的最佳时期,倘若此时突遇霜冻灾害,必将导致农作物生长、发育迟缓;更有甚者,还将损害光合作用机能,从而导致大规模的农业减产或歉收。旁搜江南地方志等史料,笔者发现,有关霜冻灾害的记载相对较少,民间农谚谓之"倒春寒""烂秧天"。早春的江南,低温阴雨天气连绵,霜冻的发生推迟了农作物的播种进程。从晚清江南71年间的霜冻灾害统计数据中可知,霜冻灾害并不是江南常见的自然灾害,但危害较大。笔者统计,晚清71年间,江南共发生各类霜冻灾害14次,占自然灾害总数的3.73%。(表1-7)

---

① 关于明清小冰期的存在,目前学界并无异议,但对于它的具体起止时间存在一定分歧,通常认为是1550—1850年。参见王绍武.近代气候变化的研究[M]//纪念科学家竺可桢论文集.北京:科学普及出版社,1982:164.

② 朱凤祥.中国灾害通史:清代卷[M].郑州:郑州大学出版社,2009:138.

表 1-7 晚清江南霜冻灾害时空分布统计表

单位:次

年份	苏州府	松江府	常州府	太仓州	杭州府	嘉兴府	湖州府	总数	占比/%
1840	1	2	2					5	35.7
1845									
1850		2						2	14.3
1855		1	1	1				3	21.4
1860		2	1					3	21.4
1865									
1870			1					1	7.1
1875									
1880									
1885									
1890									
1895									
1900									
1905									
1911									
总数	1	7	4	2				14	100
占比/%	7.1	50.0	28.6	14.3				100	

资料来源:江南各地区地方志及附录《晚清江南地区重大自然灾害年表(1840—1911)》。

(五)蝗灾

蝗灾(Locusts Plague)是历史上常见的一种生物灾害,尤其在社会生产力欠发达的时期,蝗虫无疑给农业生产与人类生活带来了无穷灾难。历史上,蝗灾、水灾、旱灾并称为"中国古代三大自然灾害"。从生物学的角度而言,蝗虫属于昆虫纲蝗科生物,是一种典型的杂食性昆虫,主要以绿色植物为寄主,以啃食禾本植物的茎叶为生。目前,全球已知的蝗虫种类多达 4 500 种,我国历史上有记载的蝗虫多达 80 余种,分布在华东、华北及东北等农业主产区。清代江南的地方文献中多以"蝗""虫""旱蝗害稼"等言词著录。

江南是蝗灾的重灾区,尤以东亚飞蝗(Locusta Migratoria Manilensis Meyen)

的数量最多,危害程度也最大。① 在诸多杂食性昆虫中,蝗虫并非江南唯一的害虫,譬如蚜虫、蚜蛉虫等也都对农业生产造成了破坏。由于蝗灾对农业生产的影响关系重大,因此治蝗始终是历代政府的要务。中国古代设有专员督办治蝗事宜,《周官》记载道:"庶氏掌除毒蛊……翦氏掌除蠹物……壶涿氏掌除水虫……赤犮氏掌除墙屋。"古代治理蝗虫的办法主要有两类:一类是消极的祈禳,带有明显的封建迷信色彩;一类是积极的捕蝗,具备充分的主观能动性。各代捕蝗的措施亦不尽同,汉代多采用"以钱易蝗"的政策,鼓励百姓捕治。唐代则采取"给粟捕蝗"的政策。明代发生蝗灾时,朝廷不仅对蝗灾区蠲免钱赋,鼓励捕蝗,还派专员到蝗区督办监察,以期从根本上杜绝蝗虫。清代是蝗灾的多发期,李向军在《清代荒政研究》一书中统计,有清一代267年间,共发生各类蝗灾143次之多,即平均不到2年就有1次蝗灾,其发生的频率远甚于前代。② 清代对治理蝗虫十分重视,并制定了十分严苛的权力等级监督体系与官员问责制度。上至封疆大吏,下至基层胥吏,但凡有搪塞、懈怠或究治不严者,不仅要被问责,而且会直接攸关以后的黜陟。

从晚清江南71年间的蝗虫灾害统计数据可知,蝗虫灾害波及范围较广,危害程度甚重。笔者统计,晚清71年间江南共发生各类蝗虫灾害44次,占自然灾害总数的11.73%。从地域上看,杭州府发生蝗灾的次数最多,共有11次,占江南州县蝗灾总数的25%;湖州府发生蝗灾的次数位居第二,共有9次,占比20.5%;太仓州发生蝗灾的次数位居第三,共有7次,占比15.9%。从晚清71年间的整体情况看,道光二十年至光绪元年(1840—1875)是蝗灾多发年份,共发生40余次,平均一年发生一次蝗虫灾害,占晚清71年蝗灾总数的90.9%,这在历史上的其他时期也是十分罕见的。晚清71年间,江南蝗虫灾害的具体数据如表1-8所示。

表1-8 晚清江南蝗灾时空分布统计表

单位:次

年份	苏州府	松江府	常州府	太仓州	杭州府	嘉兴府	湖州府	总数	占比/%
1840							2	2	4.5
1845					1			1	2.3

---

① 丁锦华,苏建亚.农业昆虫学:南方本[M].北京:中国农业出版社,2002:204-205.
② 李向军.清代荒政研究[M].北京:中国农业出版社,1995:113.

续表

年份	苏州府	松江府	常州府	太仓州	杭州府	嘉兴府	湖州府	总数	占比/%
1850						1		1	2.3
1855	3	3	2	3	2	1	5	19	43.2
1860	1					2		3	6.8
1865				1	1	1		3	6.8
1870					1			1	2.3
1875		1	1	3	2	1	2	10	22.7
1880									
1885									
1890					1			1	2.3
1895									
1900									
1905					2			2	4.5
1911					1			1	2.3
总数	4	4	3	7	11	6	9	44	100
占比/%	9.1	9.1	6.8	15.9	25.0	13.6	20.5	100	

资料来源：江南各地区地方志及附录《晚清江南地区重大自然灾害年表(1840—1911)》。

（六）地震灾害

地震灾害(Earthquake Catastrophe)是一种常见的地质性灾害，指地球内部缓慢积累的能量突然释放而引起的地球表面的震动。从地质学上看，在地球内动力作用下，岩石圈物质产生构造活动而发生弹性应变，当这种应变的能量超出岩体强度的极限时，就会发生破裂或错位移动，应变能以弹性波的形式突然释放并使地壳震动，从而造成地震。地震虽然是一种间歇性或突发性的短暂活动，但是极具破坏力，震裂强度较高。不仅能在发生的一瞬间，对地表建筑物、人员、牲畜、植物等造成损害，而且其所衍生出的次生灾害，诸如崩塌、滑坡、泥石流、地表沉陷等，也极具破坏力。

有清一代是地震的活跃时期，也是各类地震灾害频发时期。据学者统计，清代地震共计690次，大体分布在全国27个县市中，尤以鲁、鄂、浙、冀等省地震频次最高。位居前列的省份分别是：山东(82次)、湖北(72次)、浙江(69

第一章 近代江南的公共危机与应对机制

次)、河北(62次)、甘肃(54次)、江苏(46次)。就全国范围而言,长三角属地震高危区,譬如浙江共发生地震69次,位居全国第三;江苏共发生地震46次,位居全国第六,但多为无感地震,震级高的地震十分鲜见。① 江浙两省地处我国东南沿海,是太平洋板块与亚欧板块的交界处,板块活动极为频繁,地震频发,但震级偏低。在晚清71年间,江南共发生各类地震54次,其中同治六年(1867)八月发生的地震属于震级较高的地震。当时在浙江的海宁地区,发生了烈度为6度,震级达4.75级的地震,波及范围涵盖嘉兴府、松江府、杭州府等众多地域。从特征上看,江南的地震震级不高,但地震频次高。笔者统计,晚清71年间,江南共发生各类地震灾害54次,占自然灾害总数的14.4%。江南地震灾害的具体数据如表1-9所示。

表1-9 晚清江南地震灾害时空分布统计表

单位:次

年份	苏州府	松江府	常州府	太仓州	杭州府	嘉兴府	湖州府	总数	占比/%
1840			√					1	1.8
1841		√		√		√	√	3(余震1)	5.4
1842		√		√				2	3.6
1843			√					1	1.8
1844		√	√	√				1	1.8
1845		√						1	1.8
1846	√	√	√	√	√	√	√	2(余震4)	3.6
1847		√						2(余震1)	3.6
1848			√					1	1.8
1849		√				√		2(微震1)	3.6
1851		√	√	√		√		2(微震1)	3.6
1852	√	√	√		√	√		5(余震1)	8.9

---

① 朱凤祥.中国灾害通史:清代卷[M].郑州:郑州大学出版社,2009:103-104.

续表

年份	苏州府	松江府	常州府	太仓州	杭州府	嘉兴府	湖州府	总数	占比/%
1853	√	√	√	√	√	√	√	7(余震6)	12.5
1854		√	√	√				3	5.4
1855	√	√			√	√		5(余震1)	8.9
1856			√					1	1.8
1858						√		1	1.8
1861		√				√		2	3.6
1864		√		√				1	1.8
1866		√		√	√			2(余震1)	3.6
1867					√		√	2	3.6
1868				√				1	1.8
1871						√		1	1.8
1872		√			√			2	3.6
1874						√		1	1.8
1876			√					1	1.8
1877	√							1	1.8
1895					√			1	1.8
1909							√	1	1.8
1910									
1911									
总数	4	17	11	12	6	11	7	54	100

资料来源：江南各地区地方志及附录《晚清江南地区重大自然灾害年表（1840—1911）》。

（七）潮灾

潮灾（Tide Catastrophe）是沿海地区常见的一种海洋灾害，由月球引力或海水潮汐作用引发。从成因上看，潮灾发生与否大多取决于最大风暴潮位是否与天文高潮期，尤其是天文大潮期的高潮相叠。与此同时，潮灾的产生与受灾地区的地理区位、海岸形状、沿海大陆架构造等地质环境密切相关。不可否认，潮灾对濒海地区的经济发展有着重要影响，其所带来的危害与损失是巨大的。清代江南的地方志文献中,对潮灾屡有记载,多杂以"潮""海溢""海潮"等言词著录。

从目前考稽的文献中不难发现,江南经济社会变迁与潮灾休戚相关。江南地处长江三角洲,沿江靠海的平原环境使得江南地势低洼、河网密布。历史上,海水倒灌、咸潮浸溢使江南受潮灾祸害颇为严重。当然,潮灾也绝非尽为灾祸。江南的潮汐大抵由于长江的径流受水势高低的影响,形成顶托回溯之态,亦可为人们善加利用,尤其在农田水利、交通运输、居民用水等方面,达到了"舟有行止,必随潮之涨退,田无潦潴,必因潮之盈缩,其导引汲取家至户到,则备物致用之无穷"①的程度。江南的潮灾,大抵分为两类,一类是江潮,一类是海潮,即"潮有江、海之分"。江南的潮灾以江潮为主,海潮也不乏其事。海潮的危害程度较江潮更大,海潮来临时,常"为江水所截。盖长江出焦山口,经福山南而趋南汇之阳山,势甚湍急;至此适与潮遇,于是江水随潮为长(涨)退"②。明清时期,潮灾的侵袭日益加剧,尤其是浑潮的危害颇深,"地濒于海,潮水往来,每挟泥沙而上。吴谚云:海水一潮,其泥一箸。日积月累,支港渐淤,水无所蓄,高仰之田,莫资灌溉,向之膏腴,尽成硗确。而一遇淫潦,泄泻无所,下洼水区,弥望渺漫。故昆山、嘉定、青浦、华亭之间,有弃高田而不耕与欲耕而田已入于水者"③。

从晚清江南 71 年间的潮灾统计数据可知,潮灾波及范围广、危害程度深。笔者统计,晚清 71 年间,江南共发生各类潮灾 23 次,占自然灾害总数的 6.13%。从地域上看,杭州府发生潮灾的次数最多,共有 6 次,占江南州县潮灾总数的 26.1%。蜚声海内外的钱塘潮,有时也会衍变为杭州湾的潮灾。在月球与太阳引潮力的作用下,每年农历八月十五前后均有可能出现周期性涨落的潮汐现象。钱塘潮的形成与钱塘江入海口独特的地理环境有关,钱塘江外的杭州湾,外宽内窄,外深内浅,呈典型的喇叭口状,因而当潮灾发生时,潮水由海倒灌入江,形成潮峰。松江府与太仓州发生潮灾的次数位居第二,各有 5 次,分别占江南州县潮灾总数的 21.7%。嘉兴府发生潮灾的次数位居第三,共有 4 次,占比 17.4%。从晚清 71 年间的整体情况来看,道光二十五年(1845)、咸丰五年(1855)、光绪六年(1880)、光绪三十一年均为潮灾的多发年

---

① 张国维.吴中水利全书:卷 21[M]//景印文渊阁四库全书:第 578 册.台北:台湾商务印书馆,1986:773-774.
② 王韬.瀛壖杂志[M].陈成国,点校.长沙:岳麓书社,1988:23.
③ 魏源.魏源全集:第 19 册.长沙:岳麓书社,2004:304.

份,共发生 15 次,占晚清 71 年潮灾总数的 65.1%。晚清 71 年间,江南潮灾的具体数据如表 1-10 所示。

表 1-10 晚清江南潮灾时空分布统计表

单位:次

年份	苏州府	松江府	常州府	太仓州	杭州府	嘉兴府	湖州府	总数	占比/%
1840									
1845		2	2	1				5	21.7
1850				2				2	8.7
1855		2			1	1		4	17.4
1860						2		2	8.7
1865					1			1	4.3
1870									
1875		1						1	4.3
1880					2	1		3	13.0
1885					1			1	4.3
1890									
1895									
1900	1							1	4.3
1905				1	1		1	3	13.0
1911									
总数	1	5	2	5	6	4		23	100
占比/%	4.3	21.7	8.7	21.7	26.1	17.4		100	

资料来源:江南各地区地方志及附录《晚清江南地区重大自然灾害年表(1840—1911)》。

三、近代江南的公共卫生危机

从全球气候环境看,江南属于亚热带温湿气候带,温暖、湿润的生态环境为各类微生物提供了理想的孳生温床。各种亚热带常见的传染性疾病易在人、畜间传播,尤其是骇人听闻的鼠疫、霍乱、吊脚痧等极易在人口密集的城镇中蔓延。瘟疫(Epidemic),是指由病原微生物(Pathogenic Microorganism)或寄生虫(Parasite)等引起的传染性疾病(Communicable Diseases)导致的灾害,人、畜易于传染,或相互传染。从清代遗存的历史文献中,我们不难发现,有清一代的传染病种类非常多,常见的譬如痢疾、伤寒、天花、麻疹、结核病、麻风病、恙虫病等。随着海外交流的频繁,流感、霍乱、鼠疫等外源性传染病亦传入我国。但无论何种传染病,倘若大规模地流行或蔓延,势必导致一定区域内诸多民众罹患疾疫,严重的死于非命。其所产生的影响超越了医学的范畴,给社会经济带来巨大损失。揆诸文献,诸如"疫死者几半""人死无算""死者不可计数"等记载不绝于史书。总体而言,近代疫灾愈加频繁,只是这种趋势不是呈直线式上升,而是螺旋式上升。①

据笔者统计,道光元年至同治十年(1821—1871),共发生各类瘟疫57次,占有清一代瘟疫总数的32.38%,平均每年发生1.1次。同治十一年至宣统三年(1872—1911),共发生各类瘟疫5次,占有清一代瘟疫总数的2.84%,平均每年发生0.125次。② 从瘟疫的分布地域看,浙、鲁、鄂、直、苏五省是瘟疫的高发区,其中浙江共发生瘟疫34次,位居前列;山东发生瘟疫33次;湖北发生瘟疫32次;直隶(今河北)发生瘟疫27次;江苏发生瘟疫16次,位列全国第五位。这五省作为瘟疫的高发省份,共发生瘟疫142次,占有清一代瘟疫总数的64%。③

江南的瘟疫成因纷繁复杂。从历史环境看,瘟疫的发生多与自然灾害的频发密切相关,尤其是水、旱等自然灾害过后,易多发瘟疫,即民间所谓"大灾之后必有大疫"。从这一角度审视,疫病成为其他自然灾害作用下的次生灾害。清代江南水、旱灾害频仍,尤其是江南河网密布、水道纵横,使得水灾经久不息。水漫之处,积水难消,一方面导致农作物减产甚至绝收;另一方面使得粮食供需紧张,并且污浊水源,容易导致肠道疾病的蔓延。可以说,因水灾而发生的次生灾害,对民众生命财产安全的威胁,远甚于水灾本身。与水灾相比,旱灾持续的时间较长,有的持续数月、半年,甚至一年无雨。长期的干旱导致庄稼减产或绝收,从而引发大规模的饥荒,"赤地千里、饿殍遍野",灾民的流徙与环境卫生的恶劣,无疑是传染性疾病发生的直接因素。余新忠依据江南地方志资料,对太仓州的宝山县、苏州府的常熟县、嘉兴府的嘉善县以及江宁的高淳县等五地瘟疫发生的次数进行统计,并对其致病因素进行细致分析,结果表明"由灾荒引起的瘟疫要占到瘟疫总数的62%"。倘若剔除原委不详的

---

① 龚胜生.中国疫灾的时空分布变迁规律[J].地理学报,2003(06):870-878.
② 朱凤祥.中国灾害通史·清代卷[M].郑州:郑州大学出版社,2009:159.
③ 朱凤祥.中国灾害通史·清代卷[M].郑州:郑州大学出版社,2009:162-163.

数据,则比例高达81%。"可见,在清代江南,绝大多数瘟疫的发生都与各类灾荒有关,特别是与水灾和风潮等关系最为密切。"① 晚清71年间,江南瘟疫的具体数据如表1-11所示。

表1-11 晚清江南瘟疫时空分布

单位:次

年份	苏州府	松江府	常州府	太仓州	杭州府	嘉兴府	湖州府	总数	占比/%
1844					1			1	1.05
1846					1			1	1.05
1849	1	2						3	3.15
1855	1	2	1					4	4.21
1856	1		1	1	1			4	4.21
1858						1		1	1.05
1859						1		1	1.05
1860	1		1			1	1	4	4.21
1861					1	1		2	2.10
1862	1	1		1	1	1	1	6	6.31
1863				1		1	1	3	3.15
1864	1	1	1	1			1	5	5.26
1871						1	1	2	2.10
1877		1						1	1.05
1881		1						1	1.05
1882	1	1	1					3	3.15
1883					1		1	2	2.10
1884	1	1		1		1	1	5	5.26
1886		1				1		2	2.11
1887	1							1	1.05
1888	1	1		1		1		4	4.21
1889	1	1	1			1		4	4.21

---

① 余新忠. 清代江南的瘟疫与社会:一项医疗社会史的研究[M]. 北京:中国人民大学出版社,2003:160-163.

续表

年份	苏州府	松江府	常州府	太仓州	杭州府	嘉兴府	湖州府	总数	占比/%
1890	1	1		1		1		4	4.21
1891	1		1			2		4	4.21
1893		1						1	1.05
1895	1	1	1			1		4	4.21
1899		1			1			2	2.10
1901	1	1	1	1				4	4.21
1902	1	1			1	1	1	5	5.26
1903		1		1	1	1		4	4.21
1907						1		1	1.05
1909		1					1	2	2.10
1910		1						1	1.05
1911			1	1	1			3	3.15
总数	16	22	12	11	9	17	8	95	100
占比/%	16.84	23.15	12.63	11.57	9.47	17.89	8.42	100	

注：本表统计数据中的"总数"一栏，指的是地方志中所载的各州县发生瘟疫的次数。由于传染病的疫源迥异，同一时期内或一种传染病发生，或多种传染病同时发生，因而统计时存在重复。

资料来源：江南各地区地方志及附录《晚清江南地区重大自然灾害年表（1840—1911）》。

四、近代江南的社会公共危机

（一）城市中的社会公共危机

从公共危机管理理论看，公共危机事件不仅会波及危机事件中的个体，还会波及整个社会群体。晚清以前的江南，人口大抵集中在农村或小城镇中，或呈散落形式择地而居，或呈聚居形式择地而居。囿于各村镇的人口数量及村镇间交通与信息传播的渠道，即便发生大规模的公共危机事件，其持续周期与影响范围也相对有限。晚清以降，江南的人口布局与城镇发展规模发生了巨大变化，不同区域间的人口流动日趋频繁，城市居民的数量急剧攀升，各种由人口导致的社会问题日益凸显。一方面，急剧攀升的人口，使得城市的负荷率

(Specific Load)显著上升,城市所提供的市政服务或公用设施日趋紧张,公共环境卫生日趋恶劣,公共卫生事件与社会危机事件频发。另一方面,不同区域间的人口频繁流动,为各区域间流行病或传染病的传播提供了便捷渠道,加之晚清公共卫生防范意识不强,使得疾病的传播速度较快,人口的非正常死亡率较高。晚清江南城市危机产生的主要原因,包括以下几个方面。

一是城乡人口快速流动,城市人口增加,使得城市空间拥挤不堪,公共设施配给不足。从江南区域内的人口流动看,主要表现为农村人口向中等城镇或大城市流动。江南人地矛盾日趋突出,农村富余人口涌入城市寻找生计,使得城镇人口快速膨胀。晚清江南的城市化进程步伐显著加快,特别是上海、无锡、南通、嘉兴、宁波等迅速崛起的工商业城市,人口密度急剧攀升,城市规模与扩张速度远甚于以往。涌入城市的人口中,大多为拥有自由身份、脱离土地的雇佣工人,他们多以佣工的形式在城市中谋求生存之路。

从江南区域外的人口流动来看,外埠人口无疑成为江南人口结构变化的庞大生力军。流入江南的外埠人口,从来源来看,主要有以下两种:一种是江北(或苏北、苏中)地区的人口。"江北妇人,最习勤劳。每当十月以后,农事既毕,即渡江来为大户佣工。……人戏呼之为腌菜鬼,又以其不缠足,谓为大脚仙。"①一种是外省籍(皖、赣、鲁、豫等省)的人口。如常州府的宜兴县,据光绪八年(1882)编纂的《宜兴荆溪志》统计,光绪六年,流入宜兴的外埠人口多达4 317人,其中河南籍人口有2 268人,浙西籍人口有647人,江北籍人口达1 402人。② 常州府的无锡县,清末民初聚居了大量的棚户流民,大部分来自江北的盐城、东台、泰县(今泰州)等地。③ 松江府的上海县,晚清以降,逐渐成为江南乃至全国重要的工商业都会,奢靡风气日炽,但贫富差距也越来越大。尽管聚居在上海的外埠人口无论从工作环境还是工资收入来看,与本埠居民皆存在较大差距,但是"无一户不有佣趁之人,而惟苏乡来者为最夥,航船往来几于如水赴壑,顾人数虽多,而佣资则较他处转丰,宜其愈来愈众"④。江南人口的增长速度虽不及江北,但遭遇天灾或人口过剩时,大批江北难民会向江南移民就食,无形中加重了江南的人口负担,江南"亦有灾荒,但无人北去就食,因

---

① 陈作霖,陈诒绂.金陵琐志九种:下[M].南京:南京出版社,2008:334.
② 施惠,钱志澄,吴景墙,等.(光绪)宜兴荆溪县新志:卷3[M]//中国地方志集成:江苏府县志辑40.南京:江苏古籍出版社,1991.
③ 王益厓.无锡都市地理之研究[J].地理学报,1935,02(03):23-63.
④ 论苏乡苦况[N].申报,1883-09-07(3737).

江北生计已不易,徒劳往返也"①。

晚清江南的城市化步伐加快,工业蓬勃兴起,因此需要大量的廉价劳动力。但囿于城市的建设速度,远远无法满足日益膨胀的人口,因而埋下了严重的公共安全隐患。在城市中,住房、交通、卫生医疗、教育等发展相对滞后,大量的外来人口只能用简易的木料、竹片搭建棚户区,囤聚于城市的边缘,缺乏完善的公共道路系统与洁净的饮水系统,蚊虫滋生、臭气熏天,导致疾病滋生。开埠初期,在上海的徐家汇,有大量的棚户区。这些棚户区没有完善的下水道系统,没有自来水,甚至连一个垃圾箱也没有。春季刚过,沟水奇臭无比,蚊蝇扑面,生存条件恶劣。②

二是清政府对城市管理经验不足,加之贪官劣绅的横征暴敛,外国人的强取豪夺,使得城市内居民的生存状况显著恶化,民怨沸腾。晚清江南城市发展迅速,尤其是制造业、金融业、商业等行业迅速扩张。面对急剧变化的经济形势,江南地方政府却没有应时而动、应时而变,而是仍采取旧有的行政管理手段予以整治。加之腐败行径横行,引发了中下层民众的强烈不满。如清末新政时期,江苏各地兴起了"反户口调查风潮"。由于清政府处置失策以及贪官劣绅借机牟利,"江苏省各州县,因调查户口,讹言迭兴,聚众毁学,拆屋伤人之事,几于无地不有,无日不有"③。

此外,城市管理体制滞后,监管盲区较多,导致偷盗、抢掠、帮派恶斗等不法行为日益猖獗,严重影响了城市的稳定与发展。以上海帮会组织为例,清末民初之际,上海的帮会势力十分猖獗。他们利用自己的权势,对工、商、军、政、新闻、娱乐等各行业进行渗透,民怨积多,"上邑濒海要疆,莠良错处。闽广之徒,有睚眦怨辄械斗,虽戕人勿论,盖旷悍慓疾,其习常然也"④。清末活动骤增的洪门、青帮、天地会、哥老会、小刀会等组织逐渐在城市中渗透,挑起了各种事端,引发了城市中的社会公共危机。

---

① 王树槐.中国现代化的区域研究:江苏省1860—1916[M].台北:"中央研究院"近代史研究所,1984:459.
② 薛永理.旧上海棚户区的形成[M]//施福康.上海社会大观.上海:上海书店出版社,2000,124.
③ 问天.十二日江苏江宁县乡民滋事殴伤调查员[J].东方杂志,1910(04):58-62.
④ 上海社会科学院历史研究所.上海小刀会起义史料汇编[M].上海:上海人民出版社1980:35.

（二）农村中的社会公共危机

近代江南地区的农民，不仅要遭受地主与统治阶级的盘剥，还要面临西方列强凭借特权进行的商品倾销与原材料掠夺的困境。中日甲午海战以后，清政府签订了丧权辱国的《马关条约》，江南一带被迫开放，经济侵略的魔爪已经从东南沿海的据点向内地延伸。在这种情况下，外国资本主义的侵略破坏了江南原有的农业生产体系，加剧了农民的贫困化，阻碍了江南城乡资本主义，特别是农业资本主义的发展。与此同时，外国资本主义为了便利其对江南农村的掠夺和适应世界市场的需要，客观上刺激了某些地区商品农业的发展，加速了自给自足的自然经济的瓦解，封建租佃关系有所松弛，农业资本主义因素有所增加。这些经济特征，在江南表现得尤为明显。此外，清政府逐步将海关行政管理权、税赋、商贸定价权让与西方列强，使得传统的江南手工业产品在市场竞争中日趋没落，丧失了原有的竞争性地位，或滞销不畅，或淡出市场，或遭受排挤，不少行业处于濒临破产的境地。

在大变革的历史环境下，江南农村的土地制度发生变化。清中期以前的江南土地关系依循明代以来所建立的封建土地制度，因此相对稳定。清中期以后，随着人口的递增与农村商品经济的活跃，以及清代历次赋税改革的影响，江南的农村土地关系发生急剧变革，最为显著的就是永佃制在江南的出现。永佃制起初在清中期的江南并不普遍，影响不大。鸦片战争以后，西方资本的侵入，特别是太平天国运动的冲击，对江南的农村土地关系产生了实质性影响。太平天国运动使江南原有的土地与人身依附关系迅速瓦解。太平天国运动以后，清政府与江南地方士绅虽竭力恢复既往的土地依存关系与佣耕模式，但阻力巨大。此外，江南沿海港口开埠，外埠廉价半工业产品或手工业产品纷纷涌入江南市场，对江南本地的商品经济产生巨大冲击。东南亚原材料市场的日趋兴盛，促使江南原有的商品供应链与供销关系发生变化，封建租佃关系出现了松弛的趋向。

这些对农村社会经济的稳定产生了重要影响，清末江南农村地区出现了不同程度的抗捐、抗租以及抢米风潮。仅1901—1911年的十年间，江南就遭受了不同程度的水、旱灾害，百姓生活日益困苦。由于清政府的应对不力以及官赈困境，各地出现了不少民变事件，"斗米千钱价日高，灾黎百万吞声泣……江南江北哭声高，始知祸首为老饕。官民束手叹无策，不是灾区也绝食。万家橱灶冷无烟,迫我良民为盗贼"①。

第二节 公共危机应对机制变迁

近代江南社会可谓是"灾祸连迭、世罕其匹"。一方面,各种自然灾害连绵不断,战祸兵燹不止;另一方面,清政府的政务日渐废弛,官僚系统腐朽不堪,各种社会矛盾日渐凸显,传统的荒政体系因窦弊丛生的朝政日渐废止。晚清政治生态环境与经济环境的变化,使得传统的危机应对模式发生了根本性的变革。以往以官僚赈济为主导的赈济体系黯然退色,以士绅为主导的民间义赈与以传教士为主导的教赈逐渐成为公共危机应对机制中的主导性力量,并由此形成三足鼎立的局面。究其缘由,主要有如下几点:首先,面对巨额的赔款、外债、军费等庞大开支,清政府财政匮乏,入不敷出。晚清灾荒赈济所仰赖的河工、漕运、盐务等财源系统日渐衰弛,传统的官僚赈济系统失去了经济基础。其次,太平天国运动使以士绅为主导的地方社会权势日炽,这些士绅开始染指地方赈务。最后,西方殖民侵略的加深与传教士的不断涌入,使得以西方传教士为主导的教赈成为危机治理环节中十分重要的一环。至此,近代公共危机应对机制发生了根本性的变化,逐渐由以官僚赈济为主导的荒政体系,向官赈、义赈、教赈三足鼎立的格局发展。

近代公共危机应对机制的变迁,不仅对荒政体系与社会发展产生了巨大影响,而且对近代的政治结构起到了分化与瓦解的作用。自古以来,灾荒是封建社会兴衰的一个重要标志。在封建社会中,皇帝作为最高统治者,自诩为"天子"。依照儒家学说中"君权神授"的思想,对灾祥的合理性解释是统治阶级标榜威权的重要体现。统治阶级出于稳固统治、树立权威的考虑,有必要就灾祥之兆向民众解释缘由,以安抚或稳定民众。依据现代政治学理论,政治合法性(Political Legitimacy)是一个政权能否长治久安的核心所在,是民众对政权忠诚度的重要价值判断标准。凡是建立在等量价值观(Equivalent Values)基础之上,并得到社会公众舆论认可(Public Trust)的政权即为"合法性政权"

---

① 樊翠花.清政府脆弱的抗灾能力与清末十年江苏抢米风潮[J].盐城师范学院学报(人文社会科学版),2008(02):60-66.

(Legitimacy Regime)。

在古代社会,传统政治的合法性(Traditional Political Legitimacy)是封建王权政治的重要基础。按照儒家学说的理论,封建统治者与儒学士大夫将"天谴"(Penalty)解读为苍天对人间过失的"警示",频仍的灾荒无疑是对统治者权威的挑战,是对统治者正当性与政治合法性的质疑。灾荒处置成为上至中央、下至地方的重要政务之一,是中央与地方官僚系统政绩考核的指标,成为考核地方官吏是否称职的重要评判标准。正因为如此,无论是中央还是地方,都视灾荒处置为首要政务。可见,封建官僚体系对灾荒赈济是不遗余力的。士绅作为儒学道统与官僚系统的维护者,其投身于灾荒赈济中,不仅基于维护封建统治与自身权益的考虑,更重要的在于在民生领域体现士绅道统意识,弘扬儒学教化宗旨。当官僚赈济体系难以发挥作用时,民间义赈便责无旁贷地站到了历史前台。

一、传统应对机制的衰落

晚清时期江南的传统应对机制主要是官僚赈济,它是清中期传统荒政体系的延续。清代历经康雍乾盛世后,国家实力日臻鼎盛,政治、经济、文化等各领域的发展均达到巅峰。乾隆中后期,清王朝逐渐由盛转衰。所谓"三分天灾,七分人祸",晚清时期官方赈济日渐其衰,很大程度上与清王朝的怠政相关。此外,晚清政局的不稳与财政的匮竭,也是传统应对机制日益衰落的因素。河工、漕运、盐务历来是封建王朝的"三大政"。它们是封建国家机器的基石,亦是封建经济的支柱,还是影响封建王朝兴衰成败的重要因素。作为灾荒赈济所依赖的必备经济基础,"三大政"的功效不可小觑。康雍乾盛世时,清政府十分注重对三大政务的整治与管理,尤其是漕运与盐务向来是中央赈济地方钱粮的主要来源。乾隆后期,河工、漕运、盐务日渐凋敝,弊窦丛生,以致官僚赈济的力量有所衰减。晚清以后,随着海运、铁路等新兴运输方式的普及,传统的漕运面临着前所未有的窘境,与之相关的河工与盐务也日渐衰败,对清政府的财政构成了巨大的威胁,使得官僚赈济所仰赖的经济来源日渐枯竭。

鸦片战争后,清王朝饱受西方列强欺侮,割地赔款,外债麋增。咸同年间的太平天国运动从根本上动摇了清王朝的统治根基,加速了统治阶级内部的分化。与此同时,地主阶级中的有识之士虽展开了形式不同的救亡图存运动,却没有从根本上挽救清王朝于灭亡的厄运。随着清王朝的覆灭,传统应对机制势必衰落。

（一）统治根基的动摇与政府财政的匮竭

1. 统治根基的动摇

近代中国饱受西方列强的凌辱，帝国主义的侵略逐步加深，撼动了清王朝的统治根基，主要表现为政治局面的动荡不安与传统经济制度的瓦解。

就政治局面而言，主要面临内外双重困境。外部政治方面，在英法侵略者撬开中国的大门后，其他西方列强尾随而来。侵略者通过一系列不平等条约，将中国强行拉入资本主义世界体系，在中国的沿海与内陆腹地展开殖民掠夺，攫取了大量的侵略特权，享受治外法权、领事裁判权等侵略权益，不仅破坏了中国的司法独立，而且破坏了中国的主权与领土完整。另外还通过协定关税等政策，掌握了清政府的财政命脉。随着中国的国门被侵略者用武力强迫打开，中国的社会性质发生了质的变化，由独立、统一、主权完整的封建国家，逐步转变为半殖民地半封建社会的国家。内部政治方面，西方列强的侵略与封建统治者的压榨，使得中国人民面临双重压迫。从三元里抗英斗争、太平天国农民运动、反割台斗争、义和团起义到辛亥革命的胜利，中国人民展开了一次又一次的强烈反抗，逐渐觉醒并意识到要争取民族独立、国家富强，就必须改变帝国主义、封建主义联合统治的半殖民地半封建社会的性质。而统治阶级内部，面对日益窘困的政治危局，也开始意识到必须进行适当改革，才能延续清王朝的统治。在西方思潮的引领作用下，统治阶级内部为了各自的权益，分化为不同的派别，加速了统治阶级内部的分化与瓦解。

就经济方面而言，清代中后期的中国处于封建社会的末期，经济制度大体为封建土地所有制。封建统治者上至皇亲国戚，下至官绅土豪，占据了绝大部分的土地，而占人口绝大多数的农民则沦为附庸。农民不仅要为租种地主的土地而缴纳高额的地租，还要受到封建国家的各种摊派与盘剥，以至于丧失人身自由。这些无疑激化了阶级矛盾与社会矛盾。近代以后，随着西方资本主义侵略的进一步加深，小农经济占主导地位的单一性封建经济制度被摧毁。西方列强通过商品倾销与资本输出等方式，对中国进行赤裸裸的经济侵略，使得中国进一步卷入资本主义的世界市场。面对富庶的东南沿海，帝国主义的渗透势力更为深入、持久，侵略者妄图将东南沿海与整个内陆腹地变成商品倾销地与廉价的原料基地。他们还依靠鸦片、洋货等使中国由对外贸易的出超国转变为入超国，双方贸易逆差越来越大，使得中国民族工业的产品与传统手工业制品等遭受排挤，从而进一步控制了中国的经济命脉，扩大了在华的侵略。

2. 政府财政的匮竭

清朝的国家财政收入主要分两个方面:一是常项收入,即朝廷课定的各项赋税;二是非常项收入,即特殊时期朝廷额外增加的摊派、捐输、加饷、报效等。从晚清以前的财政收支看,常项收入占据主要部分,变动不大,是国家重要的财税来源;非常项收入则占据相对较小的部分,变动较大,以弥补常项收入的不足。为了便于对国家财政税赋的管理,清政府实行国库制度,在户部设立"银库",成为天下财赋的总汇。各省岁输的田赋、盐课、关税、杂赋等,除地方留存部分外,其余均一体解送京师入银库。田赋由各州县赴所在地区的布政使司衙门统一收齐,然后解送户部。盐课或由场馆征缴交付盐运使司,或由盐运使司一体解送。关税则由各海关监督按例征缴,分季度解送户部。杂赋与各地赃罚银等,均效法田赋,由各省按察使一同解送户部。

乾嘉之际,清政府每年的赋税收入维持在 4 300 万两左右,如乾隆三十一年(1766)的赋税收入为 43 371 763 两,乾隆五十六年的赋税收入为 43 590 000 两,嘉庆十六年(1811)的赋税收入为 43 501 077 两,嘉庆十七年的赋税收入为 40 136 194 两。但是道光以降,清政府的财政收入出现明显下滑,道光二十一年(1841)的赋税收入为 38 597 750 两,道光二十九年的赋税收入为 37 010 019 两,出现这一情况的原因主要是鸦片的输入与海外贸易逆差的产生。① 咸丰以后,清政府的财政收入日渐匮乏,各项开支则不断攀升,尤其表现在军费与赔款的开支项目上。如赔款一项,咸丰十年(1860),清政府因第二次鸦片战争战败,赔偿英法两国损失共计 1 670 万两。再如军费一项,镇压太平天国运动,清政府用银 28 000 余万两,钞 760 余万两,钱 818 万贯;镇压捻军起义,用银 10 790 余万两,钞 700 万两,钱 900 万贯。上述开支还不包括清政府用于扩编团练武装,购买新式装备,以及派发地方军军饷等开支。② 为了挽救危局,解决日益激增的财政赤字等问题,清政府于咸丰年间开始征收厘金,并提高各地常项的赋税征收额度。即便如此,在大多数情况下,清政府的财政依旧是入不敷出。况且随着清政府政治控制的削弱,以及民众的日益穷困,各地拖欠赋税的情况非常严重。财政收入的锐减导致朝廷对水利、仓廒等荒政工程的资金投入愈发不足,同时灾荒之年也无力赈济。

(二)荒政废弛与官赈困境

财政的匮竭,并非导致官赈困局的唯一因素。晚清荒政的废弛与官方赈

---

① 王庆云. 石渠余记:卷3[M]. 北京:北京古籍出版社,2000:113 - 115.
② 赵尔巽,等. 清史稿:卷125[M]. 长春:吉林人民出版社,1995:2516 - 2536.

银、赈粮的缺失,也是造成官赈困局的重要原因。

1. 河工与漕运的废弛

河工是整治灾荒的重要工程之一,历代封建王朝均十分重视对长江、黄河等干流河道的修筑与防护,以及运河、海塘、堤坝等人工设施的修筑与维护。明清时期,运河已成为王朝经济的生命线,每年由南往北的粮食、手工产品、原材料等源源不断地输入京师,以保障国家机器的正常运转。大运河的开凿不仅改变了中国的地理环境,而且逐渐形成了一个南北东西全方位的大水网,运河两岸的经济日渐繁荣。"城以河兴、商以河盛",许多运河城镇因此兴盛,诸如通州、临清、楚州(今淮安)、清江浦(今淮阴)、扬州、苏州、杭州等沿河城市,逐渐成为全国最富庶的地区。城市的发展,促进了城市间及城市与市镇周边之间的经济、文化、商贸往来。清代中前期,随着人口的增加,京师的漕粮运输基本仰赖于运河,但疏于管理以及河道衙门等官僚机构的贪腐,使得运河的弊端也逐日凸显。

乾隆后期,内河运输的弊害昭然若揭。一方面,各省纷纷在沿河关闸设卡,盘剥商船,课以重税,使得商船无利可图。而官船则凭借特权,独揽某些商品的贸易运输权,与民争利。另一方面,清政府每年拨巨额官帑维修运河,但其利大多被各河道衙门层层抽拨,以致真正用于河道维修的钱款所剩无几,只得修修补补,装饰门庭,根本无法对运河进行全面整治。江苏巡抚陶澍,就直言不讳地说道:"举江、浙两省二百数十万之漕,济之以一衣带水,而又据最高之地,当方涸之时,无他水可挹,徒借江潮。潮一不至,即船胶于陆。万夫牵挽行,日以尺寸许。"①史念海在《中国的运河》一书中指出:"由明到清,朝代虽然变更,建国的规模却是一仍旧贯。……整个清代二百多年间,对于这条贯通南北的运河,只有培护修补的工程,而没有大的改变,偶然也有改道的地方,那都是限于百八十里上下的工程,属于整理河道技术方面的事情,与整个河流没有多大关系。"②河道官吏与监修大员上下串通,互为庇护,贪墨官帑,运河沉疴极深。清朝统治者也深知其中弊病,但对此也只能置若罔闻,"河工官役,领帑办公,借沾余润,以资饭食,在所不免,但非有侵蚀大弊,姑置勿问"③。朝廷的姑息养奸,使得地方上下的河道官员无不肆意贪墨、挥霍修河堤款,使得河工日渐凋敝。

---

① 陶澍.陶澍集:下册[M].长沙:岳麓书社,1998:28.
② 史念海.中国的运河[M].西安:陕西人民出版社,1988:334.
③ 彭元瑞.清朝孚惠全书:上[M].北京:北京图书馆出版社,2005:390-391.

漕运的畅通与否以及漕粮的多寡,不仅是江南农业丰歉的晴雨表,而且是清政府能否实施"截漕赈荒"的重要因素。清代的漕运制度大抵因袭明制,以"南粮北运"为主。明代中后期,漕粮逐层分为"南粮"与"北粮"两类。所谓"南粮",指的是南直隶(今江苏、安徽)、浙江、江西、湖广(湖南、湖北)等地的粮食;所谓"北粮",指的是山东、河南等地的粮食。清代在征缴南北粮的同时,还实行田赋征收与货币税征收并行的政策。雍正朝实施"摊丁入亩"政策后,地丁银成为主要的赋税来源。但仍有部分征收实物,其间除留充本省支度所用外,其余转运京畿。由于转运的漕粮皆由运河运往北京,这条运河也就成了为运输官粮而兴修的漕河,漕运之名广为流布。

　　江南的农业经济十分发达,江浙两省承担了主要的漕粮征缴、运输任务。乾隆时,江苏粮额总计 2 155 021 石,留充本省支度的粮额为 438 132 石,转运京师的粮额达到 1 716 889 石。由此可知,乾隆时江苏省留用的粮食占总收成的 21%,转运京师的漕粮占总收成的 79%,总额占全国民田征收实额的 1/8 有余,可见江苏的税赋十分沉重。① 乾隆时,浙江粮额总计 1 130 481 石,留充本省支度的粮额为 273 742 石,转运京师的粮额达到 856 739 石。由此可知,乾隆时浙江省留用的粮食占总收成的 24%,转运京师的漕粮占总收成的 76%。显而易见,浙江一省的税赋苛沉。而在江浙两省的漕粮中,以江南缴付的粮额为主,如浙江省的漕粮主要依靠杭州、嘉兴、湖州三府来征缴;江苏省的漕粮主要依靠苏州、松江、常州及太仓州等地征缴。可见,乾隆时江南的漕粮税赋是十分繁重的。江浙两省除征收漕粮外,还额外征收"白粮"(粳米或糯米),专供皇室内府及王公、百官们食用。其余名目亦是数不胜数。

　　漕粮关系到国家的经济命脉,漕运衙门贪剥的钱银也比其他衙门多,一直以来都是竞相争夺的"肥缺"。清代卖官鬻爵的上等"官差",争相涌入漕运衙门,纯属"借帮丁脂膏"。包世臣在《剔漕弊说》中就对漕运衙门"强征勒索""捐官即入"的情况有所陈述。在征缴漕粮时,地方官吏用尽各种办法肆意克扣,每石"耗损"后只算五斗或六斗,百姓稍事反抗,便会被官府污蔑为"抗粮",而招来刑责。魏源一针见血地指出,漕运的病象在于"官与民为难,丁与官为难,仓与丁为难,而人心习俗嚣于下;黄与淮为难,漕与河为难,而财力国计耗于上"②。

---

① 钦定大清会典:卷10[M].长春:吉林出版集团有限责任公司,2005:198.
② 魏源.魏源全集:第13册[M].长沙:岳麓书社,2011:340.

第一章　近代江南的公共危机与应对机制

嘉道之后,清朝的官员逐渐意识到漕运弊端,竭力主张以海运替代内河运输,包世臣是这一主张的代表人物。包世臣,生于乾隆四十年(1775),卒于咸丰五年(1855),安徽泾县人。东南大吏,深谙河、漕、盐、兵、荒诸政,以"有经济大略"著称东南。① 为了洗革漕运弊苛,他率先提出"漕粮海运"的思想。在他的思想感召下,道光朝的重臣英和、陶澍、齐彦槐、魏源等都极力主张海运,声援其主张。包世臣更是事必躬亲,亲自草拟章程,具体筹划。当时漕运积弊确为沉疴,"每漕一石抵都,常二、三倍于东南之市价"。漕费取之于民间,所耗与日俱增,"浮收勒折,日增一日,竭民力以积众怨"。② 朝野上下有不少当权派竭力反对"海运南漕"的政策,其主张有三点:"一曰洋氛方警,适资盗粮;二曰重洋深阻,漂没不时;三曰粮艘须别造,舵水须另招,事非旦夕,费更不赀。"上述之言,大多为阻挠的借口,其根本在于海运断绝了许多官僚的既得利益,使得漕运衙门的权力逐日而危。包世臣十分清楚此中利弊,但为"朝廷大计",他认为"三者皆书生迂谈,请得一一折之以事实而后伸正义"。③

以上海吴淞口为界,其以南地区涵盖浙、闽、粤诸省海域,为南洋;其以北地区涵盖山东、直隶、关东,皆为北洋。从地理概貌上看,南洋多矶岛,水深浪巨,非乌船不行;北洋多沙碛,水浅礁硬,非沙船不行。当时,齐聚上海的沙船约有3 560艘,大船可载官斛3 000石,小船可载官斛1 650石。船主大多为崇明、通州、海门、南汇、宝山、上海等江南沿海地区的富民。当时每造一艘船需费7 000—8 000两纹银,沙船多的船主有四五十艘。自康熙二十四年(1685)开海禁后,从关东地区运至上海的豆、麦等粮食作物,每年有千万石;而布匹、茶叶等各种南货贩运至山东、直隶、关东地区的每年也不下千万。在包世臣看来,海运在康熙二十四年后就收益颇丰;虽然每年有数艘船遇险沉没,但亦不过千百分之一。而南粮每年经运河运抵直隶,因失风殆损的数量亦数倍于此。何况,从上海至关东、天津的水手一年需跑船三四次,对水路及风信等都十分谙熟;且顺风时,海船由关东、天津至上海亦无须多日,可节省大量的人力与时间。所以,海运的便利是显而易见的。以往,沙船北行为放空,南行为正载,与漕粮的运输方向相悖。北行时,民商所带南货不多,以致"顺带南货,不能满

---

① 赵尔巽,等.清史稿:第44册[M].北京:中华书局,1977:13417.
② 包世臣.中衢一勺:卷3[M]//包世臣.包世臣全集.李星,点校.黄山:黄山书社,1993:66,67.
③ 包世臣.中衢一勺:卷3[M]//包世臣.包世臣全集.李星,点校.黄山:黄山书社,1993:11.

载",于是船主不得不在吴淞口雇人挖草泥压船以行。有鉴于此,包世臣主张朝廷应准予商贩由南赴天津、关东时,皆先载南粮至七分,其余准带南货,并拨给水脚银四钱。倘若如此,所费水脚银,不及内河漕运的十之三四。商船放空以行,反得重价,官费亦损耗大减,诚可谓"一举而众善备焉"。包世臣主张,朝廷除必备的南粮需专运外,其他百货可由民商代为采办,毋庸独揽。包世臣提出的"雇商海运漕粮"的主张,从根本上改变了明清以来的漕运格局,对"截漕赈荒"等政策具有重要的影响。

2. 水利设施的失修

晚清荒政建设的不力,与各地水利设施的损坏和年久失修有密切关系。康雍乾时期,清政府十分重视水利工程的建设,尤其是对长江、黄河等大江大河的治理更是不遗余力,认为这是朝廷的国本。清政府投入大量的人力、物力,治理大江大河,兴修农田水利,修造堤坝、开挖河渠,不仅可以整治江湖洪灾的肆虐,而且可以引导其灌溉农田,发挥防洪排涝的作用。可见,这些荒政措施在防灾、减灾方面,确实不可小觑。

嘉道以降,清政府年年下拨巨款整治河工,但各地水利工程却日渐废弛,河堤荒决、河工不兴。这不仅与财政的投入不足有关,而且与管理不善密切相关。原有的定期维修与养护制度,逐渐成为一纸空文,各地不再认真执行,以致已有的水利设施,年久失修,损坏严重。如江苏松江府的宝山县,大小河堤不下数十支,夏秋两季更是洪灾肆虐,危害尤甚。按照惯例,河道衙门"或五年一浚,或六七年一浚"。然而现在却"有十余年不浚者矣,有数十年不浚者矣,有如线如绠而涝不能泄者矣,有如潢如污而旱不能溉者矣",不少河底竟然被附近的农民开垦成菜畦或是棉田,甚至有的人还在河床上兴修房屋,"旱涝不足以蓄泄而田畴荒,商贾必待乎挑运而物价贵"。[①] 不仅内陆河道如此,海塘更是遭到严重毁坏。同治《上海县志》记载,上海县浦东之北,本有土塘护堤以抗海潮,以往"设立塘长,以时修筑,今则久未增修,塘身残啮殆尽,仅就海塘浜,挖泥培护"[②]。除了松江府,江南其他地区大抵情况相当。以海塘为例,"浙江之嘉兴、湖州,江苏之苏州、松江各属,处处毗连,全在塘身坚固,借资抵御,旧建石塘四千六百余丈,自经兵燹,大半坍坏"[③]。

---

① 梁蒲贵,吴康寿,朱延射,等.(光绪)宝山县志[M]//中国地方志集成:上海府县志辑 9.上海:上海书店出版社,1991:120,121.
② 应宝时,俞樾,方宗诚.(同治)上海县志:卷 3[M].刻本.清同治十年(1871):24.
③ 桑兵.清代稿钞本:第 211 册[M].广州:广东人民出版社,2013:172.

此外,物料、工价上涨,以及工程量增加,也是水利弛修的重要原因。以黄河的修治为例,光绪十二年(1886),清政府计划整治黄河山东段,原定经费为65万两,除去弁兵月饷20万两,以及各河道衙门的薪水支酬5万两,实际购买物料、加工之银只有40万两,与实际所需经费相距甚远,不敷甚巨。为了应对这样的情况,清政府只能想办法向民间进行摊派。同治四年(1865)入夏,浙江绍兴一带暴雨成灾,萧山县西江塘塘堤溃塌30余处,总计700余丈,"以致江水内灌,高埠水深数尺,田畴庐舍半入洪波"。修复堤坝实际所需20余万串,然而绍兴府库藏空虚,境内民生凋敝。为此,绍兴府不得不请求浙江布政司出面借款摊捐,"发给绅士兴修。俟大工告竣,查明实用数目,于得沽水利民田项下分作两年按亩摊捐还款"。① 最后得以筹集10万串。

3. 官赈困境

晚清以降,官赈持续衰落。尤其是赈银与赈粮的不济,与两淮盐税收入的变化存在重要关系。盐税是封建王朝一项十分重要的财政来源,实属大宗,所获利润蔚为可观。两淮不仅是清代最大的产盐区,而且是清政府财政税赋的重要支柱。"煮海之利,两淮为最",淮盐一直以来都是中央与地方政府赈济灾民的重要保障。

盐税是仅次于田赋的第二大税赋来源。晚清之际,清政府每年征之于两淮盐商的课银约500万两,占全国盐税的一半有余。② 随着盐课的不断增加,盐课在财政中的地位越来越重要。《清史稿》记载:"逮乎末造,加价之法兴,于是盐税所入与田赋国税相埒……"③以清末宣统二年(1910)为例,当年的财税收入总计为269 755千两,其中田赋收入为46 165千两,占财政总额的17%;盐茶课税收入为46 312千两,占财政总额的17%;洋关税收入为35 140千两,占财政总额的13%;正杂各税收入为26 164千两,占财政总额的10%;厘捐税收入为43 188千两,占财政总额的16%;官业收入为46 601千两,占财政总额的17%;常关税收入为6 991千两,占财政总额的3%;杂收入为19 194千两,占财政总额的7%。可见,在清政府所有的进项中,盐茶课税无疑是重要的财税来源,当年的茶税只有一百余万两,盐税占据绝大部分。④宣统二年各项财政收入比例如图1-1所示。

---

① 高尚举.马新贻文案集录[M].北京:中央民族大学出版社,2001:42.
② 王庆云.石渠余记[M].北京:北京古籍出版社,2000:231-233.
③ 赵尔巽,等.清史稿:第13册[M].北京:中华书局,1977:3606.
④ 陈锋.清代盐政与盐税[M].2版.武汉:武汉大学出版社,2013:178.

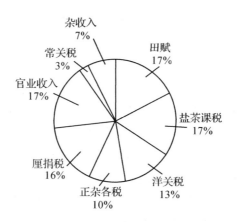

图 1-1 宣统二年各项财政收入比例

资料来源:陈锋.清代盐政与盐税[M].2版.武汉:武汉大学出版社,2013:178.

  正因为盐税的利润如此之高,所以各地贪墨盐税的情况时有发生。晚清盐税的流失是财政匮竭的重要原因之一。明清以降,由于盐的利润颇大,民间贩卖私盐渐成风气。所谓私盐,指的是没有依照朝廷法度,进行生产、运输、销售,特别是没有照章纳税,不能为国家提供法定财税收入的盐。私盐不仅造成国家财政税收的大量流失,而且私盐商贩往往与当地的官府、地痞等朋比为奸。私盐贩运,蚕食了官员的廉洁;武装贩私,酿成地方武装械斗等恶劣行径。因此,清政府对贩卖私盐采取了较为严厉的打击政策。包世臣对两淮私盐贩售的情况十分熟稔,他指出,私有十一种,乃场私、军私、官私、邻私、船私、商私、枭私等。[①] 所谓场私,指的是食盐生产地区的走私,视为"贩私之源"。军私,又称为"兵私",指的是军队中的军官和士兵的走私。官私,指的是贪官借权走私或缉私官役走私。邻私,指的是在销盐引岸的交界之处,越界贩私。船私,又称为"漕私"或"夹私",指的是船户水手的走私。商私,指的是盐商与官府勾结,雇用缉私人役以作掩护,进行走私。枭私,多指各地土匪或地方势力武装走私。面对形式多样、泛滥成灾的私盐,清政府通过颁布各种严厉的刑律、设卡、检举等方式打击贩私。然而,由于清政府自身的腐朽与私盐利润的巨大,打击私盐的力度慎乎其微,走私依然猖獗,国家税收流失巨大,严重影响了清政府的财政税收,并直接影响了官方的赈济来源。

  清政府除调拨盐税用于赈济之外,还要求盐商时常向清廷"报效"银两,作

---

① 包世臣.中衢一勺:卷3[M]//包世臣.包世臣全集.李星,点校.黄山:黄山书社,1993:69.

为额外的捐纳。清代盐商报效之惯例，肇始于雍正元年(1723)，当时淮盐芦商捐银 10 万两。清代盐商的报效共分五类：一为军需报效；二为水利报效；三为备公报效；四为赈济报效；五为杂项报效。所报之数额十分惊人。据笔者查证，两淮盐商以"助赈"为名向朝廷报效的情况由来已久。早在康熙十年(1671)六月，淮扬等地被灾，盐商陈恒升等捐银在扬州城外设立 4 个粥厂，每日赈济人数多达 45 000 人次，泰州、高邮、兴化等地不能就食者，每户发赈米数百石不等，又给灾民棉衣 10 045 件，共耗费赈款多达 22 670 两之巨。朝廷为了奖掖盐商义举，捐银超过 500 两的 8 名盐商，均加九品顶戴。① 此例便属于两淮盐商"赈济报效"。

晚清之际，清政府由于外债及赔款额度剧增，对灾荒赈济愈加力不从心。为了稳定地方社会秩序，清政府不得不寻求盐商参与赈济。光绪初年，华北、江淮等地发生大规模的旱灾。光绪二年(1876)十二月，江北各州县遭受旱灾影响，在扬州聚居的灾民多达 20 000 人，赈款需耗资 90 000 串。旱灾发生以来，扬州城内已陆续建有仁、义、礼、智、信 5 个粥厂，但灾民聚集的数量有增无减，最多时来粥厂食粥者有 38 000 人之多，城外尚有两三千名灾民因查无户口亟待赈济，合计总数在 40 000 人有余。经核定，需耗费赈款多达 180 000 串，中央与江苏地方官府均深感赈款不支。在两江总督沈葆桢、江苏盐运使刘瑞芬等官员的极力劝募下，两淮盐商在上海为赈济江北灾民共筹款 40 000 两白银。这笔盐商赈款，作钱共计 68 000 串，并与清廷下拨的漕米 6 000 石等一并作为赈济之用，其结余部分作为以工代赈之款，以解江北灾民之苦。② 两淮盐商除赈济本区域内灾民外，对诸如豫、湘、赣、晋、鲁、冀等外省灾民也一体量力赈恤。

晚清盐商的赈款"报效"与清中期的赈款"报效"相比已发生了巨大变化。乾嘉时期，盐商往往出手阔绰，报效金额较大，报效情绪高涨。晚清时期，随着盐政的败坏和盐商资本的衰耗，盐商主动报效者寥寥无几，出手也是谨小慎微。同光年间，恰逢大的灾荒或财政危局之时，朝廷不得不向盐商求助。但主动报效者屈指可数，清廷只能采取所谓的"劝输摊派"或"以资接济"等方式"劝谕输捐"，有的地方更是将摊派定为惯例，强行盘剥盐商。光绪十七年四月，清廷户部因"部库奇绌"，拟定了所谓的《筹饷章程》，明确规定："各商所捐

---

① 王定安,等.光绪重修两淮盐法志:卷 146[M].金陵刻本.清光绪三十一年(1905).
② 王定安,等.光绪重修两淮盐法志:卷 146[M].金陵刻本.清光绪三十一年(1905).

银两,准照现行《海防事例》给予奖叙,实职、翎枝、虚衔、封典以及贡监各项,各随所请。并准移奖子弟,以示鼓励。"经上谕"著依议行"后,在全国推广实施。

总体而言,伴随着晚清财政日益匮竭以及荒政废弛,以官僚赈济为主导的传统应对机制日益衰萎,官僚赈济系统日渐衰弛。这一情况的产生打破了以官僚赈济为主导的单一应对模式,传统应对机制渐趋向近代应对机制转变。以士绅为代表的民间义赈,突破了以政府为主导的一元危机应对模式,从而构建了官民合作的二元危机治理结构。这种转变并非自在行为,它是官僚赈济体系衰落的必然结果,也是近代风险社会中多种社会资源博弈的体现。

二、近代应对机制的兴起

缘于传统官赈模式的颓败,以士绅为主导的民间义赈与以传教士为主导的教赈日渐兴盛,从而形成了迥异于以前的近代危机应对模式。依据公共危机管理理论,公共危机的治理机制与政治权力资源的配置是密不可分的,其危机应对的成功与否,在于社会整合的能力高低。社会整合力(Social Integration)与时代特性紧密相关,社会的变化与发展并不能自在地提升社会整合力,必须建构在最大限度地凝聚社会资源的基础上。传统与现代的激烈碰撞是近代社会整合的动力源,它一方面诱发传统政治的危机,对旧式稳固的政治威权形成冲击力,加速其内部的瓦解与崩析;另一方面,在公共危机来临之际,潜在的危机因素以各种形式不断显现,使政权缺乏凝聚力,阶级属性不同与经济利益分配不均的状况明显恶化,各种社会矛盾相互交织。公共危机与转型交织、叠加的近代社会,不仅浓缩了传统社会曾有过的危机,还遭遇了前所未有的异质危机(Heterogeneous Crisis),犹如"数千年未有之大变局"影响着社会中的每一个细胞。近代江南社会历经社会转型与过渡,使得公共危机事件具有复合性、延续性、异质性等特征。传统的危机应对模式,杂糅了异质性的民族危机及由此所引发的传统权力结构的锐变和对儒学价值观的反思。毋庸讳言,以政府为主导的一元危机应对模式显然无法阻止传统社会的日趋衰竭,以官民合作为代表的二元危机治理结构愈发凸显社会的活力与凝聚力,成为近代江南危机应对的主要模式。

(一)义赈的产生

义赈产生的社会根基源于中国慈善事业的发展。中国慈善事业历史悠久、源远流长,尤其是明清以来,以士绅为主导的慈善力量茁壮成长,蔚为可观。明清以降,在江南涌现出了袁了凡、陈正龙、周梦颜、彭定求、彭绍升、潘曾沂等众多慈善家或慈善人物,他们或崇礼笃佛、施德行善;或尊孔尚儒、广积善行,形成了独具江南特色的慈善家群体或慈善家谱系。江南的慈善传统生生不息、延续不断,在近代社会变迁的大背景下,义赈缘此而兴。

义赈是慈善事业在近代政治生态环境中衍生出的新事物,它从属于江南慈善事业的范畴。义赈的本体源于地方社会的慈善救济与民间互助,其本身与传统慈善事业的发展有着千丝万缕的联系。晚清义赈组织的产生,既承袭于传统的慈善救助模式,又受到西方教赈思潮的影响,是社会博弈后所产生的新事物。在近代社会转型的大背景下,义赈组织产生后,其规模、速度、管理手段、组织结构等就发生了结构性的变化,逐步成长为具有近代特性的新型民间慈善组织。尤其在清末民初之际,义赈组织面临自身变革,它们充分学习西方慈善组织的新兴筹募方式与社会资本的管理理念,使得中国的义赈组织由传统色彩浓郁的民间慈善机构,逐步转变为具有现代特性的非政府性民间慈善组织,或称之为"第三部门"(Third Sector)。

学界关于义赈起源或兴起的讨论莫衷一是。虞和平通过探讨以经元善为中心的慈善活动,认为经元善早期在上海创办的"协赈公所"一类的组织,是"由民间自设机构,领导一方民众进行义赈活动"的组织。① 这类组织,不仅在上海十分鲜见,在全国也尚属首次。李文海在《晚清义赈的兴起与发展》②一文中,较早地掀起了"义赈起源"的讨论。李文海认为所谓的义赈,就是民间自行组织劝赈、自行募集经费,并自行向灾民直接散发救灾物资的活动,义赈的最根本特征在于"民捐民办"。李文海进一步指出,义赈突破了传统善会善堂救济事业中地域与被救对象的局限,创立了一套新的救赈机制,顺应了近代化的潮流。夏明方在《清季"丁戊奇荒"的赈济及善后问题初探》③一文中,认为"丁戊奇荒"中的华北赈务中,除了官赈承担着不可或缺的历史作用,江浙绅商发起的民间义赈,同样是不容忽视的生力军。湉南在《"义赈"源流》④一文中,通过对中国传统义行与赈济历史的梳理,认为在光绪二年(1876)"丁戊奇荒"中出现了真正意义上的义赈。杨剑利在《晚清社会灾荒救治功能的演变——

---

① 虞和平. 经元善集[M]. 武汉:华中师范大学出版社,1988:2.
② 李文海. 晚清义赈的兴起与发展[J]. 清史研究,1993(03):27-35.
③ 夏明方. 清季"丁戊奇荒"的赈济及善后问题初探[J]. 近代史研究,1993(02):21-36.
④ 湉南. "义赈"源流[J]. 华夏文化,1999(01):15-16.

以"丁戊奇荒"的两种赈济方式为例》①一文中,通过对官赈与义赈的比较,认为晚清政府的荒政功能有所减弱,客观上促使了义赈活动的产生与发展。朱英的《近代中国商人与社会》②和马敏的《官商之间:社会剧变中的近代绅商》③,对近代绅商阶层参与义赈活动进行了细致的梳理与研究,认为绅商是近代义赈的主体。朱浒在《地方性流动及其超越:晚清义赈与近代中国的新陈代谢》④一书中,围绕着"传统与现代""国家与社会""内发行动力与外部冲突"等问题,对晚清义赈的源流与组织活动进行了细致的探讨。王卫平在《光绪二年苏北赈灾与江南士绅——兼论近代义赈的开始》⑤一文中,认为光绪二年(1876)李金镛、谢家福等人在苏北的赈灾,应当是近代义赈的先河。

不少学者将光绪初年的"丁戊奇荒"作为晚清义赈组织产生的历史契机。江南以其悠久的慈善传统与雄厚的社会资本为后盾,成为义赈组织的重要发源地。《清史稿》记载:"光绪二年,淮、徐灾,(李金镛)与浙人胡光镛(胡雪岩)集十余万金往赈,为义赈之始。"⑥经元善亦认为:"自丙子(光绪二年)丁丑,李秋亭(李金镛)太守创办沭阳、青州义赈以来,遂开千古未有之风气,迄今十余载矣。"⑦经元善等人之所以将光绪二年的苏北赈灾认定为义赈的源头,主要基于三方面的考虑:一是既往的慈善组织,大多将赈灾地域限于本地。光绪二年的赈灾是士绅超越江南地域前往苏北地区赈济的开端,从地缘上看,实属跨区域的赈济。二是既往的赈灾往往规模有限,大多需凭借官府的支持。光绪二年的赈灾不仅筹措的赈款数额巨大,而且多为民间募集,并非倚靠官方资本。三是既往的赈灾大多为分散性的个体活动,且缺乏常态性。光绪二年的赈灾不仅是有组织、有计划的活动,而且前后延续时间较长,具有一定的常态性。据此推断,光绪二年李金镛与胡雪岩在苏北开展的义赈活动,符合近代义赈组织的诸多特性,是一次民间义赈活动的实践。正如经元善在《沪上协赈公

---

① 杨剑利.晚清社会灾荒救治功能的演变——以"丁戊奇荒"的两种赈济方式为例[J].清史研究,2000(04):59-64.
② 朱英.近代中国商人与社会[M].武汉:湖北教育出版社,2002.
③ 马敏.官商之间:社会剧变中的近代绅商[M].天津:天津人民出版社,1995.
④ 朱浒.地方性流动及其超越:晚清义赈与近代中国的新陈代谢[M].北京:中国人民大学出版社,2006.
⑤ 王卫平.光绪二年苏北赈灾与江南士绅——兼论近代义赈的开始[J].历史档案,2006(01):99-102.
⑥ 赵尔巽,等.清史稿:第32册[M].北京:中华书局,1977:12567.
⑦ 虞和平.经元善集[M].武汉:华中师范大学出版社,1988:119.

第一章 近代江南的公共危机与应对机制

所溯源记》中所述："从前未兴义赈,初闻海沭青州饥",李、胡二人在江南劝募,"集江浙殷富资往赈"。①

苏北赈济之后,旱灾没有得到多大的缓解,随着灾情的愈加严重,被灾的范围逐步扩大。华北诸省的灾民,由于生活所迫,往往成群结队流徙至江南,在南京、常州、苏州、上海等地聚集。出现灾情之初,清政府与地方士绅就采取了以往就地设立粥厂、暂厝安置的措施,然而面对数量如此庞大的流民,这些措施无异于杯水车薪,赈济工作毫无实质性进展。李金镛等江南士绅纷纷感到,倘若要阻止北方灾民的继续涌入,就必须在源头安置好灾民,以杜绝灾民的流徙,况且李提摩太等西方传教士已经组织人员深入灾区,这些均使江南士绅深感紧迫。

经过多方筹商后,江南士绅认为只有携带赈款亲自前往灾区放赈,方能解决灾民衣食着落,劝说灾民停止南下,缓解江南日益窘迫的境况。为此,李金镛特地赶赴上海,竭力劝说胡雪岩、唐廷枢、顾容斋等江南士绅慷慨解囊,筹募大量善款,并得到地方社会的广泛支持。在李金镛的感召下,袁子鹏、庄筱山、瞿星五等人随同李金镛一同赶赴华北赈灾。他们沿着沭阳、宿迁、海州、赣榆的救助路线,直至深入山东境内践行了在上海的承诺,是一次较大规模的近代义赈。李金镛的赈灾义举,经《申报》等媒体报道后,传遍全国各地。1876年冬,以李培桢、李培松、严作霖为代表的扬州、镇江两地士绅,也效仿李金镛的义行,自发筹募赈款,前往山东赈灾。镇江的民众,大多在淮扬营生,当"闻山东饥荒,殷户倡议捐钱,先捐得一万串,请丹徒县学廪生严佑之作霖到东省放赈"。丹徒廪生"严佑之作霖到东省放赈……前后共凑得二万"。② 形成了空前团结的局面。

1876年底,唐廷枢依靠上海轮船招商局的影响力,在上海积极呼吁社会各界劝募善款。1877年3月,英国驻山东烟台领事,为办理山东赈务,在《申报》《字林西报》等公众传媒上广泛报道山东灾情,不仅引起了在华外籍人士的共鸣,而且激发了沪上华人的热情,士绅纷纷踊跃捐款。"西人既有是举,中国人必不让其专美,唐君果有是举,其余绅富必不令其独任。"③此后,香港东华医院绅董、粤东绅商、上海果育堂、同仁辅元堂等社会各界人士或团体纷纷将赈款交由上海轮船招商局代为汇集,然后转寄山东,以解山东燃眉之灾情。是

---

① 虞和平. 经元善集[M]. 武汉:华中师范大学出版社,1988:326.
② 乐善可风[N]. 申报,1877-04-30(1536).
③ 劝赈山东饥民并荒年不能平粜说[N]. 申报,1877-03-10(1493).

年,苏州的谢家福、潘仲溪、徐子春等人,依托桃花坞寓所兴办义赈组织,在吴中首倡义赈。"光绪初,青齐大侵,创议醵金往振(赈)。中外大贾闻而义之,争助巨资。抵齐后,自司寿光一局,为青州设义塾,置收养婴孩所。是役为义振(赈)之始。"①至此,在江南各地掀起了一场赈济华北旱灾的义赈活动。

综上所言,1876—1877年,江南各地不断涌现出赈济、劝募华北五省大旱灾的义赈组织。这与以往传统慈善组织的活动有所不同,是一场有组织、有策划、持续时间较长的义赈活动。面对晚清官赈不济、教赈涉足的境况,江南的义赈组织经历了一个从个体、自发性行为向有组织、有计划的制度性行为转变的过程。个人的自发性行为是中国民间传统慈善救济范式的延续,而自发向制度转变的关键环节是西方现代民间的慈善救济范式。②然而,义赈组织在草创之初,又与官方有着千丝万缕的联系。光绪二年(1876)冬,江北灾民纷纷南渡逃荒,仅聚集在苏州府附近的灾民就逾万人,且灾民数量还在激增。江南各地方政府率先派发赈米,分批置养,只是所需款项甚巨,力不从心时,才不得不寄望于江南士绅与民间的救灾力量。苏州士绅积极响应官府,"募捐者既有以劝善输捐者,亦知所急公中泽之鸿"③。光绪三年,上海灾民围聚甚众,上海县决定资遣回籍。沪上民办慈善团体同仁辅元堂、益善堂等纷纷慷慨相助,协助官府劝募赈款,按名给发。"闻此外给钱给米者亦复不少,可见好善之心人皆有之。"④

(二)教赈的出现

明代中后期,西方传教士(Missioner)相继来华,当时的传教士大多来自罗马教廷,或受教会委派来华,或自愿来华传教,大多为天主教神职人员。清中期,由于闭关锁国的政策与清政府宗教政策的影响,传教活动一度中止,部分传教士只能暂居澳门,无法深入中国内地传教。1840年鸦片战争以后,中国的国门被船坚炮利的西方列强打开,基督教各派传教士自西徂东,纷至沓来。传教士来华后,以"传达上帝福音"为规旨,广泛涉足中国的政治、经济、社会、文化等活动。可以说,西方传教士来华扮演着多重角色,他们一方面深入内地传教,拓展教会在华势力;另一方面参与政治、军事等活动,为侵略者搜集情报。

---

① 曹允源,李根源.(民国)吴县志:卷70[M]//中国地方志集成:江苏府县志辑12.南京:江苏古籍出版社,1991:253.
② 靳环宇.晚清义赈组织研究[M].长沙:湖南人民出版社,2008:111.
③ 倡捐施赈[N].申报,1876-11-23(1407).
④ 集捐助赈[N].申报,1877-04-10(1519).

不可否认,亦有不少传教士本着"博爱"精神,在中国广泛开展兴办医院、教会学校、慈善机构等的社会公益事业。以教赈为代表的西方赈济力量,无疑是近代公共危机应对系统中不容忽视的部分。

总体而言,晚清71年的西方赈济力量主要由三部分构成:一是以传教士为主体的教会赈济力量,这些传教士不仅担负着慈善救济的重责,而且是沟通中国慈善机构与海外慈善机构的重要桥梁,是西方赈济体系中组织机构最完善、经营活动最广泛、社会影响力最大的赈济力量。二是以外交界人士、政治家为主体所进行的慈善活动。这类人士的慈善活动主要依靠个人魅力或政治影响力,在中国与海外劝募赈灾,其活动以个体为主,当然也不乏加入西方慈善团体或机构从事赈济活动的实例。三是以旅华商人、外籍平民为主体所进行的慈善活动。这些人大多寓居在上海、天津、广州等通商口岸,且长期旅居中国。恰逢中国发生灾荒时,他们就纷纷投身于赈灾救济的事业中。他们或依靠个人捐献,或委托教会参与赈济。旱灾初期在上海、宁波等通商口岸成立过短暂的、自发的慈善团体,随着灾情趋缓,便宣告解散,故大多有自发性质。

咸丰二年(1852)初,苏州、松江一带发生灾荒,不少难民涌入上海县城及租界周边区域,英国传教士雒魏林(William Lockhart)向租界内的外商积极劝募,倡议赈济灾民,前后持续两月有余。"辛酉政变"以后,清政府与帝国主义势力由对抗走向了妥协,外国人在华活动的限制进一步放宽,各种西方势力逐步渗透至内陆。西方势力希冀按照西方的殖民理念和模式来改造中国,使之达到长期凌驾中国人的目的。海关总税务司赫德(Robert Hart)撰写的《局外旁观论》就典型地体现了这一观点。他主张通过移植条约,在华推行一个中外共治的政治制度。此后成立的"华洋义赈会"无疑是国际共治(International Governance)观念的实践。1865年,英国驻华公使阿礼国(Rutherford Alcock)依照使馆参赞威妥玛(Thomas F. Wade)的意见,向清政府提出《新议略论》,劝清政府与外国合作,共同解决中国国内的政治危机及政治封闭的弊病。① 在所谓"西方友好人士"的竭力劝说下,清政府改变了以往不与洋人合作的态度,开始注意在内政与外交方面进行适度的改革。这一政策的转变,无疑对传教士参与中国灾荒赈济起到了关键性的推动作用。

光绪二年(1876),华北的豫、晋、陕、鲁、直五省以及苏北等地发生了严重的旱灾与饥荒,波及人口多达百余万。卸任英国驻华公使职务的阿礼国以私

---

① 王曾才.中英外交史论集[M].台北:联经出版事业公司,1991:65.

人身份,号召英国工商界领袖与外交界人士,在英国伦敦成立了中国赈灾基金会(China Famine Relief Fund, England)。基金会每周以600—1 800英镑不等的款项驰援华北灾荒,同时利用各种媒体宣传中国饥荒的惨状,呼吁西方各界人士重视中国的人道主义灾难(Humanitarian Catastrophe)。在英国筹募到赈款后,基金会在1876—1879年,先后在上海、天津两地分发赈款。英国传教士李提摩太积极加入赈济队伍,并亲自远赴山西向当地巡抚曾国荃提出移民东北、修建铁路以及兴办公共工程等多项建议。① 在"丁戊奇荒"中,外籍人士积极参与救灾,成立了诸多救灾基金会,但大多缺乏实体性运作,并依托或委任31位长期驻华的外籍神职人员代为办理。其间,虽有不少中国籍教徒参与赈济,但多数是协助外籍传教士赈济,缺乏对等合作。在中国成立的赈灾基金会,大多并未成为常态性的慈善机构,旱灾缓解后,基金会也随之解散。

1906年,江苏北部的淮安、徐州、海州等地大雨不止,导致河水溃堤泛滥,淹死灾民数以万计。② 1906—1910年,英国商人李德立(E. S. Little)在上海成立义赈会,又称"李德立义赈会"。他积极联络上海各界中外人士筹募赈款,共筹得赈款160万两白银。③ 随后义赈会又在镇江、徐州、宿迁、安东、窑湾、清江浦等地设立分会,赈济灾区中的灾民。李德立义赈会无疑开创了近代史上首次华洋联手赈灾的局面。1910年夏,李德立义赈会将筹募的善款用于组织四支救疫医疗队,深入皖北的临淮、寿州、凤阳、正阳、凤台、怀远、宿州、蚌埠,以及苏北的清江、海州、桃源等地开展救灾、防疫、救护等工作,累计治愈人数多达67 500人。

1910年12月,华洋各界人士在上海成立了规模更大的"江皖华洋义赈会"(The Central Chinese Famine Committee),以应对苏、皖水灾。江皖华洋义赈会的发起者主要有上海华界绅商领袖朱葆三、沈仲礼,以及外籍传教士福格森(John Calvin Ferguson)等人。该义赈会以"救命不救穷"(save lives but not relief the poor)作为成立的宗旨(Mission Statement)。④ 它延续李德立义赈会的模式,以华洋合作为主体,强调中外各界协同救灾。江皖华洋义赈会存在的时间并不长,灾情缓解后,义赈会随即宣告解散。但是江皖华洋义赈会的运营管理经验,无疑对随后成立的全国性"华洋义赈会"产生了重要影响。1910年12

---

① 王树槐.外人与戊戌变法[M].上海:上海书店出版社,1998:27.
② 薛毅.中国华洋义赈救灾总会研究[M].武汉:武汉大学出版社,2008:449.
③ United States, Department of State, National Archives No. 329. Records of the department of state relating to internal affairs of China 1910 – 1929[A]. April 28,1911, NA. 893.48b 2/97.
④ ALVIN W. Gilbert to Nanking Consul, December 15, 1910, NA. 329/893. 482b2/14.

月至 1911 年 9 月,江皖华洋义赈会筹得捐款情况如表 1-12 所示。

表 1-12　江皖华洋义赈会筹得捐款情况(1910 年 12 月—1911 年 9 月)

捐款来源	金额/美元	占比/%
美国捐款	419 798.90	27.51
加拿大捐款	89 589.93	5.87
澳洲捐款	23 216.05	1.52
上海外侨捐款	38 407.47	2.52
上海华人捐款	13 880.74	0.91
在华传教士捐款	19 049.53	1.25
其他各方捐款	51 944.80	3.40
安徽士绅贷款	50 000.00	3.28
各类捐赠	152 556.98	10.00
张园募款	17 296.55	1.13
宿迁地方官员	348.87	0.02
安徽士绅贷款	72 700.00	4.76
1911 年 8 月 16 日至 9 月 12 日收	3 456.23	0.23
美国政府拨款蒲福舰计划五万	115 000.00	7.54
估算蒲福舰计划货物价值	152 802.00	10.01
怀远赈灾基金	164 389.25	10.77
亳州赈灾基金	9 719.81	0.64
镇江长老会	131 855.33	8.64
总计	1 526 012.44	

资料来源：Central China Famine Relief Fund Committee. General financial statement[R]. September 19,1911, NA. 329/893.48b2/128. 黄文德. 非政府组织与国际合作在中国：华洋义赈会之研究[M]. 台北：秀威资讯科技股份有限公司,2004:325.

1921 年,中外各界在北京成立了"北京国际统一救灾总会(Peking United International Famine Relief Committee, UIFR)。之后,北京国际统一救灾总会主导,整合李德立义赈会、江皖华洋义赈会等全国 8 个国际义赈团体,成立了一个全国性的"非政府的国际组织合作团体"(Non-Government International Cooperation Organizations),即"中国华洋义赈救灾总会"(China International Famine Relief Commission, IFRC),简称"华洋义赈会"或"总会",以期联合中外各界慈善团体力量,以中央对地方指导的姿态领导各分会的日常运作及全国性的灾荒救济事务。

20世纪初,中国社会发生了翻天覆地的历史剧变,近代化的浪潮波澜壮阔,近代化的意识深入人心。晚清71年外国教会的赈济活动由个体的、附属于传教活动转变为群体的、具有独立性的慈善活动,其在华特性的转变,印证了近代中国历史变迁的足迹。外国教会赈济团体与海外基金会敏锐地意识到,应当在中国成立一个全国性的外籍赈济团体或组织,以便统一行动,以期发挥更大的作用。究其缘由,与当时的政治和社会环境的变化相关。主要有如下诸因。

首先,基督教在华宣传的政策发生了变化。晚清以降,清政府的权力日益萎缩,面对诸多公共危机事件,官方赈济体系无力应对,以致清政府急需寻求地方组织或团体参与社会公益事业。江南的基督教会所拥有的组织、人事、资金、管理经验及政治特权的保障等优势,为其提供具有政府性职能的赈济活动,创造了便利的条件。戊戌变法以后,一些冀望以政治途径改造中国的传教士,转而投身卫生、教育、乡村建设等社会活动,使得传教士在华从事社会事业的活动达到了高峰。

其次,各国在华慈善团体经过多年的发展,已具备相当的经营与管理水平。从19世纪七八十年代起,各国外侨陆续在通商口岸组织社团,协助教会开展慈善活动。他们依照在本国慈善救助领域积累的丰富经验,结合在中国的长期实践,具备了在华从事公益事业所需的扎实而稳健的基础。

再次,中国精英知识分子对在华慈善团体的态度由排斥、不信任逐渐转变为接纳、合作。光绪年间,传统的儒学教育日渐衰弛,中国的精英知识分子或出国留学,或在各通商口岸接受西式教育,思想观念发生了巨大的转变。士绅阶层对传教士参与赈济活动逐步由排斥转为接纳,有的还积极配合或参与其中。在江南地区,就有不少开明绅商主动加入外籍慈善团体的赈济活动。

最后,中国传统慈善团体自身的转变。晚清以来,江南传统的善会、善堂组织也在悄然发生转变。这些组织的成员明显感觉到原有的组织结构与运营模式缺乏科学的管理和有效的经营,存在效率低下、赈济手段单一、赈济范围局促等劣势。为了寻求自身的发展,传统慈善团体与时俱进,开始与西方慈善团体、教会学校、医院等展开广泛而深入的合作,矫正既往过分依赖经验的组织策略,开始向近代化的非政府性组织或第三部门转变。

正是基于上述缘由,以教赈为代表的外国慈善团体在华茁壮成长。通过自筹自设、中外合作等形式,逐步融入中国的慈善事业。在逐步融入的过程中,外国慈善团体克服了文化冲突、经费不足、地方势力阻挠,以及参与人员良莠不齐等困难,成为晚清中国慈善事业中不可或缺的重要组成部分。晚清71年外国慈善团体活动的发展,为日后以"华洋义赈会"为代表的全国性慈善组织的产生铺平了道路,随后许多华洋组建的自愿性慈善团体(Voluntary Charitable Organization)在民国年间不断涌现。

第二章
多方参与的应对模式:以清末两次鼠疫为例

政治生态(Political Ecosystem)是生态学研究方法与政治学理论交融的概念,指的是政治系统或政治体系内部各要素之间,以及政治系统与社会系统之间相互作用、相互影响、相互制约所形成的生态联动。政治生态分为政治内生态(Political Inner-Ecosystem)与政治外生态(Political Outer-Ecosystem)。政治内生态,指的是政治系统内部或政治体系内部各要素之间的生态联动。政治外生态,指的是政治系统与其他社会系统之间的生态联动。生态的关键在于构建一个缜密的利益链或关系链,彼此不可分割,且相互维系。将政治生态环境植入社会史研究的视野,对公共危机事件进行深入分析,犹如广域视野中的微观切片与个案剖析。

公共危机管理理论已广泛运用到各学科研究之中。突发公共卫生事件(Public Health Emergency)是公共危机事件中常见的一类,泛指突然发生的,造成或可能造成社会公众健康严重损害的重大传染病疫情、群体性不明原因疾病、重大食物和职业中毒以及其他严重危及公众健康的事件。① 它主要有以下三个特征:一是突发性。公共卫生事件具有很强的隐蔽性,其所发生的时间、地点、影响面、波及范围等存在不可预知性(Unpredictability),往往防不胜防。二是群体性。公共卫生事件以传染病、中毒、放射性事故为主,受众面广、影响群体多、波及范围大。倘若无法有效遏制,必将迅速扩散与蔓延。随着国际经贸交流日趋频繁,公共卫生事件跨越地域藩篱、突破时空局限,波及范围展延至不同区域与国家,具有负外部性(Negative Externality)效应。三是危害性。

---

① 耿文奎,葛宪民.突发公共卫生事件监测预警及应急救援[M].北京:人民卫生出版社,2008:2.

第二章 多方参与的应对模式：以清末两次鼠疫为例

公共卫生事件与常规性疾病不同，具有高致病率、高死亡率、致病原因复杂等特性。为了有效评估公共卫生事件的影响程度，学界采用粗死亡率（Crude Death Rate，CDR）的统计方法，即在特定的研究区域或范围内，依照常年死亡率设定一个恒定值（Invariableness Value）或本底值（Background Value），以此作为统计死亡率的参照系数（Reference Coefficient）。

揆诸史乘，中国自古对疫疾便有深入研究。古人多以"疫"代指各类病症，亦涵盖传播速度快、死亡率高的烈性传染病。《说文解字》将"疫"诠释为"疫，民皆疾也"；周代有痾疾、疟疾的记载。① 汉代张机编撰的《伤寒论》是第一部有关传染病研究的专著。依古人看，传染病的致病因素大体分三类：一类是鬼神作祟；一类是瘴气、疠气；还有一类是胎毒。囿于古代病理学尚不成熟，古人在诊疗传染病时，还辅之以祈禳、卜辞等迷信手段。现代医学的飞速进步，使人们对传染病的认识愈加明晰。传染病是指由病原微生物或寄生虫感染人体后产生的有传染性的疾病。② 病原微生物是指病毒、立克次体、细菌以及螺旋体等。寄生虫指的是原虫或蠕虫。两者均可导致感染性疾病（Infectious Diseases）。鼠疫是典型的高致病率、高死亡率的传染性疾病，在历史上不乏相关记载。

19世纪是世界鼠疫大流行的时期。1894年的鼠疫，肇始于我国的西南边陲，在华南地区肆虐猖獗，进而蔓延至江南、华北，逐步向周边国家扩散。面对这场突如其来的公共卫生事件，各方采取不同应对方式。笔者择取上海、广州、香港、横滨四座城市为研究对象，以期深入探讨江南与其他地域在公共危机应对机制方面的迥异。择取上述四座城市，缘于如下几个方面：从危机的影响程度看，广州与香港是这次鼠疫的重灾区，受侵害的程度最深。上海与横滨虽非主疫区，却因为经贸往来频繁，深受影响。从政治生态环境看，广州与上海是中国的中心城市，在经贸与对外交流领域具有显著影响力，政治生态环境极为复杂。清政府管辖下的广州，华人拥有相对的独立行政权与公共事务管理权，对城市管理有一定自主权。多重政治势力角逐的上海，华人只在特定的区域内拥有话语权，上海的城市管理实为华洋共治。香港的华人处于被统治的地位，不仅丧失社会公共事务的话语权，还饱受歧视与凌辱。横滨是日本的对外商贸港口，是日本近代化的缩影。19世纪90年代，日本处于全面上升期。

---

① 陈邦贤. 中国医学史[M]. 上海：商务印书馆，1957：384.
② 彭文伟. 传染病学[M]. 5版. 北京：人民卫生出版社，2001：1.

一方面,日本政府在外交上妄图摆脱西方列强的牵制,寻求建立真正意义上的主权独立国家;另一方面,日本政府在国内加快"脱亚入欧"的"近代化步伐",加紧学习现代卫生制度体系。正是在这一历史背景之下,西方"治外法权"的阴霾与日本增强的主权意识,在鼠疫肆虐的横滨上演着激烈的博弈。

1894年发生的是腺鼠疫(Bubonic Plague),与之不同,1910年发生于东北的是肺鼠疫(Pneumonic Plague),其在传播速度、途径、方式等方面均超过了腺鼠疫。鉴于1894年粤港鼠疫之惨烈,清政府在应对东北鼠疫中表现得尤为积极,不仅委派谙熟现代医学知识的伍连德博士担当中方代表,而且积极与日、俄、英、法等国协作防疫,共同防控东北鼠疫。香港与日本在经历了1894年鼠疫风潮后,基本建立起了一套程序严谨、科学规范的防疫体系,并在实践中发挥出了巨大作用。上海租界当局对鼠疫尤为敏感,采取了严防严控的政策,但其自恃威权,肆意践踏华人权益。在晚清自治运动的背景下,以华商公议会为代表的民间组织,在事件处理过程中发挥了重要作用。

晚清所发生的两次鼠疫,从传播速度、波及地域、死亡率等方面来看,均为举世罕见。鼠疫暴发的地点并非江南,但江南却深受其害,尤其是上海、宁波等沿海城市,均有不同程度的疫情。通过剖析两次鼠疫的传播脉络及应对机制,笔者力图廓清近代江南公共卫生危机的应对机制及其变迁。

第一节 1894年鼠疫中上海与相关各方的应对

一、1894年鼠疫概况

1894年是全球第三次鼠疫大流行[①]时期,波及人口达1亿,波及范围为整个亚太地区。据不完全统计,至少有1 200万人在这场鼠疫风潮中丧生。广州和香港是这次鼠疫的重灾区,疫情尤为惨烈。随着全球大海通的来临,各区域间的人员、商贸、物流、信息交往日趋频繁,为传染病的传播提供了便捷的

---

① 世界史上前两次鼠疫风潮:第一次为541—542年的查士丁尼鼠疫,经中东、地中海地区,传入欧洲,死亡1亿人,第二次为1346—1350年的黑死病,波及整个欧洲、北非地区,死亡2 500万人。

条件。

1894年的鼠疫,最初源于1855年云南边陲所发生的鼠疫。随着商贸往来的日益频繁,鼠疫由云南边陲逐渐向西南沿海一带传播,经过海运航道,传播至广州、香港等人口稠密的珠江三角洲一带。再通过南北海运航道,向北传播至厦门、宁波、上海、天津等港口城市,进而传播至内陆腹地;向南传播至雷州半岛、海南等地。从世界范围看,广州、香港、上海等口岸城市在19世纪末,俨然已成为全球重要的贸易与物流口岸。海运的便捷、商贸的频繁、人员交往的密集,使得鼠疫迅速向外界传播。以粤港为源头,向南传播至安南(今越南)、暹罗(今泰国)、吕宋(今菲律宾)、新加坡等地。后经马六甲海峡,传播至缅甸以及英属印度的孟买、加尔各答、达卡等口岸城市。向北传播至朝鲜的江华、仁川,日本的横滨、广岛,以及俄国远东的符拉迪沃斯托克(Владивосток,海参崴)等城市。

为了应对突如其来的鼠疫,各国、各地区均采取了诸多防疫措施,尤其在英、美、法、荷等国的殖民地内,一个殖民地化的海关检验检疫(Inspection and Quarantine)体系初见成型。清政府仿行欧美各国的做法,首次构建了中国的近代海关检验检疫系统,这在中国近代史上具有举足轻重的地位。

(一)鼠疫的疫源

鼠疫(Plague)是由鼠疫杆菌(Pasteurella Pestis)所导致的烈性传染性疾病,属于自然疫源性疾病,在中世纪的西方又称为"黑死病"(Black Death)。近代德国科学家揭示了鼠疫的发病机理及传播方式。日本人最早将鼠疫的医学理论传入东亚,并根据它的德语形式Pestis,音译为"ペスト"。中国人依照日语译音,在近代将鼠疫称为"配斯忒"或"百斯笃"。鼠疫杆菌主要依靠鼠类和啮齿动物等媒介传播,故又称为"鼠疫"。

学界有关1894年鼠疫的研究成果日趋丰盈,基本认定这次鼠疫应肇始于云南边陲。据史料记载,云南18世纪中期就流行过鼠疫。1772—1855年的83年间,云南境内的87个县都爆发过腺鼠疫。① 1855年,腺鼠疫在云南10个州县中肆虐,翌年又侵袭18个州县并传播至其他省份,致使733 000人死亡。② 在海关就职的法国人何协(Emile Rocher)于1871—1873年,几次前往云

---

① 费克光.中国历史上的鼠疫[M]//刘翠溶,尹懋可.积渐所至:中国环境史论文集:下.台北:"中央研究院"经济研究所,1995:694.
② 冼维逊.鼠疫流行史[M].广州:广东卫生防疫站,1989:101.

南西部游历。当地人向他讲述了一种被称为"痒子病"的传染病,这种病在云贵交界处及寮国(今老挝)等地均有发现。罹患疾病者首先会高烧不退,然后极度口渴,数小时后胳肢窝及脖子处出现硬硬的深红色块状物,这些硬块在随后的几天内迅速肿大,然后停止病变。当这些硬块变软,病患持续高烧不退时,患者数日后必丧命。也有患者会因为极度虚弱、疲惫而死。这种病传播速度极快,有时整个村庄的居民都会染病而亡。① 所谓的"痒子病",其发病机理与腺鼠疫相似。

(二)航运与鼠疫传播

美国医史学家麦克尼尔(William Hardy McNeill)在《瘟疫与人:传染病对人类历史的冲击》(Plagues and Peoples: The Impact of Human History on Epidemic Disease)一书中认为,鼠疫在最初的几个世纪就在中印边境的喜马拉雅山地区流行起来,并成为当地难以控制的一种地方性疾病(Endemic Diseases)。19世纪早期,云南境内的怒江上游形成了一道无形边界,这条边界将河的两岸分成感染区(Infected Area)与非感染区(Non-Infected Area)。1855年,云南边陲发生了边民叛乱,清政府派兵越过怒江,前去平叛。在平叛过程中,清兵感染上鼠疫,并在返程中将病菌携带至云南腹地。从那时起,鼠疫便持续在中国境内暴发。②

美国历史学家卡罗尔·本尼迪克特(Carol Benedict)认为,鼠疫有可能依靠商业渠道传播。19世纪中国的鸦片贸易日臻兴盛,云南是罂粟、大麻等植物较为适宜的生长区域,由此成为重要的种植基地。近代以来,广东成为全国鸦片交易与消费区。仅凭英国人从印度运送鸦片,不仅数量有限,周期漫长,而且售价昂贵。在此情况下,云南往两广地区走私鸦片的贸易十分猖獗。云南与广东之间的商贸通道主要依靠西江与珠江的内河航运。19世纪中后期,太平天国运动在广西境内蓬勃兴起,战争阻隔了滇、桂、粤三省的内河航运。为了保证滇、粤鸦片贸易的畅通,商人通过陆运将货物由云南运抵广东的北海(今属广西壮族自治区),然后通过北海与香港之间的海运航道,运抵珠江三角洲地区。正如本尼迪克特在《十九世纪中国的鼠疫》一书中所指出的:"1857—

---

① 费克光.中国历史上的鼠疫[M]//刘翠溶,尹懋可.积渐所至:中国环境史论文集[M].台北:"中央研究院"经济研究所,1995:695.

② 麦克尼尔.瘟疫与人:传染病对人类历史的冲击[M].杨玉龄,译.台北:天下远见出版有限公司,1998:177.

1867年，鼠疫从云南的东南部地区传至广西，然后传至广东西部一个叫北海（当时隶属广东省）的港口城市。1870—1880年，这一疾病迅速在雷州半岛（Leizhou Penisula）蔓延，并传至海南岛。最终，鼠疫在广东南部沿海等地猖獗、肆虐。直到1890年，鼠疫抵达广州和香港所在的珠江三角洲地区。"①

鼠疫史专家冼维逊认为，鼠疫有可能是从广西梧州沿西江内河航运，或是北海至穗港的海运航道传至广州。他进一步指出，1894年粤港鼠疫最初极有可能是从广西的水道传至香港，然后再由香港传入广州。② 1876年中英签订的《烟台条约》(Chefoo Convention)将北海辟为通商口岸，并与香港之间有定期的航班。然后，鼠疫杆菌很可能借助贸易口岸与海运航线，由广州、香港等口岸城市传播至整个东南亚地区。

日本历史学家饭岛涉(イイジマワタル)提出了类似观点，他通过分析晚清云贵与岭南间频繁的商贸往来与货物吞吐数据，认为鼠疫由云贵地区传入广东的可能性极大。尤其是中英《烟台条约》的签订与蒸汽船的广泛使用，使得北海前往粤港地区的商贸航线日益繁忙，客观上为鼠疫的传播提供了便捷的渠道。饭岛涉在《鼠疫与近代中国：卫生的制度化与社会变迁》(『ペストと近代中国：衛生の「制度化」と社会変容』)一书中指出，鼠疫，本是云南的地方病(地方的な病気)，自古有之。1867年广东省的北海曾有大规模的鼠疫流行，并且迅速在广东的沿海都市散布开来。③

综上所述，1894年鼠疫极有可能是从云贵经由北海等北部湾沿海港口，沿商路传至岭南。其传播路径有两种：一种是通过北海与香港间的航运客货船传入香港，后经至穗港的内海运输线传至广州；另一种则是由北海疫区直接沿内河传至广州。

二、相关各方的应对

（一）广州的应对

1. 官府的应对

广州地方官府对鼠疫缺乏科学的认知，对疫情的危害性认识不足，没有在

---

① BENEDICT C. Bubonic plague in nineteenth century China[M]. California：Standford University，1992：112.
② 冼维逊. 鼠疫流行史[M]. 广州：广东卫生防疫站，1989：202.
③ 饭岛涉. 鼠疫与近代中国：卫生的制度化和社会变迁[M]. 朴彦，余新忠，姜滨，译. 北京：社会科学文献出版社，2019：22-23.

最佳防疫阶段采取有效的隔离措施,以致疫情不可防控。广州的精英和中下层百姓对如何防疫,亦茫然无措。广州城内的医官与郎中,对鼠疫这种传染病的发病机理并不熟稔,对如何防疫与诊治更是无从下手。当地民众感染鼠疫的途径各有不同,或出门拜客,或探访病患,或为亲人料理丧事,或赴局办公,或在城内八旗驻地、省中文武大小衙门,或逛市井街巷、酒馆茶楼,或赶庙会,等等,然染疫暴亡者不计其数。港英当局对广州的疫情十分关注。为探听虚实,港英当局委派调查人员深入广州城内进行勘察。经调查,广州城内每天有200—500人死于鼠疫,从疫病初起至6月,有4万余人暴毙。

依据《大清会典》,"凡地方有灾者,必速以闻"。对疫情的处理妥当与否,成为影响官员升黜的重要评判指标。广州官府在面对公共危机事件时,没有及时向中央奏报,反而严防民众散布"流言",意图隐瞒真相。笔者遍览《德宗皇帝实录》,1894年间有关广州的记录仅有:粤省官员上下均在准备十月的慈禧大寿;上谕奖掖广州知府张曾扬的功绩;一支叛军被官军剿灭;朝廷委命广州乡试考官。对疫情却无一字提及。在朝官员直言不讳地说道:"查疫疾之作,外不由于六气之所感,内不由于七情之所伤,实系天灾流行,疹疬为祟,沿乡传染,阎(阎)门同疾。……谨案入告之章,言灾异不言祥瑞,止于地震、旱涝等类,而不及瘟疫。"①为了保全官爵,狡黠的地方大员妄图对灾害匿报、瞒报,以掩人耳目,这成为官场的通病。

1894年5月,广州的疫情已十分严峻,死亡人数骤然攀升,官府深知诸事不问的应付已难掩人耳目。笃信巫术的官员,在慌乱中竟要求市民禁屠,并带领官员前往祭坛举行祈禳仪式。广州的官衙还刊布告示,"官吏出示禁屠以全物命,旋又出示禁止捕鱼"②,"广州府张润生太守于二十六日督同南、番两邑宰,诣城隍庙设坛祈禳,致斋三日,不理刑名,并示谕各屠户不许宰杀,以迓祥和"③。这些做法显然无济于事。

为了转移视线,官府还出动兵弁对人口聚居区,尤其是来穗外地人员较为密集的场所进行疏散与清洁。他们狡黠诡辩,无端指责外乡人是瘟疫的始作俑者,责令将居住在广州城内的外乡人与未携带路引之人驱赶出城,使得疫情进一步蔓延。在防疫措施方面,官府采取了不同阶层区别对待的政策。首先,保障驻扎在广州的八旗兵勇的安全,"大宪见省中兵勇云集,恐为时疫所侵,遂

---

① 魏源.魏源全集:第15册[M].长沙:岳麓书社,2004:428.
② 瘗棺得锸[N].申报,1894-05-17(7567).
③ 时疫未已[N].申报,1894-05-21(7571).

调往虎门外各炮台暂驻,至督标抚标及广协等营练兵,不能调往他处者,亦令暂停操演,以示体恤"①。其次,保障官员的家眷、在穗旗籍市民、外国驻穗使领馆、外籍商民的安全等。城内有人谣传,瘟疫是洋人故意放毒所致,跟风传言者不在少数,引发城内不小骚动,甚至出现了殴打外国人的事件,"有乱民执某西妇而殴之。粤海关办公之各西人俱避居沙面租界中,盖防波累也"②。为了稳定社会秩序,严防可能的外交纠纷,广州官府颁布《严拿匪党》的公告:"广东疫症流行,历数月之久,仍未止息,人心惶惑。……现在访得有哥老会匪数名,皆外省人,乘此瘟疫盛行,民情摇惑之际,潜行来粤,到处勾结,愚民信从者甚众。"③为此,广州官府还从"南海、番禺两邑宰各派干役四十名,分布城厢内外,明查暗访,务将造谣匪犯获案严惩"④。

亦有刚正不阿的官员解救灾民。江南人周经魁,便是其中的代表。周经魁,号松涛,浙江嘉善人,1894年间担任广州北郊花县县令。他年轻时因患咯血,一度放弃科举转而习医。病愈后,充当官差,改迁知县。时疫蔓延时,他择取偏僻之隅,设局广赠医药,救助弱贫,调任之日,饯送盈途。又有广州南海县人李朝栋,字石樵,知晓岐黄之术。他将杨璿所著《伤寒瘟疫条辨》中的诊疗方法加以改良,拯救罹患庶民。为了便于诸医临证检索,他还将此书删繁辑要,编写了《寒温条编治疫累编》,共1卷。⑤

2. 民间的自救

与官府的消极怠政相比,广州绅商、市民颇为主动。同光之际,广州城内开设了众多善堂与善会,救助贫苦乡民。所需资金的来源殊途有别,或官绅捐资,或绅商共举,或华侨兴资,或传教士襄赞。城内闻名遐迩的慈善机构有爱育善堂、方便医院、润身社善堂、崇正善堂、两粤广仁善堂、述善善堂、明善善堂、惠行医院、广济医院等。鼠疫发生时,城内的方便所成为集中收容患者的慈善诊疗机构。方便所是岭南地区常见的一种慈善机构,在广州、番禺、南海、佛山、惠州、阳江等地均有设置。方便所与救济院承担了众多社会责任,他们收治贫、弱、孤、残等弱势群体,帮助穷困潦倒的百姓。在疫情高发期的6月至

---

① 时疫盛行[N]. 申报,1894-05-16(7566).
② 港电报疫[N]. 申报,1894-06-14(7595).
③ 严拿匪党[N]. 申报,1894-07-09(7620).
④ 粤东疫耗[N]. 申报,1894-07-04(7615).
⑤ 余陶伯. 鼠疫抉微:李钟珏序[M]//曹炳章. 中国医学大成:第3册. 长沙:岳麓书社,1990:947-948.

7月,城内各方便所因救治市民人满为患、拥挤不堪,卫生条件骤然恶化,"瘟疫大作,病人纷至沓来,厦屋渠渠,几无容足之地,常有不得其门而入,以至毙于道途者"①。

瘟疫的扩散十分迅速,城内救济的慈善机构与设施却极度匮乏。无奈之下,广州士绅刘学询倡议在西关与黄沙等地设立新的养病施医所,对感染疫症的患者进行专门救治。这一倡议旋即得到部分士绅的认同,大家慷慨捐资、赞襄善举,期盼新设医所能早日营业,以苏民困。据不完全统计,其收治的患者不下千人。"光绪二十年甲午,羊城鼠疫流行,蔓延远近,人触其气,病辄死,日以百数计,医者束手。聪彦戚然伤之,闻有李成者,尝起死人于路,即谋之同志,聘成赠医,捐金为倡,众响应。遂就旷地支蓬为厂,用器毕备,竟日而办。越日开局,求医者皆应手愈。始数十人,继逾百人,越三日成,偕两徒至,来者麇集如剧场,三人相与诊治并备不可支,汤液竭数巨瓮,而来者复接踵不绝,成惧,与其徒逾垣遁。"②

3. 中西医之争

广州城内的西医所积极投身于鼠疫的防疫与诊治。博济医院(Canton Hospital, PokTsai)是美国公理会(Congregational Church)传教士伯驾(Peter Parker)于1835年,在广州创办的中国第一家西医教会医院。1853年,美国美北长老会(又称"美国长老会",Presbyterian Church in the United States of America, PCUSA)的传教士嘉约翰(John Glasgow Kerr)抵粤后,在广州行医。第二次鸦片战争爆发后,中途折返回国。1859年嘉约翰重返广州,并于1866年创办博济医学堂(Boji Medical College),专门招徕与培养医学专门人才,成为国内较早的西医学堂。博济医院与博济医学堂在1894年的鼠疫风潮中,投入了巨大的人力、物力、财力。博济医院主要收治西方人士。院长向领事馆建议,对西人聚居区进行防疫封锁,需凭证出入,不许华人进出。对罹患疾病的人群采取隔离观察,将病人按照轻重缓急分成若干隔离区(Isolated Plot),予以区别对待。经医学观察后,医生认为水源的不洁净是导致瘟疫蔓延的一个致命因素。他们在医院内自打水井,并对水源采用明矾(又名十二水合硫酸铝钾,Aluminum Potassium Sulfate Dodecahydrote)过滤,以去污净化。他们还制作特效药丸,分发给外籍人士与皈依教会的华人教徒服用,并在广州市民中免费派

---

① 广行方便[N].申报,1894-06-7(7588).
② 张凤喈,桂坫,等.(宣统)南海县志[M]//中国地方志集成:广东府县志辑30.上海:上海书店出版社,2003:426-427.

发,但受到部分华人的强烈抵制。

中医是广州城内防疫的主力军。一方面,中国人笃信传统中医,对西医有所抵触;另一方面,西医的诊疗费用颇为昂贵,一般的贫民阶层承受不起。中医治疗虽有成效,但中医注重一对一的诊治,诊疗周期过长,对传染病的救治缺乏专业经验。中医大夫在自身缺乏一定防护措施的前提下直接与病人接触,不少人因此不幸罹患鼠疫。据广州城内中医李钟钰描述,"予当光绪甲午年,需次粤东,初见斯病。其时省垣医生,鲜知其病所由来,但名曰核症,而无从考其核之所由起,或从温治,或从凉治,十死八九"①。中医采取的是服用草药汤剂的诊疗方式,如清瘟败毒饮、人参败毒饮、普济消毒饮、解毒活血汤、升麻汤等,无外乎采用温病与伤寒的诊疗方法。广州城内的郎中普遍使用的药方,便是解毒活血汤与升麻汤这两副药剂。所谓解毒活血汤,主要成分是连翘、赤芍、柴胡、葛根、甘草、生地、红花、当归、川朴、桃仁,剧者各用石膏、藏红花,又有的用附子八钱、炮姜三钱治疗。所谓升麻汤,主要成分是连翘、生地、赤芍、忍冬、黄芩、大黄、青元葵、壮紫草等,亦有人用升麻、鳖甲、当归、甘草、川椒、雄黄等。②

除诊疗方式不同外,西医主张解剖尸体,并对尸体进行火葬,这与中国的传统人伦背道而驰。长期累积的华洋龃龉,在此刻引发了过激行动。传教士按西医辟疫之法制作了香珠、香牌等,作为诊疗药物,免费派发给民众。不明真相的市民,受谣言蛊惑,对传教士赠予药丸、焚化尸体颇有微词,认为"西人素与我等不和,意欲绝我种类,此等香牌一经入鼻,其人即死",坊间百姓信以为真,民愤顿起。在广州城内的恩宁街附近,一位传教士向往来市民派送药物,市民受谣言蛊惑,"而居人久闻是说,咸欲得教士而甘心,顷刻之间聚集多人,将教士团团围住,欲肆毒殴"。传教士眼见孤掌难鸣,百口莫辩,幸赖"老成练达者,居间调处,教士始得跳出重围,仓黄而去"。③

(二)香港的应对

1. 港英政府的应对

港英政府已意识到问题的严重性,开始有组织地实施防疫。英国委派专

---

① 余陶伯.鼠疫抉微:李钟珏序[M]//曹炳章.中国医学大成:第3册.长沙:岳麓书社,1990:947.

② 李玉尚.近代中国的鼠疫应对机制——以云南、广东和福建为例[J].历史研究,2002(01):114-127.

③ 羊城疫信[N].申报,1894-06-25(7606).

员查维克(Osbert Chadwick)来港全面检查香港居住卫生及供水情况,并指导防疫。1883年,港英政府设立"香港洁净局"(Sanitary Board of Hong Kong,简称"洁净局"),负责香港的卫生防疫与监督。1894年5月11日,港英政府批准洁净局制定《香港治疫章程》,共计12条,其中规定:根据疫情的发展,港英当局宣布香港为疫埠,禁止染疫者离港;染疫者需及时前往政府指定的医院接受救治;染疫的家庭,必须熏洗消毒,以防传染;染疫者死后,其尸体必须藏以石灰然后深埋;规定公私厕所须每日用生石灰洗洒二次,至本局意妥为度。洁净局还要求市民知有人患疫或类似疫症者,必须及时赶赴最近的差馆或官署报明,并且还委派专人逐户探查屋内的情形,查实有无患疫或由疫病至死之人。① 此外,洁净局还通过中英双语的传单、公告等,要求市民饮用煮沸的水,切忌直接饮用未消毒的水或深井水。港英政府通过实施防疫措施,一定程度上遏制了疫情的扩散与蔓延。

港英政府还委派专人前往广州、佛山等地调查疫情,对瘟疫的传播机理有了一定程度的了解。港英政府决意采用西医之法防疫,在实践中贯彻"隔离防疫"的思想。在执行过程中,港英政府漠视华人权益,采取华洋区别对待的政策,对华人进行强制隔离。港府巡捕对华人的居屋随意逐户查搜,封锁道路,在岛外设置隔离船(Hygiea),焚烧染病者的衣物与屋宇,"忽有太平山东街居民手持呈词入院诉称,查搜屋宇人员突如其来,致惊吓小孩,实为不便,恳官于此事留意"②。最受华人指责的就是"逐户查搜"与"隔离船"两项强制措施。所谓"隔离船",就是将罹患鼠疫的病人,强制集中在特定的船只上,实行统一的隔离。采取的"治疗",只不过是"灌杯白兰地以做镇定,然后在头、胸、脚处置放冰块,接着就是静静等待死神的降临"③。港英当局还动用差役,对华人的处所肆意查搜,严重干扰了市民的正常生活,引发了华人社会的强烈不满。对西方人士,港英政府则护送至医院隔离,无论卫生医疗条件还是环境均优于华人。

2. 华人的抗争与自救

港英政府的粗鄙暴政与歧视性政策,引起了华人社会的强烈不满。香港的英文报纸还以社论、短评等方式,颐指气使地责难华人的不良生活习惯是导

---

① 香港治疫章程[N].申报,1894-05-22(7572).
② 香港疫信[N].申报,1894-06-02(7583).
③ 余新忠,等.瘟疫下的社会拯救——中国近世重大疫情与社会反应研究[M].北京:中国书店,2004:248.

致鼠疫蔓延的主要原因。洁净局制定的强制隔离政策激起了华人的反抗情绪,激化了港岛华洋间的矛盾。

1894年5月,港英政府依照洁净局的建议,在香港岛外设置了"隔离船"以安置疑似病例。当局动用差役,强制将鼠疫患者与疑似鼠疫患者集中于隔离船内,与外界隔离,即便是患者家属亦无法登船探视。隔离船内的病患时常发生交叉感染,许多人没过几天便悄然病逝,隔离船被华人视为"只见人进,不见人出"的人间炼狱。港英政府的做法违背了中国传统社会的人伦价值观,遭致香港市民的强烈抵制。华人为避免被捕获登船,四处藏匿,秘而不宣,有的还在亲属的帮助下躲藏起来,然后偷渡回广州。与华人被强制隔离相比,港英政府对在港英国人则采取了人道主义的救助。这种歧视性的做法,激化了香港社会的华洋矛盾,引发了在港华人的自救运动。

东华医院(Tung Wah Hospital)在抗击鼠疫的战斗中扮演了重要角色。东华医院是香港华商集资兴办的一所西式医院。1870年3月26日,港英政府的定例局(Legislative Council),即今日的立法会(LegCo)前身,通过了在港华人联署的《倡建东华医院总则》(Tung Wah Hospital Incorporation Ordinance)。1872年,在华人士绅与民间社团的鼎力协助下,东华医院成立。东华医院意喻"广东华人的医院",旨在替代广福义祠等传统善堂,以收养罹患恶疾的贫苦华人。为了便于管理,东华医院成立了专门的董事会,邀集陈锦波、邓鉴之、高楚香、李玉衡、黄平甫、梁鹤巢、何斐然等港岛赫赫显名的士绅作为"总理",参与医院的重大决策。东华医院成立之初,便倡导以中医之法救治病患,收治的对象大多为贫苦的中下层华人群体。东华医院并非单一性的医疗机构,它还承担着晚清民间善堂的部分职能,是在港华人的自治组织。东华医院往往不计成本,收容贫困或毫无经济来源的妇孺,对罹患疾病或老弱病残者亦一体抚恤。在港岛突遇台风、水灾时,东华医院积极号召港岛与九龙的华人,募集善款、施赈粮米、派发寒衣,博得了华人社会的一致赞誉。东华医院董事会利用他们在粤港的人脉,广泛涉足平民学堂、义塾等公益事业,在港积极创办义学与私塾,在华人社会中赢得了良好的声誉与口碑。东华医院的董事多为香港华人社会的政商界名流。他们依托东华医院这个平台,承担华人社会的救助职责,在一定程度上反映了底层华人的呼声。为了维护华人的基本权益,他们还代表市民与港英当局进行政治交涉。港英政府为了树立"良好形象",对东华医院采取了一定的政策性补贴。在东华医院成立之初,港英政府一次性补贴45 000港币(HKD),用于添置新的医疗设施,还无偿拨赠价值15 000港币的土地一块,用于医院的扩建。①

鼠疫暴发后,东华医院调动一切社会资源,救治在港华人。港英政府笃信西医,蔑视中医为"土著巫术",竭力阻扰华人医生或医疗机构采用中医诊疗方法。他们还以撤销营业许可权、取缔个人医疗诊所等蛮横方式,威逼华人改习西医。为了应对港英政府的强硬政策,东华医院不仅全力收治罹患鼠疫的华人,还通过各种方式,减免贫苦华人的诊疗费用。针对港英政府的歧视性政策,东华医院的绅董邀集华人名流共商对策。1894年5月16日,东华医院绅董举行了一次大规模会议,参与者多达400余人。东华医院邀集绅董商议,"查搜屋宇,将病者舁至医船医所,用西法调理。……是日富商殷户赴院参议者七十余人,旅居华人之欲逖听风声者亦有四百余人,而巡捕官梅君及国家医生亦到院与闻,遂由医院总理刘君渭川为主席"②。会后,东华医院向香港总督提出严正要求,"立即停止挨家挨户的搜查,停止将华人患者强制送入'隔离船',将所有'隔离船'上的华人患者和今后所有的华人患者都送到华人自己的隔离医院"③。

港英政府对华人的正当诉求一概漠视。消息不胫而走,港岛舆论一片哗然。在递交陈情书的第二天,港英政府迫于压力,不得不邀集华人代表前往港英总督府面议。东华医院总理刘渭川在与英方代表罗制军的争辩中据理力争。罗制军对于东华医院的陈情十分恼怒,他质问刘渭川:"医院绅董此次之禀其意何居?刘君未及详答,罗制军即言曰:稽查屋宇所以防疫症传染,东华医院应协力襄办,何遽反为禀请停止,此等要事,碍难允如所请!"④港英政府以防疫为借口,对递送的陈情一概否决,责令警察署"查搜屋宇","罹患者遣送隔离船隔离",并以行政公文的形式在全港刊布,造成华人社会的极大恐慌。许多人纷纷携家眷避离香港,"计(五月)十六日附轮舶渡船以离港者约有千人,十七日去者尤众,十八日早轮舶往省附搭者几无容足之区"⑤。

3. 华洋冲突分析

穗、港两地均发生了华洋冲突,但性质却截然不同。香港的华洋冲突,归

---

① WILTSHIRE T. Old Hong Kong: volume one central, Hong Kong[M]. reduced ed. Asia Books Co. ,Ltd,1987:74.
② 香港疫信[N]. 申报,1894-06-02(7583).
③ 张自力. 健康传播与社会——百年中国疫病防治话语的变迁[M]. 北京:北京大学医学出版社,2008:34-35.
④ 港疫续纪[N]. 申报,1894-06-03(7584).
⑤ 港疫续纪[N]. 申报,1894-06-03(7584).

第二章　多方参与的应对模式：以清末两次鼠疫为例

咎于在英国人的压迫下社会中长期郁结的矛盾。香港自1842年开埠以来，日渐成为远东重要的商贸港口。受英国人统治的政治背景与港口的国际地位，使得香港一跃成为中西文化交流与碰撞的中心。19世纪中后期，港岛的华人占全港市民的90%以上，但却没有相应的政治权利与地位。香港的行政管理机构——港英总督府，主要聘请英国人参与具体事务的管理，占有绝对的话语权，华人则处于政治的边缘。即便有少数华人精英在政府任职，也大多是位卑言轻的小职员，无法直接参与政府的决策与行政管理。政治地位的悬殊，衍生出了华洋的矛盾。

这一点在应对公共危机方面表现得尤为突出。当华洋矛盾激化时，港英政府非但未能疏导，反而一味弹压，以致华洋之间产生了激烈的冲突。疫情发生后，港英当局颇为主动，采用了较为先进的西医诊疗手段，但对华人的中医诊疗方法却嗤之以鼻。在病人的治疗条件上，华人与西人有天壤之别，引发了华人社会的不满。在这次风波中，华人表现得尤为团结，行动空前一致，情绪十分高涨。即便港英政府三令五申不准采用中医诊疗方法，东华医院等华人医疗机构却始终采用中医之法，取得了良好的成效。在诊疗过程中，东华医院并非一味因循守旧，对西医中优良的救治方法也积极倡导。东华医院要求所有医生必须净手，佩戴类似于口罩的遮蔽物，并适时服用西医保健药物，这些措施均有效地遏制了疫情的蔓延。

从表面上看，港英政府与华人社会的争执主要表现在以下两个方面：一是采用中医治疗还是西医治疗；二是对华人感染者是置于"隔离船"，还是与英国人一道置于医院看护。实质上，双方争执的根源在于港英当局对华人的蔑视与不信任。鼠疫之初，香港的英文报刊就横加指责中国人的传统生活习惯与卫生状况是导致这场瘟疫的元凶。港英政府之所以对华人采取歧视态度，除了因为其政治本性，还在于在特定的社区中，不同族群（Ethnic Group）在争夺公共资源方面所存在的割裂与矛盾。英国在侵占香港之初，便用强权政治治理香港社会，以外来政权（Foreign Regime）管理者的身份对香港进行管理。来华的英国公民，以所谓的"征服者"（Conqueror）自居，对华人采取蔑视与排斥态度。因此，无论是公共事务的管理、卫生防疫的整治，还是市民基本权益的保障，港英政府始终采取华洋分治的政策，无疑使华洋间的裂痕日益扩大，加剧了不同社会群体或华洋间的不信任感（Distrust）和不协作感（Non-cooperation），这些均阻碍了公共危机应对机制效能的发挥。在香港社会中，政府的公共决策倘若不能得到占据全港市民90%以上的华人的支持，就注定要失败。

香港社会的华洋矛盾,是社会冲突(Social Conflict)理论的实证。居于一个意识形态不同且多元化的社会中,囿于自身利益需求及价值观念等差别,在缺乏良性沟通机制的架构下,不同利益群体间互相发生博弈,是社会中普遍存在的现象。依据结构功能主义(Structural Functionalism)学派的观点,社会公共资源具有竞争性与排他性,关于资源的争夺与博弈是社会运行的主旋律。在缺乏有效的疏导与调节机制的情况下,社会冲突在所难免。公共卫生资源作为一种稀缺性产品(Scarcity Products),是不同群体争夺的焦点。在生命权这个不可逆转的权利下,英国人为了自身的安全,利用手中的政治威权,对华人采取歧视性的卫生防疫政策,使得防疫资源分配不公,充分展现了鼠疫风潮中社会冲突的根源。社会学家拉尔夫·达伦多夫(Ralf Dahrendorf)指出,一个社会之所以能将不同的群体整合到同一个结构中,依靠的是对权威的控制。按照权威的属性关系,任何群体都可以划分为两类人:一类是拥有权威,处于支配地位的统治者;一类是没有权威,处于被支配地位的被统治者。统治者获取了最大化的社会利益,造成了不同社会阶层间的利益差别。拥有权威的人要求维持现有的分配结构不变,而丧失权威的人则要求改变现有的分配不均。[①] 正是在不同利益群体的诉求之下,香港社会围绕1894年鼠疫风潮所展开的激烈斗争就不可避免地发生了。

(三)亚洲各国的应对

粤港发生鼠疫的消息很快传至日本、朝鲜、新加坡、菲律宾、泰国等国。各国纷纷采取应对措施,客观上推动了近代亚洲各国卫生防疫体系的建立。以新加坡、菲律宾为例,其海关检验检疫制度大多置于殖民当局的统辖范围之内,具有明显的殖民主义色彩。英属新加坡殖民当局规定,凡香港前往之轮船须先在口外停泊至离港九天,方许进口。西属菲律宾殖民当局规定,凡往来中国及香港地区的船只,须到埠十五天方准进口。泰国在英国人的授意下规定,凡船之由中国各口到滨角者,皆须船舶于北南洋面,听候医生查验,用药熏洒,方准客货登岸。

日本明治政府在应对1894年粤港鼠疫传入的问题上,表现得尤为主动,表达了主权国家的诉求。明治维新后,以福泽谕吉(ふくざわゆきち)、大久保利通(おおくぼとしみち)、西乡隆盛(さいごうたかもり)等为代表的改革派,提出了"脱亚入欧"(だつあろん)的国策,以期加快日本近代化的进程。

---

① 黄顺康.公共危机管理与危机法制研究[M].北京:中国检察出版社,2006:66.

第二章　多方参与的应对模式：以清末两次鼠疫为例

海关检验检疫制度作为近代主权国家体系中的重要内容，在欧美等发达资本主义国家已渐趋成型。日本明治政府直至19世纪晚期，才意识到海关检验检疫的重要性。1894年在中国暴发的粤港鼠疫无疑为日本近代海关检验检疫制度的建立提供了契机。当时日本国内对鼠疫、霍乱等传染病已有一定的认知，但是对于由海外传入日本的传染病，日本尚无万全对策。

中国暴发鼠疫后，消息很快传至日本。日本明治政府还未建立较为完善的近代防疫制度与检疫体系。为了防止疫情在日本国内传播，明治政府遂效法英美诸国在亚洲殖民地港口所采取的措施，紧急颁布敕令，要求各主要港口城市，加强对出入境海关船舶与人员的卫生检验检疫。明治27年（1894）5月25日，日本内阁经过紧急磋商后，授权内务大臣芳川显正（よしかわあきまさ）颁布了"第五十六号敕令"，即《在清国及香港传染病流行期间对船舶实施检疫》①。在这一公文中，日本政府要求横滨、长崎、广岛等各主要涉外港口，对所有往来中国内地及香港的船只，以及经由上海、厦门、广州、香港中转入日本的船舶，一律进行卫生检疫。

横滨是主要的对华贸易港口。当时的日本政府还未制定专门针对鼠疫的海关检验检疫措施，横滨地方政府只能参照"明治15年（1882）布告第三十一号敕令"，即《霍乱病流行地方对船舶检查的章程》②中所规定的检疫步骤与清洁标准，对往来疫区的船只进行检疫。为了有效开展防疫工作，横滨请求内务省"中央卫生会"（チュウオウ エイセイカイ）的官员来指导具体的防疫工作。此后，日本政府将中央卫生会定为海关检疫的业务指导与咨询机构，对于检疫的场所及检疫期限，由中央卫生会提出相关计划或草案，经内阁批准后予以实施。

日本政府在海关检验检疫方面的缺陷，除了制度准备的不足，亦与日本治外法权的丧失有关。孝明天皇（こうめいてんのう）时代，德川幕府（とくがわばくふ）政权遭受"黑船"（くろふね）事件影响，使日本国内掀起了"尊王攘夷"（そんのうじょうい）的浪潮。为了稳固幕府的统治，德川幕府签订了诸多丧权辱国的条约。安政五年（1858），德川家定（とくがわ いえさだ）与德川家

---

① 内阁.清国及香港ニ於テ流行スル伝染病ニ対シ船舶検疫施行ノ件・御署名原本・明治二十七年・勅令第五十六号［A］.国立公文書館.档案号：御01708100.

② 第三章第四項虎列刺病流行地方ヨリ来ル船舶検査規則実施及停止ノ告示. JACAR（アジア歴史資料センター）Ref. A07061781600.記録材料・衛生局第八次年報［A］.国立公文書館.档案号：記00996100.

茂(とくがわ いえもち)先后与美国、荷兰、俄国、英国、法国等 5 国签订不平等条约,总称为《安政条约》。列强威逼日本承认上述 5 国享有"片面最惠国待遇""治外法权""领事裁判权"等条款,允许外洋船只可自由停靠在神奈川、长崎、新潟、兵库、下田、箱馆等通商口岸,日本政府不得无故阻扰。由于条约的束缚,日本政府无权对西洋船舶进行检疫,丧失了海关检疫权(Customs Quarantine Control),延迟了海关检验检疫系统的建立。

明治维新以后,日本政府尝试在内政领域建立近代卫生防疫体系。1879 年,日本政府颁布《检疫停船章程》,要求往来各口岸的本国船只定期检疫。对涉外船只,采取与外国领事馆交涉的方式予以妥当处理。1880 年,面对日本国内传染病的肆虐,日本政府颁布《传染病预防章程》,对霍乱(コレラ)、伤寒(腸チフス)、痢疾(せきり)、白喉(ジフテリア)、斑疹伤寒(発疹チフス)、天花(てんねんとう)等法定传染病的疫情报告、医院设置、患者收容、排泄物的焚烧、遗体埋葬、交通封锁、检疫委员会的铨选等进行了详细规定。1893 年,日本进行地方官制改革,地方卫生行政事务由府、县警察部卫生课承担;在中央则设立内务省卫生局予以统筹,并建立由诸多医学专家组成的中央卫生会作为政府卫生决策的顾问机构。1894 年鼠疫过后,日本政府意识到近代海关检验检疫的重要性。1897 年,日本颁布了《传染病预防法》,将传染病的防疫工作上升至国家法制体系框架之内,针对违反预防法及隐瞒疫情的团体或个人,制定了较为严苛的惩罚条例,强化了日本国内卫生防疫系统的职能。1899 年,日本政府正式颁布了《海港检疫法》,建立了现代海关检验检疫制度。① 同年,日本政府宣布废除治外法权,收回了海关检疫权。

三、上海的应对及其特点

(一) 鼠疫传入上海

粤港鼠疫的发生地主要在珠江三角洲一带,但由于粤港与上海之间有着密切的商贸往来,鼠疫遂由海路传入上海。上海、宁波等地开埠后,沿江城市间的交流日趋频繁。19 世纪 60 年代,上海埠际贸易(Inner Trade)逐步兴盛,日渐发展为多功能经济中心(Multi-functional Economic Centre)。在外贸埠际转运方面,上海占据着全国进出口贸易的主要份额,从而构成了以上海为中

---

① 饭岛涉.鼠疫与近代中国:卫生的制度化和社会变迁[M].朴彦,余新忠,姜滨,译.北京:社会科学文献出版社,2019:78.

心,辐射华中(汉口、九江、芜湖)、华北(天津、烟台)、东北(营口)、华南(福州、厦门、汕头、广州)等区域的贸易网络,这些口岸的货物转运量占上海外贸埠际转运的95%以上。① 以1895年的数据为例,各主要口岸的直接进口贸易值如下:天津口岸为5 367 536海关两,汉口口岸为682 191海关两,广州口岸为16 451 332海关两,上海口岸则高达98 639 609海关两。② 各主要口岸的直接出口贸易值如下:天津口岸为8 919 538海关两,汉口口岸为4 695 872海关两,广州口岸为17 696 848海关两,上海口岸则高达70 200 338海关两。③

上海与华南地区的大宗贸易,逐步由外洋埠际转运变为土货交易。尤其是1898年中英签订《展拓香港界址专条》(The Convention Between Great Britain and China Respecting an Extension of Hong Kong Territory)后,港英政府攫取了"新界"的管辖权,使得香港的纵深腹地有所拓展,物流与仓储能力有所增强,粤港之间内航和陆运运输更趋频繁,华南地区的外洋贸易大多仰赖香港。但上海、宁波等地依旧是粤闽土货的主要转运地与消费地,贸易额稳中有升。上海、宁波与广州、香港间有固定的货物与客运航班,人员交往频繁。正因为如此,上海、宁波与广州、香港之间的物资流、人员流、信息流熙来攘往,客观上为鼠疫的传入提供了便捷的渠道。

(二) 社会舆论的关注

1894年粤港鼠疫暴发之初,以《申报》《万国公报》等为代表的沪上新闻媒体,对瘟疫事件进行了持续的追踪报道。19世纪晚期,《申报》为了扩大营销范围与业务量,在广州、香港、宁波、天津等地均派驻专门的记者与通信人员,他们与上海总部之间通过电报、邮件等方式互通信息。《申报》具有英方投资背景,与香港之间的信息来往络绎不绝,这些均为事件的报道提供了便捷的途径。总体而言,以《申报》为代表的沪上媒体的态度转变,反映了上海各界对粤港鼠疫事件由旁观猎奇到动员预防的心路历程。这一心态的转变,不仅反映了上海华洋各界对事件本身的舆论导向和关注力度,还反映了江南应对公共危机事件的处理机制。

---

① 唐巧天.外贸埠际转运与上海经济发展[M]//杨国强.近代中国社会研究.上海:上海社会科学院出版社,2008:120.
② 中国第二历史档案馆,中国海关总署办公厅.中国旧海关史料:1859—1948[M].北京:京华出版社,2001.
③ 中国第二历史档案馆,中国海关总署办公厅.中国旧海关史料:1859—1948[M].北京:京华出版社,2001.

在整个事件的报道过程中,报刊作为新兴的舆论阵营发挥着不可替代的作用,其中,沪上媒体扮演着双重角色。一方面,作为信息的传声筒,它将鼠疫风潮的来龙去脉、发展过程,较为客观、完整地呈现给读者。另一方面,作为事件的评论者,它反馈了沪上各界的心声,对租界与华界当局给予了有效的监督,发挥了公民社会强大的舆论导向作用。这一结果使得公民社会可以突破传统单一宣传渠道的束缚,更为快捷地获得更真实的信息,推动了上海的卫生制度改革,是近代社会变迁的缩影。仅对1894年《申报》中有关广州、香港疫情的日期进行统计,如表2-1、表2-2所示。

表2-1 1894年《申报》所载广州鼠疫的见报日期

旧历三月	旧历四月	旧历五月	旧历六月
三月六日 (4月11日)	四月三日 (5月7日)	五月三日 (6月6日)	六月一日 (7月3日)
三月七日 (4月12日)	四月五日 (5月9日)	五月四日 (6月7日)	六月二日 (7月4日)
三月十日 (4月15日)	四月十二日 (5月16日)	五月五日 (6月8日)	六月七日 (7月9日)
三月十九日 (4月24日)	四月十三日 (5月17日)	五月十一日 (6月14日)	六月八日 (7月10日)
三月二十二日 (4月27日)	四月十五日 (5月19日)	五月十七日 (6月20日)	六月十三日 (7月15日)
三月二十四日 (4月29日)	四月十七日 (5月21日)	五月二十一日 (6月24日)	六月二十二日 (7月24日)
三月二十九日 (5月4日)	四月十九日 (5月23日)	五月二十二日 (6月25日)	六月二十三日 (7月25日)
	四月二十一日 (5月25日)	五月二十三日 (6月26日)	六月二十四日 (7月26日)
	四月二十三日 (5月27日)		
	四月二十七日 (5月31日)		

资料来源:《申报》影印本,1894年4月至7月的报道。

表 2-2 1894 年《申报》所载香港鼠疫的见报日期

旧历四月	旧历五月	旧历六月
四月十一日（5 月 15 日）	五月二日（6 月 5 日）	六月一日（7 月 3 日）
四月十三日（5 月 17 日）	五月三日（6 月 6 日）	六月二日（7 月 4 日）
四月十四日（5 月 18 日）	五月四日（6 月 7 日）	六月三日（7 月 5 日）
四月十五日（5 月 19 日）	五月五日（6 月 8 日）	六月五日（7 月 7 日）
四月十八日（5 月 22 日）	五月六日（6 月 9 日）	六月八日（7 月 10 日）
四月十九日（5 月 23 日）	五月七日（6 月 10 日）	六月九日（7 月 11 日）
四月二十日（5 月 24 日）	五月八日（6 月 11 日）	六月十五日（7 月 17 日）
四月二十一日（5 月 25 日）	五月九日（6 月 12 日）	六月十六日（7 月 18 日）
四月二十二日（5 月 26 日）	五月十日（6 月 13 日）	六月十七日（7 月 19 日）
四月二十四日（5 月 28 日）	五月十一日（6 月 14 日）	六月十八日（7 月 20 日）
四月二十七日（5 月 31 日）	五月十二日（6 月 15 日）	六月二十四日（7 月 26 日）
四月二十八日（6 月 1 日）	五月十三日（6 月 16 日）	六月二十七日（7 月 29 日）
四月二十九日（6 月 2 日）	五月十四日（6 月 17 日）	
四月三十日（6 月 3 日）	五月十六日（6 月 19 日）	
	五月十七日（6 月 20 日）	
	五月十八日（6 月 21 日）	
	五月十九日（6 月 22 日）	
	五月二十日（6 月 23 日）	
	五月二十一日（6 月 24 日）	
	五月二十三日（6 月 26 日）	
	五月二十四日（6 月 27 日）	
	五月二十五日（6 月 28 日）	
	五月二十六日（6 月 29 日）	
	五月二十八日（7 月 1 日）	

资料来源：《申报》影印本，1894 年 5 月至 7 月的报道。

（三）各界对疫情的应对

以 1894 年 6 月为界，上海各界的应对态度前后发生了变化，大体可分为两个阶段：第一阶段是观望时期，从 1894 年 4 月持续至 6 月初。这一时期的沪上媒体报道主题以粤港疫情为主，对事件本身持猎奇、观望的态度。第二阶段是预防时期,从 1894 年 6 月持续至 10 月。这一时期鼠疫波及上海,舆论的焦点由粤港转移至沪上,华洋各界纷纷采取应对措施。

1. 观望时期

从 1894 年 4 月至 6 月初,上海媒体的报道主题以粤港疫情为主,消息、通讯连篇累牍,但沪上各界均置身事外,毫无警觉。华洋当局与沪上市民对粤港鼠疫事件大多抱着猎奇的态度,认为瘟疫远离上海,对沪上尚不足以构成威胁。尤其在这段时间内,中日两国就朝鲜问题的争端与交涉,占据了沪上媒体的大幅版面,成为舆论关注的焦点。1894 年 3 月至 4 月 15 日,《申报》陆续刊登粤省西南部地区发生时疫的零星消息,大多为只言片语、寥寥数字。

1894 年 4 月 15 日,《申报》以《疾疫盛行》为标题,刊载了瘟疫的消息,"近日粤东疫症流行。自城厢以及乡落,无处蔑有,死亡之多,实从来所罕见"。报道对鼠疫患者死亡惨景的描述竭尽所能,令人感到惊悚,报道称:"有某乡户口寥落,不满百家,旬日之间,竟毙百余人。"① 死者中尤以幼童居多,羁旅往来者,唯恐感染瘟疫,纷纷避走他道,不敢涉足此乡。4 月 24 日之后的"疫症消息",关注焦点由广州市郊转移至城内,以个案病例为主。"城西洗基地方医生某中于初五日早尚能出门诊视,迨午后即觉神志昏迷,不省人事,延至翌日,溘然长逝。"② 瘟疫的病例非但没有锐减,反而呈激增的态势。4 月 27 日,刊载"西门外第一津人某甲。既无叔伯,又鲜兄弟,家中惟妻及子女五人,一日染疫回家,旋即毙命。尚未收敛,而妻及子女亦相继云殂。数尸僵卧室中,无人过问"③。4 月 29 日,刊载广州城北横街有一个姓叶的妇女,生有一女,尚有一子过继给黄姓家人。当月不日之时,叶姓妇女罹患疫症病故,其女偕子而归,为母亲料理后事。"讵意入门未几,子即染疫身亡,亲属闻知,无敢过问。"④

进入 5 月,疫情在广州城内迅速蔓延,势头已由"东关、南关、新城递及于城内"⑤。死亡的人数与日俱增,以致"老城更甚,西关次之"⑥。疫情开始由贫民杂居的老城厢,逐渐向卫生条件相对较好的八旗驻军蔓延,"城内八旗驻

---

① 疾疫盛行[N].申报,1894 - 04 - 15(7535).
② 时疫未已[N].申报,1894 - 04 - 24(7544).
③ 粤屑[N].申报,1894 - 04 - 27(7547).
④ 时疫盛行[N].申报,1894 - 04 - 29(7549).
⑤ 羊城疫势[N].申报,1894 - 05 - 07(7557).
⑥ 时疫盛行[N].申报,1894 - 05 - 16(7566).

防地方染疫尤甚,……每日染疫死者多至数十人,竟有一家数人同日毙命者"①。不仅驻防的卫戍部队遭受瘟疫侵扰,就连广州城中心的省府、州府衙司亦惨遭不幸,"刻下疫症仍未少减,死亡之多实百余年来所未见。省中文武大小衙门无不传染,运署最甚,南海县次之,刻下书差人役,竟有迁避一空者"②。疫情急转直下,使得上至官员,下至贩夫走卒,人人自危,疑虑重重。《申报》以《岭南琐志》为题,记述了广州城内保甲总局的一起"恐慌"事件。4月之时,城内保甲总局长陈厚斋因罹患疫症不幸溘然亡故,局中大小兵役相继毙命。一日,某总办钟镜人视察保甲局,身体"忽尔违和,蛇影杯弓,颇深疑惧"③。幸赖一个时辰后症状俱消,但此人后怕不已,遂不敢到局视事。

在应对公共卫生危机时,广州官府做出了一个令所有人都惊愕不已的错误决策。依据现代流行病学(Epidemiology)中传染病的流行规律,在疫源地(Epidemic Focus)无论是患病人群还是健康人群,都应进行分类隔离。通过一段时间内的流行病学观察,以甄别是否罹患疫疾,从而防范人员流动所产生的交叉感染。从传染病流行过程(Epidemic Process)中的拓扑结构(Topological Structure),亦能观察这一规律。(图2-1)

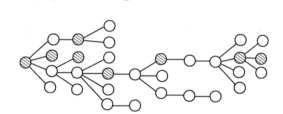

图 2-1 传染病流行过程中的拓扑结构

资料来源:耿贯一. 流行病学[M]. 4版. 北京:人民卫生出版社,1997:121.

从图2-1可知,倘若与患者(Infected Person)、带菌者(Carrier)、隐性感染人群(Recessive Infection Person)进行亲密接触,必将导致新的感染个体产生。譬如在一个核定的5人群体中,假设存在1个患者,其余4人感染的概率将达到1/4,即4人当中必有1人被感染。在这种情况下,倘若不及时采取防疫措施,将患者与隐性感染者区分开来,那么已感染者又将重新作为新的带菌者传

---

① 时疫未已[N]. 申报,1894 – 05 – 21(7571).
② 粤东患疫续纪[N]. 申报,1894 – 05 – 23(7573).
③ 岭南琐志[N]. 申报,1894 – 05 – 21(7571).

染其他 2 人,其存在的感染概率为 1/2,并依此呈几何倍数增长。①

5月,香港的疫情沉疴难去,"昨日香港来电云,日来又有四十八人新染时疫,死者四十七人,其中有旧染者,有新染者,刻下旅居香港之华人多往他处避之"②,迁徙粤省的港岛华人更是不计其数。6月12日的《香港疫电》称,全港返粤者已逾10万人,约占香港总人口的一半有奇。港岛各买办洋行纷纷打烊歇业,停办一切公事,香港俨然成为一座"死港"。

面对肆虐的疫情,港英政府下令实施闭港待检的防疫措施。针对四处藏匿、逃散的华人,港英政府一方面加强警力强制将相关人员送入隔离船隔离;另一方面责令其他英国人控制的港口,加强来往船只的检验检疫工作,尤其对东南亚航线的船只进行严密监控。港英政府的做法显然是从维护大英帝国的整体利益出发,但客观上也防止了疫情的蔓延与扩散。与此同时,广州官府非但没有加强口岸巡检,反而应允将香港患者遣返原籍,并以外交公文的形式照会港英政府,准备委派兵船接送患者返回粤省。对这一匪夷所思的政策,西方外交官唏嘘不已。"香港英官接粤宪来文,准将东华医院分局患病诸人载回省垣医理,业已纪诸报章。兹英官拟有条款,令医院绅董遵照办理。"港英政府为推卸责任,正巧借此机会命令华人离港,以减轻港英政府的防疫压力。但即便如此,港英政府还是采取"自愿遣返"的方式,以尊重患者的个人意愿。"一凡欲将病人载去省垣调理,必须问明本人自愿前往方可。二凡病者,须要医生允准方可前往。三凡病者,必须报差知悉,方能往省。四凡船只将病者载往省垣,必须将病者坐卧之处,遮盖妥当,并预备食物及药料等件,以便病者需用。"③

消息传至上海后,引发沪上舆论的一片哗然。离港的华人不一定都遣返回广东,有不少人准备辗转前往上海。此外,粤省官员的畏影恶迹,使得广州的疫情一发不可收拾,离穗人员呈增加态势,直接危及上海等城市的安全。至此,在沪的外国人再也不持观望、猎奇的态度,转而奔走呼号,积极筹备防疫事宜。

2. 预防时期

从1894年6月至10月,沪上媒体的报道重点转向本埠疫情及清洁防疫工作,采访的主要内容集中在上海华界与租界的防疫措施对比方面。这一阶段

---

① 耿贯一. 流行病学[M]. 4版. 北京:人民卫生出版社,1997:121.
② 香港疫信[N]. 申报,1894-05-24(7574).
③ 条款照登[N]. 申报,1894-06-21(7602).

沪上的舆论基本聚焦于鼠疫风潮,在官方与民间引发了激烈的讨论。上海各界民众对清政府的防疫不力进行了严厉的指责,这促使清政府在卫生防疫领域进行改革,推动了近代上海海关检验检疫制度与公共卫生防疫体系的建立。

早在1894年5月18日,《申报》在头版显著位置刊登了一则消息,引发了租界当局的警觉。消息宣称,5月13日有一艘自上海开往外洋的法国公司的轮船抵达上海港。此艘货船实为一家法国轮船公司旗下的资产,在上海注册,主要从事远东贸易运输。从外洋抵沪前,这艘货船曾停靠过香港。返沪入港后,码头货运商行不愿装载货物与客人,"恐有疫气传至申江,以贻隐患也"①。轮船公司获悉后,将事件原委告至法租界公董局,并邀约美、英等国领事,在葡萄牙总领事署集议此事。经过各方筹商,决定联署照会清政府江海关道,"请札饬河泊司,凡船之来自香港者,如有病人,须于船上高揭黄旗,暂泊浦江口外"②。为了严防疫情传入上海租界,租界当局率先制定了《辟疫章程》。在公共租界由工部局下属卫生委员会(Health Committee)负责具体检疫,在法租界则由公董局下属医务处督导查疫。《辟疫章程》涉及来往船只的检验检疫、人员的防疫检查、物品的清查消毒等多项内容,主要涵盖两个方面:一是但凡经由广东、香港及其他华南疫病地区的船舶,一律停泊至下海浦外六里,由租界当局聘请专门的卫生防疫人员登船查看,倘若发现行李货物中有疫气,"急令携至浦东,薰以硫黄烟,始准各自携去船中,须并无疫气始准进傍马头"。二是在浦东增设医院两所,一所专门收治外籍患者,一所专门收治本地患者。上述事宜,"照请江海关道黄观察出示晓谕,一体遵行"③。为了起到相互制约的作用,"上海英总领事官则与德总领事官会同出示,凡英、德两国各船船主,须遵照《辟疫章程》办理。违则或罚银,或入狱当苦工"④。

在租界当局的强大压力下,江海关与上海县衙对所有出入上海的广州、香港等地的人员进行身体检查,对于检疫合格的人员颁发"免疫通行证"(Immunity-Conduct),以此作为往来上海的凭证,此后这项制度还推广至陆路来沪人员。租界当局亦以"免疫通行证"作为往来租界的出入境通行证。清政府还在

---

① 香港得雨[N].申报,1894-05-18(7568).
② 西人言疫[N].申报,1894-05-17(7567).
③ 续防患未然说[N].申报,1894-06-08(7589).
④ 港电报疫[N].申报,1894-06-09(7590).

杨树浦筹建了临时的医院,用于收治患者与疑似病例。① 尽管如此,清政府相较于租界当局的严正以待,仍尽显懈怠。6月19日《申报》刊载了一则消息,令沪上市民对清政府的腐朽无能一览无余。6月18日上午10点前后,一艘轮船回沪,按照章程规定,停靠在下海浦外下碇,桅杆上高悬黄旗。当即某西医被新关小火轮船送至该处,对船上人员一一进行诊察。诊至一水手,名唤厉长生时,发现其"身染疫气,厥病非轻"。按规定应送至引翔港工部局新设医院中调养。然而此人竟贿赂江海关检疫人员,谎称傍晚时将乘坐北京轮船赴甬东家内暂避,自行疗养,竟应允之。"又闻船上某西人云,船上有水手名成安者,年甫二十三龄,于去年受室,此次船至香港,即染时疫,在半路云殂。"②事件被披露后,旋即引起舆论一片哗然。后经查实,此轮船并非来自香港,实则来自厦门。船中有3名水手,因偶感不适,身体羸弱。在厦门港停泊时,船上水手有1人病死,"船主遂照章报知厦门关"。经医生核查,并非死于瘟疫,遂"出立文凭",准其驶离。③

除此之外,华人聚居区在卫生环境方面"脏乱不堪",与西人聚居区的"清洁整肃"形成了鲜明对比,这促使国人意识到公共卫生的重要性。租界当局在颁布《上海口各国洋船从有传染病症海口来沪章程》的同时,在租界内部发动了一场公共卫生运动。对租界内常年堆积的垃圾派专人清扫,巡捕房对租界内的住户挨家挨户予以清查,要求辟除污秽之物,保持环境的干净与整洁。租界当局还成立专门的环卫公所,定期对主要道路与公共场所进行洒水、消毒,以至华人感叹"西人于养生之法,平日亦极讲求,房屋必宽敞,器物必洁净,室有洞,以通风隙,地必种树,以收养气而放炭气"。④《申报》记者感慨莫名,"惟望租界中既已辟疫章程尽善尽美,凡城厢以及南市,推而至于乡村市镇,次第仿照,百密而无一疏。则香港虽祸患难除,此间断不沾染"。⑤ 同为租界,华人聚居区内"本埠棋盘街即西人所称河南路者,马车丛杂,常有数十辆之多。矢溺熏蒸,行人皆掩鼻而过,是处店铺密比,铺中人日受秽气,能不疾病丛生? 然欲使马车一一移开,势必转而为他处患,曷勿饬令清道役夫格外勤为洒扫,并

---

① 饭岛涉. 鼠疫与近代中国:卫生的制度化和社会变迁[M]. 朴彦,余新忠,姜滨,译. 北京:社会科学文献出版社,2019:31.
② 照章验疫[N]. 申报,1894-06-19(7600).
③ 并非患疫[N]. 申报,1894-06-20(7601).
④ 论中西治疫之不同[N]. 申报,1894-05-25(7575).
⑤ 防患未然说[N]. 申报,1894-06-04(7585).

责成御者随时打扫,不准矢溺漓淋,各铺户亦助之收拾洁清,庶免致蒸成疫疠"①。租界之内尚且如此,华界的卫生状况更是不堪入目。"窃以为租界地方较之非租界,则一秽一洁,已有上下床之别。……一入城中,则城门之侧,即有排列坑厕者。城墙之下,两面皆是,令人无从回避,而且相隔数家,即又有一二处。冬月经过其地,则秽气薰人,已不可耐;若当夏令,则满城皆秽,即不见坑厕,而秽气亦扑入鼻。观掩而过者,几欲闷死。"②

(四)上海应对的特点

在1894年的鼠疫事件中,上海华洋当局采取了不同的措施,这使得清政府在危机治理与城市管理中的迂腐无能袒露无遗,引起了国人的强烈不满,招致舆论的猛烈抨击,"他处亦有行之者,岂上海独不可以兴办?若以为事属琐亵,不足以渎官长之听,不足以启官长之口,则所谓清治道路,爱护人民者,又何为也哉"。沪上舆论认为"除秽以防患,患去则民安",外国租界的巡捕房尚且知道治理街道,令行禁止,为民除害。作为中国的官员,竟然"独置民事于不问,爱民之美名,甘让之于西人乎"。③ 这一事件激发了国人在城市管理与公共卫生领域的改革。

海关检疫权作为国家主权的象征,在整个危机事件中,尽为外人所控制,使得中国的海关主权进一步沦丧。瘟疫期间核查的船只并未限于外籍船舶,华人船舶均一体入检,客观上褫夺了中国的海关检疫权。清政府官员由于不熟谙国际法中有关海关检疫的相关章程,遂听由西人摆布。在1894年鼠疫风潮之前,除通商口岸外,洋船只登陆租界岸埠,偶有检疫,其他船只停靠在中国沿海港口,均无须接受任何检验检疫。此次上海海关检验检疫制度的建立,于中国政府来说实为被动之举,但也开创了中国近代海关检验检疫制度的先河。由于当时中国海关掌握在以英国人赫德为首的西方侵略者手中,中国的海关检验检疫制度带有明显的殖民主义色彩。但此后,海关检验检疫日渐常态化。1899年,各国驻沪总领事、税务司与上海道台等共同筹议,倘若传染病发生,从上海入港之船舶均有停船接受检疫的义务,并由外国医师登船检疫,外籍船只概莫能外。只有持医师出具的检疫合格证明书(Quarantine Certificate)的船只,方可驶入上海港。此后,江苏巡抚恩寿在吴淞口外的崇宝沙设置了防疫医

---

① 疫更难弭[N]. 申报,1894-06-06(7587).
② 去秽所以祛疫说[N]. 申报,1894-06-27(7608).
③ 去秽所以祛疫说[N]. 申报,1894-06-27(7608).

院,用于收治海关检疫中所查出之患者。"吴淞口外崇宝沙地方设立防疫医院,始于光绪二十五年,由各总领事及税务司拟章会商前道举办。凡有疫之口来船必须停轮候验,所聘柯洋医员,精细和平,曾经外国考验,准给冯(凭)据,所订章程,详加查核,亦颇周妥。一经验有患疫及出天花等症之人,送入医院施治,以免传染。原因保卫中外商民起见,立法本极美善,上海为通商总汇,各口商轮往来必由之地,偶疏防检,或致流入长江各埠,为患甚大。"①

在上海推行的检验检疫制度,很快在宁波、厦门等港口被效法遵行。在香港贸易的华商中,有不少漳州、泉州、厦门一带的闽南商人。为了躲避瘟疫,他们"大半携同眷属由香港回厦门"。厦门的各国领事馆按照《辟疫章程》采取措施,对停泊在鼓浪屿的商船一律检查,并照会同安县衙司,"一体照章办理"。② 宁波于6月初规定,所有停靠过香港的船只,一律禁止驶入宁波港。③ 西方列强在攫取中国海关检疫权后,并没有善加利用,而是以此维护列强之权益,扩大在华侵略,使得沪上华洋各界的矛盾更为尖锐,一场规模更大的华洋冲突不可避免地上演。

(五)上海与其他各方应对的比较

综上所述,在面临鼠疫这场公共卫生事件时,广州、上海、香港、横滨四座城市的管理者采取了截然不同的应对措施。广州的危机应对能力最为薄弱,主要有两方面的原因:一是官方应对公共卫生事件的能力欠缺。长期以来,清政府对官员的考铨,只注重德行不注重能力,部分官员为了规避惩戒,竟然对疫情瞒报、隐报,丧失了卫生防疫的最佳时机。即便采取了一定的防疫措施,但具有明显的阶级性色彩,只维护上层阶级的利益,漠视中下层贫苦百姓的利益诉求。二是现代公共卫生思想观念薄弱。在疫情急剧蔓延的情势下,部分官员与国人愚昧无知,盲目排斥西医防疫,地方官吏以顾及中国传统道义与人伦为由,竟允许在港华人举家返乡,加重了广州的疫情。上海的应对能力稍强于广州,由于外国势力的介入与干预,沪上各界很快由观望转为主动,把握住了最佳防疫时机。香港的应对措施相较而言颇有成效。但是港英政府漠视华人的基本权益,对华人采取歧视性政策,使得华人的死亡率远甚于西人。横滨

---

① 转引自饭岛涉.鼠疫与近代中国:卫生的制度化和社会变迁[M].朴彦,余新忠,姜滨,译.北京:社会科学文献出版社,2019:32.
② 厦门防疫[N].申报,1894-06-25(7606).
③ 港电报疫[N].申报,1894-06-09(7590).

在鼠疫发生之初与广州、上海等地一样,对鼠疫的致病机理与防疫措施茫然无措。但日本明治政府积极的防疫态度,使得情势发生了根本改变。日本通过参照英美诸国的做法,迅速在本土建立了行之有效的防疫体系,遏制了鼠疫在日本的蔓延。

"三分天灾,七分人祸"。在19世纪末这个急剧变革的时代,由于政治生态环境的差异及各国国情的不同,在公共危机来临之际,各方采取了不同的应对措施。这一事件过后,国人更为清晰地认识到清政府的腐朽与无能,社会离心力渐趋增强,客观上促使中国近代卫生防疫体系与海关检验检疫制度的建立。

第二节　1910年鼠疫中上海与相关各方的应对

1910—1911年,在中国的东北、华北等地发生了严重的鼠疫灾害,波及面之广、死亡人数之多,举世罕见。与1894年的鼠疫不同,1910年的鼠疫存在如下特性。

首先,鼠疫杆菌的种类不同。1894年的鼠疫是腺鼠疫,1910年的鼠疫是肺鼠疫,两者在传播源上存在本质不同。腺鼠疫主要依靠老鼠、跳蚤等媒介传播,通过与患者或带菌者的亲密接触发生感染。肺鼠疫不仅依靠啮齿类动物进行传播,人本身也是极强的传播源。肺鼠疫主要依靠空气进行扩散传播,如患者的唾液、咳嗽排出的飞沫、血液、排泄物、尸首等均可能成为传播源,它会侵害人体的呼吸道系统,传染性极强,死亡率极高;而且肺鼠疫的症状与普通肺炎相似,不易被诊断,容易被病患忽视。

其次,传播途径存在差异。1894年的粤港鼠疫属于南来鼠疫,主要依靠海运进行传播,陆路病例相对较少。1910年的东北鼠疫属于北来鼠疫,除海运传播外,内河航运、陆路交通均为传播途径。无论是扩散面还是波及面,远甚于1894年的粤港鼠疫。

最后,防疫手段与卫生条件有所不同。1894年发生鼠疫时,中国尚未建立完备的卫生防控体系,诊疗手段有限,卫生条件恶劣,基本处于放任自流的状态。广州官府非但没有采取多方协作的方式,反而对西医诊疗横加排斥,增加了人为性的消极因素。1910年的东北鼠疫发生后,中国政府一改封闭、不合作的态度,不仅聘请具有海外留学经验的伍连德博士前往灾区指导防疫,而且邀集多国医学专家筹商疫情。清政府之所以采取这样的政策,是基于多方面考虑后的综合决策,比应对 1894 年鼠疫时的态度有了显著进步。

一、1910 年鼠疫概况

（一）鼠疫的疫源

1910 年的鼠疫传染源是一种名为土拨鼠(Marmot)的动物。土拨鼠,又名旱獭,俄语为 сурок лесной американский,是一种生活在西伯利亚地区的常见的小动物,属于啮齿目松鼠科。栖息在北亚地区的游牧民族,很早就有捕食土拨鼠的习俗。土拨鼠皮细软且富有光泽,是制作上等裘皮、皮帽、服装的主要原材料,具有一定的经济价值。19 世纪中后期,欧美的奢侈品消费市场日渐扩大,许多贵族和中产阶级以穿着土拨鼠皮制品为时尚,皮毛需求量急剧攀升。在巨大的经济利益引诱下,山东、直隶一带的苦力远赴东北甚至俄罗斯远东地区(Дальний Восток России),猎捕土拨鼠。

据俄国医生巴雷金(Baregine)所述,1889 年在俄国远东后贝加尔州(Забайкальский край),11 人因染疫死亡。1905 年,在中俄边境的扎赉诺尔、满洲里等地,13 人因染疫死亡。1906 年,在阿巴图屯、满洲里,9 人因染疫死亡。1907 年,在满洲里,1 人因染疫死亡。据此推断,东三省鼠疫实发源于光绪十四年(1888)俄境之后贝加尔州,至光绪三十一年始传入满洲里。① 中国籍医生全绍清陈述,1910 年 10 月 12 日在满洲里率先发现了鼠疫。在鼠疫流行期间,共有 392 人丧生,其中有 4 名俄国人。另据东三省民政机构调查,最先报告的死亡病例是居住在满洲里吴奎岭(Wu Kuie Ling)客栈中的 2 名木匠,于 10 月 10 日前后相继死亡,症状为痰中带血。据知情人供述,2 名木匠曾经被一名叫作张万顺(Chang Wan Shun)的工头雇用过,并在中俄边境线以西约 9.7 千米处,位于俄罗斯远东地区一个名叫达斡尔亚(Dawoolya)的车站内工作过。全绍清为了寻求真相,曾找到这名幸存的工头。据张万顺供称,大约在 1910 年 9 月 16 日,已有六七名受其雇用的工匠在达斡尔亚相继死亡,疑似是与当地中国籍土拨鼠捕猎者亲密接触后被传染而死亡,症状均为痰中带血。疫情发生后,远赴俄罗斯的中国籍劳工见工友相继死亡,纷纷逃回国内,并暂

---

① 锡良.东三省疫事报告书序[M]//李文海,夏明方,朱浒.中国荒政书集成:第 12 册.天津:天津古籍出版社,2010:8169.

居在满洲里吴奎岭的客栈内。此后,这间客栈中居住的20余名劳工,有9人突然患病,其中1人被送入俄国铁路医院诊疗。据俄国铁路医院医生布里斯姆斯基(Brisemsky)诊断,此人感染了肺鼠疫。① 鼠疫迅速在满洲里及其周边地区蔓延。由此推断,鼠疫最初源于俄罗斯远东地区,后传至满洲里,经由满洲里传至东北全境。

(二)铁路与鼠疫传播

满洲里发生鼠疫后,迅速在东北传播。与以往的瘟疫不同,这次瘟疫波及范围广、传播速度快,主要是借助了铁路这一新式交通工具。20世纪初,为了攫取东北丰富的粮食、矿产、木材等战略资源,俄国、日本通过威逼清政府出让铁路修筑权与借取外债等方式,在东北大肆进行经济侵略。1896年,俄国利诱清政府签订了《中俄密约》(又称《中俄御敌互助条约》,Sino-Russian Secret Treaty),以此攫取东北的铁路修筑权;又威逼清政府向华俄道胜银行借款筹办铁路,旋即签订了《中俄合办东省铁路公司合同章程》,攫取了连通西伯利亚与远东海参崴(符拉迪沃斯托克)的铁路运输权。1900年,俄国趁中国爆发义和团运动,以护路为名,强占东北各主要铁路隘口,事后拒不撤兵。1903年,俄国威逼清政府允许修筑中东铁路。中东铁路西至满洲里,东至绥芬河,全长2 489.2千米,是东北境内最重要的一条铁路大动脉。俄国控制了中东铁路,无疑控制了东北的命脉。日俄战争后,日本掌握了在东北的铁路修筑权。1903年,日本修筑了连接旅顺和长春的南满铁路,全长849.2千米。1906年9月,日本成立了"南满洲铁道株式会社"(みなみまんしゅうてつどう),专门负责东北南部地区的铁路修筑与经营活动。1907年,日本修筑了沟通安东(今丹东)和奉天(今沈阳)的安奉铁路,全长303.7千米。1908年,日本完成了各铁路线的轨道改造工程,实现了南满铁路与中东铁路的联运。1909年,日本修筑吉长铁路,全长127.7千米。此后,英美诸国相继染指东北的铁路修筑权。截止到1910年东北鼠疫发生时,东北全境已建成了纵贯南北、横连东西的密集的铁路网络,交通运输方式发生了极大的改变,人员、物资、信息往来频繁。

20世纪初,中国北方的铁路干线构成了一个以东北、华北为中心的区域网络。在东北北部,俄国人管理的中东铁路成为外西伯利亚铁路的延伸。这条铁路从西伯利亚边境直插满洲里后入境中国,横穿东北北部,抵达海参崴(符

---

① 国际会议编辑委员会.奉天国际鼠疫会议报告[M].张士尊,译.北京:中央编译出版社,2009:33.

拉迪沃斯托克)。这条铁路的最后一段约 160 千米,穿越俄国沿海省份普利茅斯克(Приморский край,在今俄罗斯远东滨海边疆区境内)。中东铁路的管理中心在哈尔滨,由此分出一条约 240 千米的向南的支线,抵达宽城子(今长春)。在东北南部,日本人控制了南满铁路,实际上与中东铁路连为一体。它从长春向南延伸至奉天,共计约 304 千米。在奉天,铁路分为两支,一支继续向南穿越辽东半岛抵达关东州(かんとうしゅう)的大连港(おおむらじ)和旅顺口港(りょじゅん),共计约 400 千米;一支则抵达安东与朝鲜的京义线铁路相连。在华北地区,东三省的铁路由奉天穿越山海关,进入直隶省,并最终抵达天津和北京,这段铁路由华北帝国铁路公司(隶属清政府的铁路公司)管理。随着鼠疫在北方的蔓延,疫情很快沿铁路线南下,进入扬子江腹地。当时从北京往南有三条铁路:一条是京汉线,即北京至汉口的铁路,进而抵达长江中游的华中地区;一条是津浦线,即天津至南京浦口的铁路,进而抵达长江下游的江南地区;一条是从济南至青岛的铁路,名为胶济线,实由德国人控制。这三条铁路最西边的济南府与津浦线相连,最东边抵达德国租借地胶州湾。这里还有内海运输,将山东的烟台与关东州的大连相连接。毋庸置疑,正是这一现代化的铁路运输网,使鼠疫很快由中俄边境扩散至中国的东北、华北,乃至长江中下游地区。英国驻北京公使馆医生、医学博士道格拉斯·格雷(Douglas Gray),应清政府邀请全程参与鼠疫防疫。他指出,东北的鼠疫最先在满洲里被发现,很快便沿着铁路线,向哈尔滨、长春、奉天等地流传开来。①

二、相关各方的应对

(一)俄、日两国在东北势力范围内的应对

1. 俄国的应对

哈尔滨的傅家甸是此次鼠疫的重灾区。哈尔滨俄国防鼠疫局医疗主管温森蒂·博格科伊(Wincenty Bogucki)医生,参与了傅家甸的鼠疫防治工作,事后提供了详细的报告。1910 年 10 月 8 日,哈尔滨发现了首两例鼠疫患者。直隶承德人马良、张志善乘坐火车由满洲里来哈尔滨,他们以苦力营生。抵达哈尔滨后,居住在傅家甸第一区同发街门牌 232 号的机器井院内,并于翌日疫毙。随后,疫情蔓延至新民街北口、升平街一带,往南扩散至小六道街的南昌

---

① 国际会议编辑委员会.奉天国际鼠疫会议报告[M].张士尊,译.北京:中央编译出版社,2009:37.

街、大同街、景运街,往西传播至维新街、永德街,以及五柳街、染房胡同等地。整个傅家甸疫区,以升平街最为惨烈,南昌街、大同街、景运街三地域次之,染房胡同、五柳街稍轻。当时滨江厅共有18 128人,染疫死亡人数5 693人,死亡人数占当时总人数的3/10强。① 11月12日,哈尔滨及其周边地区的鼠疫急剧扩散,尤以傅家甸地区最为惨烈。这里人口稠密,棚户居民甚多,卫生环境恶劣,罹患人数急剧攀升。

哈尔滨发现鼠疫后,哈尔滨市卫生执行委员会迅速制定了一份抗击鼠疫的计划。该计划涵盖以下6项条款:一是建立一座鼠疫隔离营以及若干隔离、观察病房。二是全面进行卫生控制。对经过本市的流动人员进行检查和监视,将城市分为11个区分块进行管理。三是物品消毒。焚毁价值较小的物品,并给予所有者相应的赔偿。对于价值较大的物品,准备两个消毒间予以消毒。四是从俄国方面邀请足够多的有经验的医务人员参与防疫。五是为保持市内清洁,准备适当数量的卫生车。六是任命卫生官员,宣讲鼠疫知识。为了使民众熟悉传染病的危害与防疫知识,分别出版中、俄两种文字的宣传小册子。②

哈尔滨在应对鼠疫方面进行了充分的准备,但这并没有阻断鼠疫的传播与扩散。恶劣的居住环境与人员的频繁流动,使得疫情进一步蔓延。1910年11月底,鼠疫在哈尔滨周边地区迅速扩散。当局增派人手,加强夜间的巡逻、搜查,凡有疑似病例或与鼠疫患者亲密接触之人,均一体强制送往观察病房隔离。空气传播是肺鼠疫传播的主要方式。浑浊的空气、死亡的鼠疫患者、咳嗽的人群,均可成为鼠疫的传染源。在俄国医学专家扎博洛特内教授(Prof. D. Zabolotny)的建议下,滨江厅准备购入大量闲置的火车车厢,作为临时隔离点,对居住在傅家甸的人群进行大范围的医学隔离观察。但火车车厢内的卫生状况却令人堪忧,"起初俄人日给药水一剂,饮食亦未缺乏。继而人数繁多,每日不过给水一次,面包一块。车极窄狭,污秽不堪,无人打扫,以致病上加病,九死一生。昼夜之间,常毙命至十数人之多,而传染愈不能息。现俄员议定本月初十日为始,停售华人车票,俟疫症稍减,再照常复售"③。

---

① 奉天全省防疫总局.东三省疫事报告书[M]//李文海,夏明方,朱浒.中国荒政书集成:第12册.天津:天津古籍出版社,2010:8234.

② 国际会议编辑委员会.奉天国际鼠疫会议报告[M].张士尊,译.北京:中央编译出版社,2009:239.

③ 满洲里哈尔滨防疫记[J].东方杂志,1910,07(11):344.

此后,哈尔滨市卫生执行委员会制定了一个新的防疫计划,主要涵盖以下几点:第一,加强对全体居民健康状况的卫生监察。第二,查找鼠疫流行的中心地,尽早发现和隔离鼠疫患者。第三,为最贫苦的劳动阶层改善居住条件。第四,为劳动者和失业者解决夜间住宿和吃饭问题。第五,为了对所有到达这个城市的人进行医学检查,设立检查站。第六,对房屋和衣物进行认真消毒。①在多方通力合作下,当局连夜购置了众多经过特殊改造的铁路车厢,将患者与疑似病例者送入车厢隔离。初步预留了可容纳2 500人的隔离车厢,并对患者进行为期5天的强制隔离。由于傅家甸地区的死亡人数与日俱增,俄国方面责令清政府准予将傅家甸等重点疫区的中国劳工,尽数送往隔离车厢进行身体检查。12月24日上午,第一批中国劳工共计1 413人,被强制送去观察隔离。翌日,俄国卫生防疫部门协助对傅家甸的棚户区进行集中清理。卫生防疫人员对房屋进行消毒,并使用大剂量升华物溶液冲刷家具、陈设物等。②

1911年1月初,又陆续发现46名鼠疫患者,并送去强制隔离。据哈尔滨市卫生执行委员会的不完全统计,截至1911年2月底,共有10 144人被送往隔离车厢观察,其中9 899人为中国人,215人为俄国人。这当中,又有180名中国人与2名俄国人被送往哈尔滨鼠疫专门医院治疗,102名中国人、7名俄国人被送入隔离病房观察。在车厢内,一共发现64具尸体,其中最多的一节车厢发现了11名患者。这些患者很有可能是与死者同居一车厢而被传染的。虽然陆续有死亡病例报告,但是这一及时、科学的防控措施,还是在很大程度上阻隔了鼠疫的扩散,起到了一定的防疫效果。

为了安全起见,俄国人在聚居区内设立疫苗接种防疫站,对人群接种疫苗。一位名叫莱比第瓦(Lebedewa)的医生,参与了哈尔滨的鼠疫防疫,其本人也接种过疫苗。在俄国人聚集的位于巴扎尔尼亚大街的242号房间内,共发现11名鼠疫患者以及4具尸体。莱比第瓦医生便在此为患者诊治,待了近一天,随行的还有一个翻译,但很快两人相继感染鼠疫死亡。事件曝光后,许多俄国人对疫苗缺乏信任,因此大规模的接种就此停滞。据不完全统计,共有8 685人接种了疫苗,其中2 560人进行了多次接种。在多次接种的白种人中,有4名外籍医务人员感染鼠疫死亡。在一家俄国的面粉公司内,484名劳工两

---

① 国际会议编辑委员会.奉天国际鼠疫会议报告[M].张士尊,译.北京:中央编译出版社,2009:241.

② 国际会议编辑委员会.奉天国际鼠疫会议报告[M].张士尊,译.北京:中央编译出版社,2009:242.

次接种疫苗,亦有7人死于鼠疫。在德里森(Dreensin)面粉厂内共有110名苦力,其中100名苦力接种了疫苗,无一人感染,未接种的10人中,有2人感染了鼠疫。①

哈尔滨市卫生执行委员会临时筹建了一支医疗特遣队,目的是运送城内的鼠疫患者与尸体。医疗特遣队一共由89人组成,其中有1名医生、10名医务助手、52名帮手、15名驾驶员、11名勤杂人员。据该委员会统计,截止到1911年2月底,特遣队共出动1 095次,运送965名患者与尸体,其中430名送往鼠疫专门医院,319名送往隔离病房,208名送往观察站,其余均送往墓地。对尸体的处理,华洋之间产生了尖锐的矛盾。俄方在哈尔滨的防疫局医生理事会,希望将所有尸体一律火化。但中国人土葬的旧习,使得这一措施很难在民众中推广。在伍连德博士的坚持下,经俄国防疫专家与清廷防疫局官员的一致协商,尸体才被准予焚烧。为了防范尸体可能传播鼠疫杆菌,防疫局决定对先前已经掩埋的全部尸体,从坟墓中挖出并焚烧。据统计,仅1911年2月,就焚烧了1 416具尸体,其中1 002具尸体是从坟墓中挖出来的。② 仍有不少贫苦的中国百姓将死者的衣服扒下来自己穿,然后再把尸体拖至焚烧点,这些行为无疑贻害甚巨。

2. 日本的应对

疫情从海拉尔、哈尔滨、傅家甸传至东北南部的长春、奉天后,日本政府派出了专家团亲赴东北南部调查疫情。调查团主要由以下人员组成:东京帝国传染病研究所主任北里柴三郎(きたざとしばさぶろう)教授、东京帝国传染病研究所住院部主任柴山(しばやま)教授、京都帝国大学病理解剖学教授藤波秋良(ふじなみあきら)、日本陆军军医宇山(うやま)、日本驻北京公使馆医生下濑(しもせ)等。

1910年11月20日,南满铁路开始对往来乘客进行卫生防疫检查。12月31日,在长春发现了第一例鼠疫患者。该患者为中国籍,是从哈尔滨乘坐铁路抵达长春的,后在例行检查中被发现。1911年初春,在东北南部感染鼠疫的人群逐日递增。日本鼠疫调查团撰写的《肺鼠疫在南满洲的流行》(「南満州における肺ペストの流行」)一文,记载了初期发现的病例。据不完全统计,截止

---

① 国际会议编辑委员会.奉天国际鼠疫会议报告[M].张士尊,译.北京:中央编译出版社,2009:244.

② 国际会议编辑委员会.奉天国际鼠疫会议报告[M].张士尊,译.北京:中央编译出版社,2009:245.

到 1911 年 2 月底,在南满铁路附属地区,共发现了 4 229 名劳工感染鼠疫。①

1894 年的粤港鼠疫对日本医学界产生了极大的震慑。此后,日本政府逐步建立了一套完整的疫情申报与监测系统。日本的《海港检疫法》规定,从海外进入本国领海的船只,一经发现船上人员身患传染病后,就会被责令将船停靠在离码头较远的外海。船上的患者则由海关医务人员送至检疫站的医院隔离起来。然后由海关检验检疫机构出面,对船只进行彻底的消毒。为了消灭船上可能存在的老鼠,船上人员还被要求使用一氧化碳(いっさんかたんそ)气体对全船进行熏蒸(くんじょう),以杜绝鼠疫。日本政府为了激发国民参与防疫的热情,要求国民积极捕获老鼠。但凡找到活老鼠或死老鼠并交至警官处者,每只上交的老鼠给 5—10 分(ふん,约合 2.5—5 美分)的报酬。警察局将上交的老鼠统一收集,交予细菌专家进行分析研究。如果发现有感染的病鼠,就对所在房屋进行卫生消毒。

日本当局在应对台湾鼠疫时,发现了两种非常有效的免疫方法,培养出了新的免疫疫苗。据北里柴三郎教授介绍,这种防疫方法十分有效,尤其是在针对东亚地区的鼠疫方面具有显著功效。具体做法就是根据法伊弗(Ehrenfried)和科勒(Koller)的疫苗培育法,使用一种高毒性的鼠疫菌新琼脂培养物(かんてんばいち)。培养物刮下之后,将被放置在 32℃ 的保温箱中保存 48 小时。然后在 60℃ 的温度下加热半小时以杀死鼠疫杆菌,并用石碳酸(フェノール)、生理盐水(リンゲル液)稀释,变为浓度大约为 0.5% 的石碳酸和 0.8% 氯化钠(塩化ナトリウム)。从实验数据看,1 立方厘米包含 6 毫升可杀死鼠疫杆菌的疫苗液。在使用之前,研究人员先在动物体内做控制试验。在临床试验中,成年人接种 2 次,第一次注射 1 立方厘米。在 7—10 天后,再注射 2 立方厘米,即可对鼠疫杆菌产生效应。1905 年,日本的和歌山县(わかやまけん)汤浅町(ゆあさちょう)发生了鼠疫,当地有常住居民 7 700 人。当局迅速采用这种疫苗让当地居民接种,使得疫情得到有效的控制,只有 132 人感染,其中有 91 人死亡,占居民总数的 1.71%。②

日本将上述防疫方法运用到中国的东北。日本关东都督府(かんとうとくふ)、南满铁路及其附属卫生防疫机构,主要采取了如下防疫措施:

---

① 国际会议编辑委员会.奉天国际鼠疫会议报告[M].张士尊,译.北京:中央编译出版社,2009:40.

② 国际会议编辑委员会.奉天国际鼠疫会议报告[M].张士尊,译.北京:中央编译出版社,2009:292.

第一,南满铁路的卫生防疫机构,在铁路沿线的主要车站附近设立了隔离医院和防疫站,为接受鼠疫患者做好准备。1910年11月25日,南满铁路宣布即日起对所有铁路乘客进行卫生防疫检查,并在车站对疑似病例进行隔离。然而,瘟疫蔓延的情况超出了人们的预想。在铁路沿线的隔离区内聚满了鼠疫疑似病例。南满铁路基于自身利益,颁布了严苛的条例,限制或禁止下层中国苦役或劳工乘坐南满铁路的火车。除获得南满铁路卫生机构授予的"免检通行证"(めんきょしょう)的乘客外,其他人一律禁止乘坐。为了收容那些意图乘坐南满铁路出行的中国人,南满铁路在主要沿线车站建立了能容纳500甚至5 000人的大隔离营。待隔离营完工后,第一批待检苦役入营隔离,所有南满铁路及其附属线路均被明令通知禁止用火车运送苦力。

第二,设置警戒线(警告ライン)进行封锁。不少苦役为了逃避观察或尽快回家,遂改为步行继续南下返乡。为了防止疫情南下,关东都督府出动军警和军队在关东州的大连港至旅顺口港附近设置警戒线。第一道警戒线设置在关东州和满洲本土之间的自然边界上,从东海岸直达西海岸。第二道警戒线横穿普兰店(ふらんてん)。第三道警戒线设置在金州(きんしゅう)的南山。第四道和最后一道警戒线穿越旅顺口港防御线。日本关东都督府通过设置警戒线,以严防感染鼠疫的人群流窜至关东州。

第三,设置联合防疫机构。1911年1月15日,日本当局决定整合关东都督府和南满铁路的力量,成立专门的卫生防疫组织。在大连筹建了一个专门针对本次鼠疫的临时卫生委员会,所需官员和工作人员由关东都督府和南满铁路选派。1月21日,临时卫生委员会将总部迁至奉天办公,并在关东州警察局建立派出所。这些派出所不仅能在关东州内,而且可在满洲所有的日本领事馆及南满铁路影响力可达的地区行使权力。为了尽快消灭东北南部的鼠疫,日本执掌的临时卫生委员会与清政府之间加强合作,每周定期召开一次中日人员会议,讨论疫情及应对措施。

第四,奖励捕鼠行为。在关东州和东北南部主要的城市中,日方向中国人积极宣传捕鼠的益处,并向房主和承租者分发捕鼠器(鼠取り),鼓励市民踊跃捕鼠,并给予一定的报酬。在大连和旅顺,日本举行所谓的抽奖活动,最高奖金为100元(えん,约合50美金),最低奖金为2元(约合1美元)。彩票(宝くじ、たからくじ)本身是免费的,需与支付上交老鼠的报酬一起发放。日本当局对所有抓获的老鼠都进行细致的鼠疫杆菌检查。

第五,对苦力和其他下层中国人民进行医学检查。在东北南部,感染鼠疫的患者大多为苦力或社会最底层的劳工。关东都督府刊布命令,对关东州境内及铁路附属沿线与领事馆区内的中国人进行隔离检查,重点监测劳工阶层的卫生防疫。为了及时发现新患者并对接触者进行隔离,关东都督府拨出专门经费,对苦力出入的宿舍、客栈,以及工作地点附近的苦役聚居区,每天进行一到两次的卫生检查。

第六,对来往东北南部地区的火车与轮船进行卫生防疫检查。临时卫生委员会决定,对劳工需经过长达 7 天的隔离检查,检查合格后确定为健康的人,才允许他们步行、乘车或乘船离开。南满铁路的卫生机构在每列火车上配备有专门的医生与军警,每隔 2—3 小时,便对所有乘客进行一次卫生防疫检查,一旦发现感染鼠疫的患者,便通知下一站做好隔离准备;在车站的进出口,对所有乘客进行卫生防疫检查。海运也是鼠疫传播的重要途径。关东州的海关对所有由大连港前往其他港口的乘客,在起航前均要进行健康状况检查。尤其是由大连前往日本本土的海运航班,均需细致检查。后来,华北也发生了鼠疫,尤其是在山东境内出现鼠疫后,大连港对往来芝罘(しふう,今山东省烟台市)与大连的航班进行卫生检疫,发现了不少鼠疫患者。1911 年 2 月,关东州都督府进一步规定,所有轮船抵达大连港后,一律禁止直接登岸,并强制轮船与乘客进行 7 天的隔离观察。但是船上人员可选择是留在船上进行隔离还是登岸入隔离营隔离。①

经过上述卫生防疫措施后,东北南部的疫情得到了有效的控制,死亡率有所下降。东北南部具体感染情况如表 2-3—表 2-5 所示。

表 2-3　东北南部不同国籍和不同性别肺鼠疫患者表

单位:人

国籍	男性	女性	总计
日本	1	1	2
朝鲜	15	4	19
英国	1	—	1
中国	5 379	463	5 864

---

① 国际会议编辑委员会.奉天国际鼠疫会议报告[M].张士尊,译.北京:中央编译出版社,2009:301-303.

表 2-4　东北南部鼠疫患者的职业

职业	患者数/人	占比/%
苦力	1 684	36.66
农民	882	19.03
工匠	355	7.74
防疫工作人员	122	2.66
商人	706	15.38
流民	553	12.06
未确定职业人员	180	3.32

注:在患者中共有 122 名防疫工作人员,其中 1 名为日本籍医生,1 名为英国籍医生,40 名为中国籍医生。

表 2-5　东北南部鼠疫患者和死者的发现地点表

地点	患者和死者人数/人	占比/%
隔离营	542	22.34
客栈	93	3.83
苦力的住处	35	1.44
住宅里	1 100	45.34
铁路客车	3	0.12
铁路车站	8	0.32
空房子里	65	2.67
大街上	518	21.35
野外	43	1.77
其他地方	19	0.78
总计	2 426	

资料来源:国际会议编辑委员会.奉天国际鼠疫会议报告[M].张士尊,译.北京:中央编译出版社,2009:288-290.

(二)清政府在全国的应对

1911 年春节来临之际,许多外来务工者从关外返回关内。在返工潮中,有不少人已罹患鼠疫。山海关最先发现了鼠疫。山海关是连接关内外的重要隘口,人员、物资等的流动十分频繁。1911 年 1 月初,在山海关发现了 16 名鼠疫患者。十天过后,在关门附近,一个交通警察突然发病,身染鼠疫。1 月 10 日,北京发现了鼠疫病例,当时有个从哈尔滨南下的商人,在抵达北京后即发病,两日后死亡。1月13日,天津出现了首例鼠疫病例,这名鼠疫患者是居住在天津的奥地利租借地内的一名商人。1月16日,在直隶的保定府,有6人从天津来到河间。在河间他们分为两伙,其中有一伙人在抵达博野县后当即发病死亡。另外一伙人听闻同伴病故,便赶来参加葬礼,很快也染病死亡。保定府的传教士刘易斯(Lewis)对鼠疫的传播有较为明晰的调查。据其查证,在保定府共有52名鼠疫患者。在保定府东南45千米处的蠡县,刘易斯记述了鼠疫在乡村的蔓延情况。蠡县有一乡村,村中有一位旧学出身的私塾先生,略懂医术,为当地乡民诊治瘟疫,不幸罹患鼠疫,很快病殁,鼠疫开始在村中流布。村中一个男人告诉刘易斯,他们全家已经有30余人病故,他是唯一幸存之人。翌日,刘易斯途经这个村庄时,看见这个男人也在咳血。从村中发现第一例鼠疫病例,仅5天时间,整个村的居民全部死亡。在这个男人病殁之前,刘易斯将其唾液收集后带回化验,发现当中含有鼠疫杆菌。① 1月21日,在山东的芝罘也相继发现鼠疫患者。2月1日,在济南府出现了鼠疫病例。

鼠疫在华北的蔓延,极大地震慑了清政府。尤其是京畿地区不断上报新的感染者,使得清廷十分担心京师的安全。在官员的倡议下,清政府在京成立了"中央卫生会",作为指导全国卫生防疫的机构。1911年1月21日,天津发现鼠疫,为了防范北京遭受瘟疫侵袭,清廷下令即日起停开一切京津间的客货运列车。清政府还宣布停开京奉铁路(北京至奉天)的客运专列,并对出入山海关的人员进行严格的防疫检查。1月24日,北京协和医学院的一名学生,因在天津朋友家中留宿,返京后发病。北京外城巡警总厅组织防疫人员对其去过的客栈及家中进行严格的卫生消毒与防疫。同时,巡警总厅发布公告,对全城的旅馆、茶楼、酒馆、妓寮等人群聚集的地方也进行严格的卫生消毒与防疫。

1911年1月28日,北京成立了"京师临时防疫局"。京师临时防疫局成立后,立即召集民政官员商讨防疫措施,并决定聘请在京的各国医生充任名誉顾问,以指导卫生防疫。② 京师临时防疫局从巡警部抽调全城1/20的警力、1/4的消防人员,以及全部的卫生队人员与卫生警官,共同参与防疫局的活动。京师临时防疫局还选择了一片空旷之地,作为尸体焚烧与埋葬的处所。担任京师临时防疫局第二科长之职的武蕴章,是一位著名的西医医师。他建议在各区派遣专门的防疫警察,对遗体的搬出进行登记,并对死者所居的房屋内部进

---

① 国际会议编辑委员会.奉天国际鼠疫会议报告[M].张士尊,译.北京:中央编译出版社,2009:38-39.

② 北京防疫记[N].申报,1911-02-03(13643).

行消毒。这一建议很快被采纳了。京师临时防疫局还在城外营造了大量的隔离病室与临时安置点,对所有疑似病例,一律送去隔离;对患者用过的衣物、器物等一律焚烧。凡消毒后的房屋及处所,未经许可,不许人员私自进入。为了保障北京的防疫工作持续、深入,清政府拨出专款用于防疫,工巡捐总局首先从公债利息中拨付1 000两充当经费,度支部随即拨付10万两作为专项资金。京师临时防疫局还利用这笔款项,购买了大量的疫苗,对民众进行疫苗接种。防疫局还号召陆军部的军医与协和医学院的毕业生一同参与防疫,并邀请协和医学院的医师与日本公使馆的下濑军医担当外籍顾问。防疫局还花费大笔资金购买街道清洁设备,对城内的公厕及卫生设施进行改造。经过这次鼠疫,北京的公共卫生建设已日渐制度化。

天津的巡警、商务总会等,积极参与防疫。1911年1月22日,天津各民间团体代表、政商名流、士绅商贾等齐聚浙江会馆召开会议,决定以北洋商学公会为核心,在津成立临时防疫会,以指导天津的卫生防疫。天津临时防疫会积极效仿租界内西洋人的防疫之法。因"查预防传染之法,以个人种浆为最善",所以防疫会决定自1911年3月15日起,借东马路、西马路两处宣讲所种防疫浆。"无论何人,均可于午后一点钟至三点钟到所种浆,分文不取。"为了让更多的市民得知这一消息,他们还在津门各主要报纸上刊登广告,以方便市民前往,"将来仍有施用防疫至宝浆一事,将药浆从肉皮里打进去,准保不传染此等瘟疫。将来此浆到后,不是出告示,就是有传单,总叫大家知道"。①

广仁堂在鼠疫防治中,担当了重要角色。广仁堂最早源于盛宣怀等人创办的天津救灾会。光绪四年(1878),南方赈济华北的赈灾款中还剩洋银1万元。在李鸿章的倡议下,据前署山西藩司王承基、候选道郑观应、主事经元善、前督办河间赈务今太仆司卿吴大澂、候选知府李金镛捐银,先于津郡东门外南斜街增设广仁堂,收养天津、河间两府属遗弃子女、贫苦节妇。② 李鸿章将救灾会易名为广仁堂,并加以扩建,堂址由斜街移至西南角。广仁堂受西方社会救济思想的影响,善堂的功能逐步拓展。职能由以往救灾济贫,转变为收养鳏寡孤独及传授贫寒子弟技艺。广仁堂还附设有保产会、恤嫠会、蒙养所、工艺所、力田所、戒烟所等机构,对不同需求的人群进行救济。19世纪末,随着西式医院在通商口岸的日渐兴起,广仁堂还附设有西式诊疗病院。鼠疫发生后,广仁

---

① 天津临时防疫会紧要广告[N].大公报,1911-03-15.
② (光绪)重修天津府志:卷7[M]//中国地方志集成:天津府县志辑1.上海:上海书店出版社,2004:155.

堂通过自身影响力,号召天津富绅捐助,建立了防疫保健医院,并设置鼠疫研究所,研制药丸与疫苗,帮助天津民众抗击鼠疫。

1911年1月27日,山东巡抚孙宝琦为了抗击鲁省瘟疫,决定从青岛海关收入中拨出2万两白银,作为应对鼠疫的必要防疫经费。清政府为了支持山东的抗疫,责令度支部追加一部分经费作为专项资金,解送山东。

东北地区是满族的"龙兴之地"。清政府为固守防边,阻遏日、俄借机进一步渗透东北,积极开展防疫。东三省总督锡良也奏请拨款添设医院,以杜绝俄国和日本借端干涉。清政府专门颁发上谕,准予划拨大连海关税银十五万两充作经费,"锡良等电奏添设医院、检疫所,经费浩繁,请饬度支部在大连税关拨银十五万两,以应急需等语。著照所请,该部知道,并著迅速认真筹办,俾得早日消除,毋任传染"①。1911年2月14日,载泽致电锡良,下令所请防疫经费"先于他项常款内挪拨应用,日内当由部设法代筹十万两拨奉抵补"②。此后,"由防疫所将一切开支开单呈请督宪核阅。复经督宪由盐厘项下借款三万两,发交该所,以资接济"③。1911年1月16日,为弥补东三省防疫经费的不足,清廷议定奉天至山海关段防疫所需经费,从天津海关项下拨银十万两予以资助。

清政府在东三省成立了东北防疫总局,统领东北的卫生防疫。在关外各主要城市均设立防疫局或防疫事务所,专职负责具体的防疫工作。各地在设置防疫局的同时,又在各处设置检疫所、诊疫所、隔离所、疑似病院等,还动用当地的巡警,对房屋进行消毒,并对尸体、衣物等进行焚烧。1911年1月14日,奉天行政公署成立了奉天防疫总局,在奉天省内相继建立防疫机构630余处。1月20日,在黑龙江成立了全省防疫总会。1月26日,在吉林成立了全省防疫总局。在东北防疫总局的规划下,各府、厅、州、县相继建立了防疫站。在锡良的奏请下,清政府委派外务部右丞施肇基担任治疫大臣,前往东北组织防疫。清政府采纳朝野建议后,决定委任一名既懂现代卫生防疫知识,又效忠清政府的中国人在业务方面主持大局。正是基于这一原因,清政府下诏各省,竭力推荐善任之人担任要职,以解瘟疫危局。在外务部右丞施肇基与东三省总督锡良的一再举荐下,清政府决定委派北洋陆军医学院副监督伍连德博士,

---

① 张元奇,等.《东三省疫事报告书》黑龙江吉林史料选编[M].李兴盛.秋笳馀韵(外十八种):上.哈尔滨:黑龙江人民出版社,2005:971.
② 泽公允拨奉省防疫费[N].盛京时报,1911-02-15(1276).
③ 续拨防疫经费[N].盛京时报,1911-02-10(1273).

担任本次瘟疫防治工作的中方代表。

伍连德(Dr. Wu Lien-teh),祖籍广东台山(今广东江门),生于马来西亚槟榔屿(Penang Island of Malaysia),是20世纪中国最杰出的医学家、中国现代医学的缔造者、中国公共卫生与传染病学的开创者,在中国近代医学史上具有崇高的地位。伍连德早年在槟榔屿一所著名的学堂槟城大英义塾(Penang Free School)求学。1896年,在父母的支持下,伍连德远赴英国剑桥大学伊曼纽尔学院(Emmanuel College, Cambridge)学习,专门研究传染病学与细菌学。此后,他又获得了新加坡的女皇奖学金(Queen's Scholarship)。1903年,他获得了剑桥大学医学博士学位,后返回马来西亚开办诊所。伍连德回到马来西亚后,眼见许多华人吸食鸦片,他邀集好友在槟榔屿成立了"反鸦片协会"(Anti-Opium Association),劝说华人拒绝鸦片贸易。他的义举在东南亚的华人社会引起了强烈反响,他本人也声名鹊起。经多方举荐,北洋新军领袖袁世凯盛情邀请伍连德回国,在北洋新军任职。1907年,清政府聘请他为北洋陆军医学堂副监督(副校长)。1910年,伍连德受清政府重托,前往哈尔滨抗击鼠疫,并在短短三个月内就控制了疫情。

伍连德抵达哈尔滨傅家甸后,发现当地的卫生防疫条件十分简陋,尸体被随意弃置在马路旁,有的就暴露在室外,连棺木都没有。1910年12月底,伍连德对傅家甸的死尸进行解剖,抽取死者的肺、脾、血痰等组织样本进行化验。经多方检验,伍连德率先确认这次鼠疫是肺鼠疫,其传播方式主要是人际传播。他还进一步推断,空气传播是肺鼠疫传播的主要途径。严格的卫生消毒、焚烧尸体与衣物、佩戴口罩等措施十分必要。伍连德在走访东北各地后,向东三省总督锡良以及东北防疫总局提交了详细的防疫计划。具体涵盖如下几个方面。

一是遮断交通。东北防疫总局与日、俄两国的铁路公司筹商,决定限制或停运东北区域内的部分铁路。1911年1月13日,南满铁路"停卖南去车票",往东北北部的列车也仅有一等与二等,三等列车停开,"北来亦如之"。[1] 清政府也责令停开京奉铁路部分班次,尤其是二等、三等列车,基本停运。不久,南满铁路当局又停开了安奉铁路。1月27日,上海的江海关道宣布,即日起,所有由各省海口抵达上海的船只,一律需照章停候查疫。[2]

---

[1] 停卖三等车票[N].盛京时报,1911-01-18(1261).
[2] 郭廷以.近代中国史事日志:下[M].北京:中华书局,1987:1379.

二是隔离疫区。伍连德在哈尔滨防疫局的统一部署下,对重点疫区傅家甸进行防疫隔离,并从长春增派1 160余名兵丁在城外警戒。城区被划分为4个区域,每个区域均有士兵与警察日夜值班看守。城内所有居民均佩戴各色臂章以标志其居住区域,未经许可不得迁徙。①

三是封禁公共场所。东北防疫总局要求各主要城市或人口聚集区,在瘟疫流行期间,刊布警示,一律禁止聚众赌博、嫖娼或举办大型游园活动等,对人员密集的茶馆、戏院等也要求限制开放或暂停营业。②

四是对疫尸或死者遗物、房屋、处所、器什等,均进行严格的消毒或焚烧。当时哈尔滨郊外的浮厝尸首就排出好几千米之外,伍连德上报清廷,请旨火葬。上至官员,下至百姓,对火葬都极力排斥,推行起来颇为艰辛。在伍连德坚持不懈的努力下,历经一番周折,各防疫局最终达成共识,对疫尸进行火葬。同时,各防疫局晓谕各户居民,燃放鞭炮,以硫黄烟退去鼠疫杆菌。此后,东三省加快建设现代火葬场,用以专门焚化疫尸。③

五是普及防疫知识。在鼠疫的防治过程中,各地防疫局组织人员编制防疫手册,宣传防疫知识,并将手册免费发放给民众。东三省的主要报刊,如《满洲日日新闻》《盛京日报》《民立报》等,以大幅版面刊登卫生防疫知识与公告,不仅向民众普及了卫生知识,而且保障了民众的知情权。

六是召开国际性的鼠疫研讨会。1911年4月3日,清政府接受伍连德的建议,邀请参与抗击鼠疫的各国医务工作者及专家学者在奉天召开"万国鼠疫研究会",会议所需的费用均由清政府承付。这次会议既是世界历史上召开的第一次国际鼠疫会议,也是中国历史上召开的第一次国际科学会议。会议从4月3日起,至4月28日止,共邀请了中国、美国、日本、俄国、奥匈帝国、法国、德国、英国、意大利、墨西哥、荷兰等11个国家的医学专家、卫生官员列席,"其宗旨以研究疫症之性质及各种防御医疗及善后办法"④。会后出版了《奉天国际鼠疫会议报告(1911)》(Report of the International Plague Conference Held at Mukden, April,1911),在国际传染病学史上具有崇高地位。

1911年3月,东三省的鼠疫得到控制。4月24日,东三省总督锡良向清

---

① 钱钢,耿庆国.二十世纪中国重灾百录[M].上海:上海人民出版社,1999:63.
② 会议防疫章程[N].盛京时报,1910-12-16(1235).
③ 火葬场工程告竣[N].盛京时报,1911-02-19(1280).
④ 防疫大会之人才[J].中西医学报,1911(13):4.

廷申明,"三省疫已肃清"①。揆诸史料,截止到 1911 年 3 月 3 日,为应对东三省鼠疫,中国累计投入资金 523 000 元,日本累计投入资金 14 270 000 日元,俄国累计投入资金 240 000 卢布。据不完全统计,东三省防疫共花费白银 470 多万两。② 1910 年暴发的东三省鼠疫,各方均投入了大量的人力、物力、财力。对这场公共危机事件的应对,暗含了帝国主义势力的角逐与争斗,但各国医务工作者秉持人道主义精神,竭尽全力投入到这场"看不见的战斗"中,不少俄、日、英等国的医生献出了宝贵的生命。清政府官员也感慨道:"窃查防疫,事同赴敌,全赖在事员医躬冒危险,救死扶伤。……艮前会同吉江两抚,核议防疫人员、医官给恤等级,奏请立案,业蒙圣慈俞允。兹查英医嘉克森、日医守川歆显……均因染疫先后身死。嘉克森、守川歆显,各给恤银一万圆……"③清政府在这场防疫运动中表现得尤为积极,极大地推动了中国近代卫生防疫制度的建立,具有跨时代的历史意义。

（三）日本在国内的应对

鼠疫作为外源性传染病,在日本从未停息。大阪(おおさか)不仅是日本的第二大城市,而且是关西(かんさい)地区的经济与文化中心。1894 年粤港鼠疫后,又陆续发生多次鼠疫。1905 年 5 月,大阪南区(みなみく)发生了腺鼠疫(腺ペスト),疫情持续数年之久。1908 年 1 月,大阪西区(にしく)的江之子岛(えのこじま)地区也发生鼠疫。日本内务省卫生局在大阪组建消毒团,并投入了大量的人力与物力,对大阪进行卫生防疫与消毒,此后还设立了临时鼠疫预防局(臨時ペスト予防局)作为常设机构。

1911 年,中国东三省的鼠疫在日本国内引起了极大的震动。由于日本长期对中国东北南部进行渗透与控制,日本本土与东三省之间存在密切的政治、经济、军事、人员往来。为了防止中国的鼠疫传入日本,日本政府启动了紧急卫生防疫措施。一方面,在国内不断完善公共卫生体系,加强卫生防疫与监督。1911 年 1 月,日本临时鼠疫预防局制定了周详的鼠疫防疫办法与检疫措施,在全国各主要城市与涉外港口城市进行严格的卫生防疫检查,尤其是外国人聚集的社区被纳入重点监控范围。另一方面,强化海关检验检疫制度。以

---

① 宣统政纪:卷 51[M]//清实录:第 60 册.北京:中华书局,1987:918.
② 防疫亏款协拨到奉[N].盛京时报,1911 - 06 - 01(1367).
③ 奉天全省防疫总局.东三省疫事报告书[M]//李文海,夏明方,朱浒.中国荒政书集成:第 12 册.天津:天津古籍出版社,2010:8197.

横滨港(よこはまし)为例,从 1896 年至 1909 年,共有 16 艘鼠疫船舶停靠过境,有的是因为船员罹患鼠疫,有的是因为乘客罹患鼠疫。这些船主要来自中国的香港、上海、基隆、打狗(今高雄)以及印度的加尔各答等地。鼠疫发生后,横滨采取了封锁港口交通、清除老鼠、焚烧感染区建筑物、召开卫生对策会议以及设立隔离病院等措施。① 1902—1909 年,横滨腺鼠疫具体情况如表 2-6 所示。

表 2-6　1902—1909 年横滨腺鼠疫具体状况统计表

单位:人

时间	患者	死者	感染路径
1902 年 9 月 29 日—10 月 28 日	7	5	棉花
1903 年 5 月 12 日—11 月 22 日	49	41	米谷、船尘
1907 年 5 月 20 日—8 月 9 日	19	18	米谷
1909 年 4 月 27 日—7 月 7 日	28	22	米谷

资料来源:饭岛涉.鼠疫与近代中国:卫生的制度化和社会变迁[M].朴彦,余新忠,姜滨,译.北京:社会科学文献出版社,2019:38.

日本在东北南部卫生防疫的成功,实际上是日本国内鼠疫防治经验的"制度输出"(ゆしゅつ)②,极大地振奋了日本的国民精神。日俄战争(にちろせんそう)后,箱石孝藏在《鼠疫防疫·卫生教育》一书中记录了一首"鼠(ねずみ)之歌",歌词大意是赞颂日本在东北南部鼠疫抗击行动中的胜利,正如歌词所咏唱的那样:"旅顺、奉天、辽阳的勇士战胜(せんしょう)而归,鼠疫的敌人安然返乡,死亡(たお)是无从畏惧的。"③

三、上海的应对及其特点

(一)上海的疫情

1908 年隆冬,在靠近上海港码头的租界东部区域,捕获了 49 只感染鼠疫

---

① 饭岛涉.鼠疫与近代中国:卫生的制度化和社会变迁[M].朴彦,余新忠,姜滨,译.北京:社会科学文献出版社,2019:38.
② 飯島渉.感染症の中国史:公衆衛生と東アジア[M].東京:中央公論新社,2009:68.
③ 飯島渉.感染症の中国史:公衆衛生と東アジア[M].東京:中央公論新社,2009:70.

的病鼠。租界当局唯恐鼠疫蔓延,责令各单位在主要的港埠、趸船以及人群聚集的公共场所抓捕老鼠,然后送至工部局实验室检疫。"查见鼠疫后,每日令小工在界内挨户派送捕鼠器械,捕获之鼠翌晨由该小工等收去"①,小工将这些老鼠交给工部局所雇之专门医生检验。倘若发现某区域内有感染鼠疫杆菌之病鼠,则立即派人前往该处消毒。1909 年,租界共捕获 17 364 只老鼠,其中发现感染的病鼠多达 187 只。1910 年,捕获老鼠的数量已多达 19 559 只,其中染病的老鼠多达 249 只,每月送检量与感染量的详细数据如图 2-2 所示。从病鼠的流窜区域看,其最初主要集中在租界的东部,即沿江码头一带。后来扩散至租界的北部,即越界马路以北的闸北一带。②

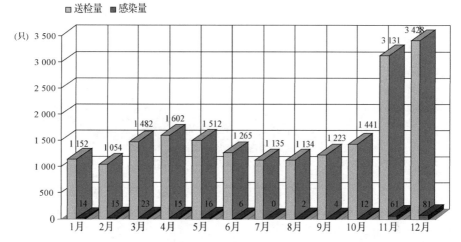

图 2-2　1910 年工部局卫生处实验室老鼠的送检量与感染量对比图

资料来源:Shanghai municipal council annual report 1910. 上海:上海市档案馆藏,宗卷号:U1-16-4689.

从图 2-2 可见,1910 年 11 月至 12 月,工部局所捕获的老鼠数量远多于往月。11 月共捕获老鼠 3 131 只,占全年捕获量的 16.01%。12 月共捕获老鼠 3 428 只,占全年捕获量的 17.53%。病鼠的数量也均高于往月,11 月共抽检出感染鼠疫杆菌的病鼠 61 只,占全年病鼠总量的 24.50%。12 月共抽检出感染鼠疫杆菌的病鼠 81 只,占全年病鼠总量的 32.53%。

公共租界划分为东区、北区、中央区、西区 4 个辖区。1910 年,工部局董事

---

①　卫生重钦主权重钦[N]. 申报,1910-11-11(13565).
②　Shanghai municipal council annual report 1910:plague riots,上海:上海市档案馆藏,宗卷号:U1-16-2628.

会(Board of Shanghai Municipal Council)拨出专款对4个辖区投入资金进行卫生防疫,共使用捕鼠夹 7 377 个,捕获并焚毁老鼠 216 874 只,毒饵投入数量为 11 364 430 个。其中,东区投入毒饵数量为 820 580 个,捕获及焚毁老鼠 60 480 只,共使用捕鼠夹 2 200 个,送检老鼠共 5 232 只,染病老鼠 9 只。北区投入毒饵数量为 3 971 420 个,捕获及焚毁老鼠 88 608 只,共使用捕鼠夹 3 033 个,送检老鼠共 8 638 只,染病老鼠 200 只。中央区投入毒饵数量为 5 895 400 个,捕获及焚毁老鼠 52 887 只,共使用捕鼠夹 1 744 个,送检老鼠共 4 100 只,染病老鼠 30 只。西区投入毒饵数量为 677 030 个,捕获及焚毁老鼠 14 899 只,共使用捕鼠夹 400 个,送检老鼠共 1 589 只,染病老鼠 10 只。①(图2-3)

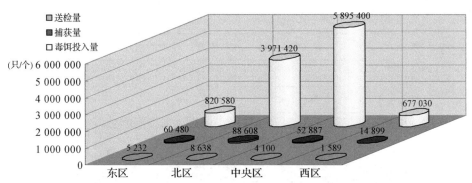

图2-3　1910年工部局各区老鼠送检量、捕获量、毒饵投入量对比图

数据来源:Shanghai municipal council annual report 1910.上海:上海市档案馆藏,宗卷号:U1-16-4689.

(二)租界的检疫

1910 年 10 月,各区送检的染疫病鼠数量逐渐增多,而且北区已经发现人疑似感染鼠疫的病例。10 月 5 日,在北区的常熟路附近发现一人死亡,初步诊断为疑似鼠疫。10 月 13 日,在北区又发现一人死于相同症状。10 月 23 日,在阿巴斯脱路(今曲阜路)的 475 号住宅内发现了一例被确诊为鼠疫的死亡病例。10 月 29 日,在常熟路 1202 号的住宅内,同样发现了一例被确诊为鼠疫的死亡病例。有鉴于东三省疫情的惨烈,租界当局责令在全区范围内进行卫生检疫,以防范疫情蔓延至上海。公共租界开始在病鼠发现数量较多的北区分片检疫,先后在源昌路(今醴陵路)、阿巴斯脱路等居民集中的社区内挨家挨户

---

① Shanghai municipal council annual report 1910.上海:上海市档案馆藏,宗卷号:U1-16-4689.

地进行鼠疫检查。"租界内近有鼠疫发现,当遭西医率同所用华人分别查验。当其查验时,遇有面黄而带病容者,即指为染患疫症,迫使入西人所设医院医治。又孩童有未种痘者,亦促令往医院布种。于是居民大为惶骇,转相告语,以被查验为受大祸。虑性命妻孥之不保。"①

民众对鼠疫恐慌的阴霾还未涤荡,巡捕及防疫人员又在进行检疫时恣意横行、蛮横无理,他们强行闯入居民家宅搜查,侵扰市民正常生活。不少瘪三也鱼目混珠,乔装打扮,敲诈勒索居民,"时复有市上无赖之徒,串同无业西人,伪充查验瘟疫人员,擅入民宅,拘捉平人,于是民心益耸"②。工部局制定了所谓的《检疫章程》,但章程条款极为严苛,大体有以下诸项内容:一是倘若有罹患者,未经呈报,一经查出,均处以疫期内每日10元以上之罚金。二是但凡卫生处医官及其他医生报告工部局能证实某病人确系传染病,工部局可命将该病人移往防疫医院。三是商号、旅馆、街道及一切公共地方者须听卫生处之洗净,否则处以50元以下之罚款,或2月之禁锢。苦工者,自知染病,却继续从事他业者,罚款100元以下或监禁2月。四是凡6个月以上之幼童或男妇均须种牛痘,以防天花,倘有幼孩之父兄伺机阻扰者,罚洋5元。五是无论何屋,每人均须匀算40平方尺(1尺≈0.33米)之地,即匀算每人在屋内有400立方尺洁净容空气之容量。如屋内容人,遇于计算之数,则屋主或管理者须担任25元以下之罚款。六是工部局如接得卫生处医生指明,何处房屋已染疫气,立须拆去,以免传染他者,该房主即须遵谕拆去,以后建造须与现行建筑房屋式相合。③

1910年11月11日,租界内各主要地区均发生了华人反抗工部局查验的群体性事件:在北山西路泰安里,工部局管理处的清道夫前往社区调查垃圾弃置情况,被当地居民怀疑是调查鼠疫,遭到殴打。后印度巡捕前去镇压,遂将相关人员解救出来,并护送至汇四巡捕房内安置。在贵州路德人里,工部局卫生处的医务工作人员前往社区内进行幼童种痘情况调查,被数百华人沿路围观,巡捕房紧急出动,将医务人员护送至巡捕房内安置。在蓬莱路、武昌路,传言工部局的药水车内装有被送去检疫的小孩子,民众群情激奋,将车夫与其他协同人员打至重伤,药水车亦被捣毁。在嘉兴路、哈尔滨路,工部局卫生处的医务人员前往调查幼童种痘情况,数百名华人麇集街道两旁,准备殴打卫生处

---

① 上海验疫风潮始末记[J]. 东方杂志. 1910(11):348.
② 上海验疫风潮始末记[J]. 东方杂志. 1910(11):348.
③ 上海验疫风潮始末记[J]. 东方杂志. 1910(11):348-349.

工作人员,后巡捕房赶到将群众驱散。此后的情势越发动荡,市面秩序不稳。租界内不少华人商铺纷纷歇业,酒肆茶坊的民众纷纷谈议此事,就连受雇于工部局的华人也人人自危。一时间租界内谣言四起、市面萧条,不少居民纷纷避祸迁徙至"南市"华界,甚至有阖家返乡者亦不在少数。①

(三)华人的自主检疫

在上海发生人传染人的鼠疫,尚属首次。大部分市民对鼠疫的危害性及防疫方法均懵懵懂懂,多数则不以为然。工部局卫生处制定的防疫措施与方法,虽从现代医学与防疫学的角度看,有其合理性的一面,但由于缺乏良好的宣传与沟通机制,以及巡捕与防疫人员在检疫期间的恣意蛮横,因此激起了在沪华人的强烈反抗。11月11日,大规模抗争风潮后,在租界的其他区域内又相继发生了类似事件,而且波及范围由公共租界向法租界扩散。此外,公共租界以卫生防疫为借口,准备进一步扩大租界区域,意图吞并闸北地区。闸北当时属于清政府管辖的华界,是上海中下层民众的主要聚居区,卫生状况不容乐观。但公共租界以北区防疫不净为由,要求进入闸北进行卫生检疫,这一做法很快招致华界商民的一致反对。两江总督端方对此蛮横主张予以严厉批驳。

1905年,公共租界发生了"大闹会审公堂案",引发了华洋间的激烈冲突,以关炯之为代表的华人绅商在风潮平息过程中扮演了重要角色。工部局董事会向华人绅商提出建议,由华人精英筹建一个足以代表最善华人意见之咨询委员会,嗣后如有要事,可由该委员会按时与工部局特设委员会聚议,以使工部局知晓华人对相关事件的"公意"。1906年2月,在沪上名士的一致推选下,成立了"华商公议会"。华商公议会铨选7位董事负责具体事务,分别是:瑞记洋行总办兼丝业会馆董事吴少卿、洋货公所董事郁屏翰、钱业会馆董事谢纶辉、四明公所董事虞洽卿、商务总会协理周金箴、商务总会董事朱葆三以及轮船招商局总办陈辉庭等。他们是华人在租界内与工部局协商的总代表。为了尽快平息纷扰,杜绝西人借口,沪上有名望的富绅、商贾准备联合起来,推行自主检疫,以期尽快恢复市面秩序。检疫风潮发生之日,华商公议会就提出"容与工部局商酌,在适中之地设立医所,凡我华人患此疫症者可进所医治,共保平安"②。

在华商公议会的倡导下,在沪的华人社团纷纷加入自主检疫的行列,主要

---

① 租界查验鼠疫之大风潮[N].申报,1910-11-12(13566).
② 沪北同人公函[N].申报,1910-11-11(13565).

有上海总商会、大清红十字会、四明公所、旅沪宁波同乡会、洋货商业会社、广肇公所等。他们纷纷捐资，一方面聘请华人医生检疫，另一方面在上海开设华人专属的隔离医院收治病患。具体承担以下职责。

一是与工部局协商，停止检疫。1910年11月11日，旅沪宁波同乡会致函工部局，认为工部局检查鼠疫一事，已引起租界各户"以讹传讹、纷起疑惧"，恳请工部局暂时停止查疫，以缓和时局。① 11月12日，洋布公会也致函工部局，婉请工部局停止查验，以免操之过切。此后，沪上其他商会团体也纷纷致函工部局卫生处，要求暂停查验。11月16日，工部局董事会在经过集体讨论后，同意接受华人商会的意见，决定在没有达成令华人满意的谅解前，不采取新的防疫措施，检疫风波就此平息。②

二是积极宣传防疫知识。上海医学团体慎食卫生会召开专场演讲会，以晓明直白的道理劝诫民众，防疫问题万不可因噎废食，仍需缜密防范。华人医师俞凤宾在大会上对鼠疫的症状、危害及防疫方法，一一巨细陈述。会长伍廷芳还在会上向民众倡导健康的生活方式，提倡积极抓捕老鼠，并劝谕接种疫苗。上海的善堂组织积极宣传防疫知识，如同仁辅元堂刊发防疫手册，并用上海话编写了"捕鼠防疫"歌谣，便于民众诵读、记忆。华人社团还充分利用报刊等舆论阵地，在沪上各大华文报纸上开设防疫知识专栏，并辅之以时评、来函、闲谈、汤头歌等告知民众如何防疫。

三是与工部局合作，由中西商董会协商进行检疫。工部局提出由上海商务总会选举华人董事，成立专门委员会与工部局卫生处合作，对防疫条款与措施进行协商，以期尽快着手防疫。该委员会由商务总会总理周晋镳、中国通商银行总董沈敦和、四明公所董事虞洽卿、延昌恒丝厂经理杨信之、沪宁铁路管理局总办钟文耀等人组成。1910年11月18日，中西商董在工部局召开协商会议，原则上认同工部局1903年颁布的传染病防治办法，仅对其中部分条款进行修改，并制定了周详的检疫方案。

四是华人自主检疫与筹建华人防疫医院。与工部局充分协商后，中西双方达成协议，于1910年11月23日起由华人自主检疫。起初，中方没有选出合适的西医人选，遂由工部局卫生处之华医与外籍女医生2人暂时担任检疫。每次进入社区检疫，宁波同乡会的工作人员会先对居民进行解释、劝导，经居

---

① 租界查验鼠疫之大风潮[N].申报,1910-11-12(13566).
② 上海市档案馆.工部局董事会会议录：第17册[M].上海：上海古籍出版社,2001：694-695.

民同意后,方可进门查勘。11月28日,中国公立医院成立后,医院选派王培元、侯光迪、史惠敦、缪颂懋等"精于西医华人",偕同外籍女医生4人,挨户查验,仍由宁波同乡会的工作人员先行劝导居民,"居民均极欢迎,任从细查,并无他语"①。为了防止假冒之徒,工作人员均佩戴中国公立医院的特殊铜章,以示醒目。

华董深感建立华人防疫医院的重要性。在检疫风潮过后,遂集资5 000元,"聘请精明中西医理之华员数人,择一相宜之地创设临时医院",但凡检疫时发现有罹患之民众,劝其入院治疗。此外,华人亦可自行前往医院验视,倘若有疫,可留院医治。无病者发给凭证,可做应验证据。② 上海商务总会与绅商一致决定,由沈敦和主持华人防疫医院的筹备工作。沈敦和,浙江宁波人,早年留学英国剑桥大学,归国后受两江总督刘坤一的赏识,后步入仕途。他以筹办洋务闻名,涉外经验丰富。1904年3月3日,他与盛宣怀、曾铸、施则敬等人在上海英租界仁济堂内倡议建立东三省红十字普济善会,以解救身受日俄战争之苦的中国民众。3月10日,由中、美、英、法、德等5国人士在工部局召开会议,商讨成立"上海万国红十字支会",这标志着中国红十字会的诞生。1910年,在商约大臣吕海寰、盛宣怀等人的一再陈奏下,清政府准予筹设"大清帝国红十字会",并任命盛宣怀为会长。这一决定旋即遭到以沈敦和为首的上海万国红十字支会的抵制,双方僵持不下。是年11月,上海检疫风潮爆发,沈敦和积极奔走呼号,筹集善款,为华人防疫医院的建立呕心沥血。11月15日,江苏巡抚与上海道台代表清政府,对华人自设医院的做法甚为赞妥,准拨江海关税银1万两,以资接济。在沪上各界的积极努力下,中国公立医院终于在宝山县境北的河南路天通庵蜀商公所的西首补萝居花园(今西江湾路花园路西)内正式成立。各界一致推戴沈敦和主持中国公立医院的日常事务及华人的防疫工作,此议深得工部局赞赏。医院以专治鼠疫、天花、猩红热等传染病为主,是中国人在上海最早创办的传染病专科医院。③ 医院成立后,沪上各业绅商慷慨捐赠,并共襄善举。为了感谢民众对慈善事业的关心与帮助,医院还将所有善心人士"刊印捐册",以示垂范。④

---

① 中国公立医院检查鼠疫情形[N]. 申报,1910-11-26(13580).
② 三志租界查验鼠疫之大恐慌[N]. 申报,1910-11-14(13568).
③ 张明岛,邵浩奇. 上海卫生志[M]. 上海:上海社会科学院出版社,1998:21.
④ 中国公立医院再告各业诸公均鉴[N]. 申报,1910-12-01(13585).

(四)上海应对的特点

东三省鼠疫的惨剧给上海带来了深刻的影响,沪上各界深知检疫的重要性,对检疫本身也纷纷赞同。工部局的蛮横做法,以及借机吞并华界的野心昭然若揭。这场检疫风波已经由单纯的公共卫生事件纠纷转变为争取防疫权、人权等的主权斗争,上升为政治运动。在华人精英的襄助下,检疫风波就此平息,但它却给中国人敲响了警钟,中国人强烈意识到建立近代公共卫生防疫体系的重要性与紧迫性。

此后,沪上各界绅商及社会贤达纷纷投身于公共卫生救济与慈善事业,民众逐渐意识到日常卫生的重要性,在潜移默化中改变了以往浅陋的卫生习惯,卫生面貌焕然一新。检疫风波发生时正值南方各地掀起晚清自治运动。上海工商界通过这场检疫风波,进一步扩大了社会影响力与凝聚力,绅商也成为公共事务管理中不可或缺的一部分,对上海资产阶级力量的壮大与发展具有举足轻重的作用。在舆论的一片谴责与呼声中,清政府治下的华界开始注重城市公共卫生体系的建设,尤其是构建自主的近代卫生防疫系统。这对中国公共卫生事业的发展,具有历史性的推动作用。

(五)上海与其他各方应对的比较

与1894年粤港鼠疫的应对机制不同,在应对1910年的鼠疫时,各方均表现出了积极、务实的态度。按照公共危机管理理论,各职能机构在应对公共卫生事件时,应当遵循"统一领导、分级负责、明确职责、反应及时、措施果断、整合资源、信息共享、加强协作、公众参与"等原则,从而实现卫生医疗救援的社会化、急救的网络化、抢救的现场化,以期最大限度地减少和控制公共事件导致的危害,提高抢救率,降低死亡率、伤残率等。

在应对东北鼠疫时,以伍连德为代表的中方医务工作者与日方、俄方、英方等医务工作者进行了紧密而富有成效的合作,通过发挥社会动员机制与信息通报机制的作用,实现了各方在公共卫生事件中的信息交流、对话筹商、伙伴协作等的有序开展,使事件得以尽快平复。香港与日本有感于1894年鼠疫风潮的前车之鉴,在疫情之初,就快速、及时地建立起了一套严密的疫情申报与卫生防疫体系,在实践过程中发挥出了巨大的作用,从而有效地阻隔了疫情的传入。上海的应对机制颇为积极有效。租界当局在疫情发生之初,就实施了抵御瘟疫事件的联动机制,从制度层面上确立了有效的保障。华界的行动虽相对滞后,却孕育出了以商会为主导的抗疫力量,展现了民间组织在晚清社会中所能发挥的巨大作用,推动了中国卫生防疫制度的近代化进程。不可否认,在各方应对鼠疫的过程中,以政治目的为主导的各方利益之争贯穿了危机事件的始终,从而引发了不同利益主体之间潜在的博弈与角逐,这与近代中国的社会性质与政治生态环境是密不可分的。

第三节　近代江南公共卫生体系的构建

"卫生"一词最早见之于《庄子·庚桑楚》,南荣趎曰:"若趎之闻大道,譬犹饮药以加病也,趎愿闻卫生之经而已矣。"此处"卫生"意为生活起居需细心调理。近代卫生观念渐兴于西方,后传入东亚。明治维新之际,日本国内等主张开国的进步人士在游历欧洲后认为,东方人的生活环境与卫生状况远落后于西方,强烈意识到应改善日本的公共卫生状况。日本留洋学者遂用汉词语"衛生"(えいせい)代指近代卫生观念,并将其作为文明社会的新事物引入东瀛。此后,"卫生"一词又被中国人直接从日语中借回。

近代西方的"卫生"(Hygiene)观念,核心在于构建全社会的"公共卫生"系统,英语称之为"Public Health",中文则援引日语词语"公衆衛生"(こうしゅうえいせい)。所谓公共卫生,关系的是一个国家或一个地区的民众健康的公众事业,即通过社区资源,提供并使用预防医学、身体保健、环境卫生、社会科学等技术,为公众提供预防疾病和促进健康服务的相关事业。现代公共卫生体系建设采取的是"三级预防"的措施。第一级预防(Primary Prevention),又称"病因预防"(Causal Prophylaxis),即通过疾病发生的生物、物理、化学、心理、社会等多种因素,提出综合性防疫措施,以减少生产、生活环境中可能存在的致病因素。第二级预防(Secondary Prevention),又称"临床前期预防"(Preclinical Prophylaxis),即在疾病尚处于临床前期时所做的早期发现、早期诊断与早期治疗的预防措施,尤其对传染性疾病的防控显得尤为重要。第三级预防(Tertiary Prevention),又称"临床预防"(Clinical Prophylaxis),即着力于社会公众的康复,力求减轻疾病的不良后果,对患者及时有效地采取治疗措施,以防止后续并发症、后遗症等情况出现。[①]

公共卫生的概念传入中国后,并非承平风顺。首要之冲,便是面临"中医"

---

① 仲来福.卫生学[M].6版.北京:人民卫生出版社,2004:236-237.

与"西医"的长期争论。光绪年间,江南著名中医学家、常州府江阴县人丁福保在其编纂的《丁氏医学丛书》中对中医与西医之争,有翔实记载:"西方鸿宝,来贡神州,我国民应若何欢迎而拜受之也!奈何一孔之医,斥为未达,墨守旧法,甘为井蛙,坐令病夫盈国,死亡接踵,伤心惨目,有如是耶?"①即便如此,具有近代性(Modernity)的公共卫生体系与防疫体系的构建,依旧在中国艰难前行,并在清末民初之际,成为社会精英救国的方略之一。

一、近代公共卫生观念的东渐

(一)近代公共卫生观念的产生

近代公共卫生的观念源于17—18世纪欧洲兴起的启蒙运动,脱胎于中世纪神学医术与巫术,是第一次工业革命与宗教改革后除魅现象(Disenchantment)的产物,主要涵盖三个方面的内容。

一是身体观念与洁净观的变化。1628年,英国医学家威廉·哈维(William Harvey)首次发现并论证了生物体内的血液循环系统(Circulatory System),为近代医学的发展提供了契机。此后,解剖学(Anatomy)、病理学(Pathology)、内科学(Internal Medicine)、药学(Pharmacy)、外科学(Surgery)等相关分支学科渐兴,开启了人类系统地研究自身的历史,人类逐渐认识到"身体是可以被外力控制、被引导、被各种技术介入以调治的"。

法国医学史家乔治·维伽雷罗(Georges Vigarello)在其所著的《清洁的观念:中世纪以来法国人态度的转变》中认为,在18世纪工业革命的推动下,新兴市民阶层与资产阶级开始注重自身健康,对工业污染带来的身体污垢、疾病等状况十分关注。②乔治·维伽雷罗还认为,工业革命后的资产阶级已经普遍认同"净化、消毒、杀菌应当是预防疾病的标准性生活习惯"③。这一观念的兴起,直接影响了18世纪以来都市公共卫生发展的方向,为市民与社区卫生环境的构建提供了基础。

二是城市公共卫生的发展。18世纪法国著名的化学家安托万-洛朗·德·

---

① 陈邦贤.中国医学史[M].北京:团结出版社,2006:251.
② VIGARELLO G. Concepts of cleanliness: changing attitudes in France since the middle ages[M]. Cambridge University Press, 2008.
③ VIGARELLO G. Histoire de la beauté: le corps et l'art d'embellir de la renaissance à nos jours[M]. Paris:Seuil, 2004.

拉瓦锡(Antoine-Laurent de Lavoisier)经过多年的研究,成功将氧气从空气中分离出来,并且论证了空气中的燃烧现象。他先后于1777年和1778年发表了《燃烧概论》(Sur la combustion en général)、《酸性概论》(Considérations générales sur la nature des acides),推动了近代化学工业的发展。化学工业学科的产生,促进了环境工程学科的兴起与发展。18世纪末,法国政府延聘拉瓦锡用特殊研制的化学品来清除巴黎地下水渠中的臭味,推动了城市公共卫生事业的发展。

19世纪初,随着大工业生产的扩张,伦敦、巴黎这些大城市开始聚集众多的外来务工人员,使得原有的城市建设与公共服务设施不堪重负,市民阶层与新兴的资产阶级对城市污染与环境恶化等诸多社会问题深恶痛绝,他们强烈要求当局采取必要的措施,改善日益恶化的城市环境。此外,在欧洲大陆蔓延的流感、霍乱等传染性疾病,使得城市居民对改进城市公共卫生系统的呼声日益高涨。为此,法国政府在各大都市增设了卫生督察(Police Sanitaire),用于监督日常的城市卫生,并投入巨资扩建、改造城市下水道系统(Sanitary Sewer),对"臭气"(Miasma)进行集中治理。此后,西欧诸国纷纷效仿,并将城市公共卫生体系的建设列为政府重要的职责之一。

三是国家体系下医疗卫生制度的建立。19世纪30年代,在欧洲大陆上蔓延的霍乱疫情加深了政府对建立公共卫生体系的重视程度。西欧的一些医学家与防疫学家开始疾呼需要改变城市中恶化的环境,并向议会提议在有条件的城市或人群中开展牛痘等疫苗的接种工作,旋即得到了政府部门与皇家科学院等机构的一致赞同。19世纪中叶,英国率先建立了国家公共卫生制度(National Public Health System)。法、德等发达资本主义国家将国家公共卫生制度的推进与解决社会贫困化(Social Pauperization)问题紧密联系。他们认为,社会贫困化是卫生条件恶劣、传染病高发的重要因素,尤其是第二次工业革命时期,城市化水平进一步提升,贫富差距进一步拉大,城市的环境更令人担忧。

为了改变这一状况,法国政府将政治权威与卫生制度体系的建立结合在一起,成立了卫生议会(Conseil de Salubrité),从而构建了一个全国性的官僚医疗体系。与此同时,英国也改组已有的医疗卫生机构,组建了国家卫生局(National Board of Health),负责民众的卫生医疗事业。日本明治政府也效仿欧美,于明治6年(1873)成立了"内务省"(ないむしょう),负责国内地方行政、工程建设与卫生医疗等事务。为了进一步强化对卫生防疫制度的落实与监管,政府在内务省下添设了"衛生局"(えいせいきょく)负责具体事务,"衛生局"内设有书记室、保险课、预防课、防疫课、医务课等职能部门。因此,日本是亚洲率先建立国家医疗卫生制度的国家。

(二)近代公共卫生观念的传入

晚清以前,中国的公共卫生机制大体因袭明代,在宫闱内设置太医院,负责皇帝与王公大臣的医疗保健。民间在大疫肆虐之时,设置惠民药局,施舍药品,解救黎民。清代江南的民间救助机制,主要依靠乐善好施的士绅所筹建的善会与善堂组织。在医疗资源十分匮乏的乡村,每逢疾患,乡民习惯于采用祈禳等方式祈求神灵庇佑,迨至清末概莫能外,"(松江府华亭县)信鬼好祀,至今为然,而乡落为甚,疾病专事祷祈,有破产伤生而不悔者"①。

晚清国门洞开之后,近代西方的公共卫生观念旋即传入我国。最先由西方传教士与外籍洋商以保障本国侨民健康为由,在通商口岸与租界地内设置医院、诊所等医疗机构,救治的对象也大多为外国侨民。此后,皈依基督教的中国信众也多改易洋医诊疗。据史料记载,目前所知最早在华设立的西式诊所开设于澳门。1820年,英国传教士马礼逊(Robert Morrison)在澳门开设了一家眼科诊所。这家诊所是马礼逊与东印度公司所聘的一位医生李文斯顿(John Livingston)共同创立的,不只为在澳外籍水手与商人看病,对于中国穷苦病人也一体施诊,并兼看其他疾病,深受当地民众欢迎。五口通商开埠后,外国传教士将西医传至东南沿海等地,并在上海、宁波等地开设诊所、医院等。此后的中英《南京条约》(Treaty of Nanking)、中法《黄埔条约》(Treaty of Whampoa)、中美《望厦条约》(Treaty of Wanghia)等,均申明外国传教士有在华设立医院、教堂、永久坟场等特权。据学者统计,当时中国有注册记录的西医医院约10所;1898年,增至61所;1915年则达到330所。② 为了培养西医从业人员与相关技术人才,西方教会开始在中国内地设立西医专门学校。1866年,第一所正式的西医专门学校"博济医学堂"由传教士嘉约翰在广州创办。1879年,博济医学堂易名为博济医院南华医学校,为今中山大学中山医学院的前身。1898年,嘉约翰又在广州成立了第一所专科医院,即惠爱医院,主要收治患有精神疾病的患者。

---

① (光绪)重修华亭县志:卷23[M]//中国地方志集成:上海府县志辑4.上海:上海书店出版社,1991:767.

② 赵洪钧.近代中西医论争史[M].合肥:安徽科学技术出版社,1989:31-32.

中国人对西医与西式医疗技术的认知,经历了"相互排斥、中西之争、中西汇通"三个阶段。在西医刚传入中国时,强调"气血调理,经络祛瘀"的中医从业者对西医在外科方面的治疗手段,尤其是在外科手术方面,厉声斥责、不以为然。1894年发生在粤、港、沪等地的鼠疫,是晚清时期规模较大的一次公共卫生危机。中医与西医在瘟疫蔓延时都投入了最大的物力与人力资源,是近代史上中西医正面博弈与交锋的重大事件。广州基本采用的是传统中医防疫方法,城内的中医大夫"各自为政",缺乏统一、协调、有效的防疫手段,使得交叉感染的情况十分严重,防疫措施收效甚微,死亡人数急剧攀升。香港采取的是西医防疫方法,在港英政府洁净局的强制隔离与药物治疗下,疫情得到了有效的控制。但是港英当局在防疫过程中采取了区别对待、蛮横无理、突击扰民等方式,激起了华人社会的强烈反抗,"忽有太平山东街居民手持呈词入院诉称,查搜屋宇人员突如其来,致惊吓小孩,实为不便,恳官于此事留意"①。这次事件过后,中西医在卫生防疫领域的区别,一目了然。中医的防疫手段明显滞后于西医,给普通民众与精英知识分子等均带来了极大的心理冲击,"褒西贬中""废中存西"的观点一时间在社会舆论中竞相云涌。

宣统初年,支持中医的派别与支持西医的派别还在《大公报》《醒华日报》《民兴报》等近代传媒阵地上,就中医存废问题进行了激烈的公开争锋。尤其是宣统二年(1910)发生在东三省的肺鼠疫急剧扩散至华北,使得清政府的官员与不少开明人士对中医妄传方药、任意措置等弊病加以指责,中西医对立派之间的矛盾深根宁极。1911年2月9日,名为"斯"的作者撰写的《对于防疫会之感言》②,揭露了天津一个庸医用猫尿治疗鼠疫的偏方,引发舆论的一片哗然。2月13日,《大公报》刊登了《爱己身爱众人的请看》一文,文中对天津这个庸医的无稽药方进行了猛烈抨击,并用嘲讽的口吻说:"不妨叫医家多多的进去点,多死几个,也就可以明白了。"③支持中医的人士义正辞严地站出来大声疾呼:"中国之医生诚然品类不齐,然不能谓千百医中无三五可用者也,中国医书诚有迂腐无当处,然舍其短取其长亦多有切于实用者,未可剧云可废也。"④此后,中西医之争愈演愈烈。

更多的有识之士则主张,与其喋喋不休地无谓争执,还不如中西汇通,均

---

① 香港疫信[N].申报,1894-06-02(7583).
② 对于防疫会之感言[N].大公报,1911-02-09.
③ 爱己身爱众人的请看[N].大公报,1911-02-13.
④ 爱己身爱众人的请看[N].大公报,1911-02-13.

为齐用。在医疗实践中,许多医家逐渐接受并采用中西医结合的诊疗方法。苏州的中医界就涌现出了中西汇通派,堪称中西医交融的代表,尤以顾福如最为著名。顾福如,字培吴,别号聋老人,生于光绪十六年(1890),其父是苏州城内远近驰名的中医。顾福如早年应举,得秀才功名。科举考试废止后,随父亲改学岐黄之术,后来考入东吴大学医学院,跟从柏乐文、成颂文等学西医。此后,顾福如在苏州开起了西医诊疗所,兼用中西医治之法,悬壶济世。开诊不久即声名鹊起,就诊者络绎不绝。

总体而言,在历经数次重大公共卫生事件冲击后,晚清社会对近代公共卫生的认知悄然发生转变,经历了"由浅入深、由表及里、由斥到融"的发展过程。近代公共卫生观念作为西学思想文化的一部分,逐渐成为近代中国社会的有机组成部分,是近代社会变迁的必然产物。

二、近代公共卫生体系的建立

(一)教会的公共卫生系统

江南作为近代中国对外交流的重要窗口,很早就出现了传教士兴办的西式医院与诊所。为了渗透中国,英国伦敦的新教教会、美国的圣公会、法国的天主教耶稣会等先后来上海借医传教,为基督教会在江南地区开展传教活动创造条件,主要活动有开办诊所、医院,布施惠民,兴办医护学校、医学堂,翻译并出版西医著作等。

道光二十四年(1844),英国伦敦教会的雒魏林率先在上海创办了仁济医馆,1846 年改名为仁济医院(Renji Hospital),它是晚清在沪西人兴办的医院中影响较大的一家,开馆仅两年,就收治各类患者多达 1.9 万人次。① 雒魏林不仅是传教士,而且是出色的眼科大夫,其精湛的眼科诊疗技术深受上海市民的追捧。1862 年,雒魏林在英国公使馆的帮助下,在北京创办医院,后成为今日北京协和医院的前身。1863 年回国后,雒魏林撰写了《在华行医传教二十年》(*The Medical Missionary in China:A Narrative of Twenty Years' Experience*:1811 - 1896),记录其在华传教与行医的历程。晚清著名思想家、苏州人王韬在其所撰的《瀛壖杂志》一书中,对仁济医馆医生的医术颇为赞誉:"施医院,即今仁济医馆也。与墨海毗连,专治华人疾病。主其事者,为西医雒颉,称刀圭精手。

---

① 彭善民. 公共卫生与上海都市文明:1898—1949 [M]. 上海:上海人民出版社,2007:33.

西人于医学最严,必先于其国中考证无讹,然后出试其技,惧以疏庸杀人也。雒君尤精于眼科,藏有空青数枚,光滑如鹅卵,摇之中有水声。他如痈疽恶疡、跌折损伤,治之多立愈。"① 王韬还对雒魏林治愈其多年的足疾深表感谢。晚清学者、杭州人葛元煦在其所撰的《沪游杂记》一书中,对仁济医院医生高超的医术同样颇为赞叹:"(仁济医馆)断肢能续小神通,三指回春恐未工。倘使华陀(佗)生此日,不嫌劈脑治头风。"②

仁济医院创办之后,其他各国传教士纷纷在江南创立各自的医院,较为著名的有同仁医院、公济医院、妇孺医院、宝隆医院等。光绪初年,英格兰国教会、美国圣公会、加拿大圣公会等多国教派在上海成立了圣公宗教联合社团,称为"中华圣公会"(Anglican-Episcopal Church)。中华圣公会在江南等地广泛出资开办医院,如上海同仁医院、上海爱文义路(Avenue Road)广仁医院、无锡普仁医院、常熟福仁医院、杭州广济医院、宁波仁泽医院、慈溪保黎医院、临海恩泽医院等。此外,美国监理会传教士蓝华德(Walter Russell Lambuth)、柏乐文(William Hector Park)来到苏州教区,一边传教,一边行医。他们购置了城东天赐庄 7 亩(1 亩≈666.6 平方米)地,于光绪九年(1883)创办了苏州博习医院(Soochow Hospital)。医院分设内诊室、内科病房、外科病房、手术室等科室,设有病床 30 张。外国各教会"在华设立之施诊所颇多,正式医院则仅设于沿海四埠耳。自上海至北京两千余里之内地,迄无一正式医院",博习医院的创立"实为嚆矢"。③ 为了将西方的医学引介至中国,江南制造局翻译馆与传教士合作,编译了《儒门医学》《西药大成》《内科理法》《居宅卫生》《延年益寿论》等著作。

(二)租界的公共卫生系统

上海、宁波等通商口岸开埠后,大量的外国人涌入租界。为了改善租界的生存环境,租界当局着手大规模的城市改造,其中,城市公共卫生设施的建设无疑是重要内容。开埠之初的租界及其周边地域,到处是肮脏的街道、污秽的沟渠,以及杂乱无章的低矮贫民窟,卫生环境十分恶劣;而且缺乏干净的水源,食洗日用、污水排放往往混在一起,这对于来自西方"文明社会"的外国人而言是绝对无法忍受的。在西方上流阶层的呼吁下,租界当局成立了专门的卫生

---

① 王韬. 瀛壖杂志[M]. 上海:上海古籍出版社,1989:119.
② 葛元煦. 沪游杂记[M]. 上海:上海古籍出版社,1989:58.
③ 中华监理公会年议会五十周年纪念刊[M]. 1935:71 - 72.

管理机构对租界卫生进行整治。

1861年9月,英美公共租界的管理机构即工部局董事会委任詹姆斯·卡莱尔(James Carlisle)为卫生稽查员,专门管理租界的卫生事务。1862年,工部局设立了粪秽股,配备一名卫生稽查员,即约翰·豪斯(John House),负责租界内垃圾清运等环境清洁工作。1869年,基尔(Kiel)被任命为菜场稽查员,负责租界内菜场所出售的副食品,特别是肉禽类产品的卫生稽查。据1871年出版的《工部局年报》,仅1870年工部局在卫生方面所投入的经费就多达1.5万两。① 1870年,工部局董事会委任开业医生亨德森(Henderson)为第一任工部局兼职卫生官,此后渐为定例。亨德森不仅扩充了原有的卫生人员编制,还专门开设了一个牛痘疫苗接种门诊部以及一所性病医院,主要负责租界内居民的疫苗接种与罹患性病的妓女和外侨的诊疗工作。1893年,工部局进行机构改革,正式成立了卫生委员会,该委员会由卫生官、卫生稽查员、工程师、总巡捕等人员构成,是一个负责公共租界内日常卫生、医疗以及重大公共卫生事件的管理机构,在应对晚清上海的两次鼠疫风潮期间发挥了重要作用。

1858年,在法租界隶属公共租界时,曾由租界巡捕房延聘法国海军军医成立上海医务处,负责巡捕的医疗事务。1862年,法租界脱离公共租界,成立了法租界公董局(Conseil D'Administration Municipale de la Concession Française de Changhai, Municipalité Française)。公董局成立后,医务处划归市政总理处管辖,管理公董局雇员的医疗事务。1894年,医务处脱离市政总理处独立,负责整个公董局人员的医务工作。1896年,医务处进行扩编,附设卫生队,不过卫生队只在夏季卫生事业相对繁重的情况下开展相关业务。② 1897年11月,公董局与记洛兽马医生订约,由其负责包办法租界的卫生事务。水源方面,新铺设的自来水管道及水源化验则由公共租界工部局卫生试验所承担。1905年2月,公董局成立了宰牲场,负责法租界内肉类与副食品的监管,并公布了《卫生兽医处组织法》。9月1日,法租界卫生兽医处正式工作,并由巴治好担任处长。③

租界当局构建的公共卫生系统,虽然是为了保障在沪侨民的身体健康,但客观上改善了上海开埠前混乱的卫生状况。《申报》评论道:"上海各租界之

---

① Shanghai municipal council annual report 1871. 上海:上海市档案馆藏,宗卷号:U1-16-227.

② 史梅定主编. 上海租界志[M]. 上海:上海社会科学院出版社,2001:236.

③ 史梅定. 上海租界志[M]. 上海:上海社会科学院出版社,2001

内,街道整齐,廊檐洁净,一切秽物亵衣,无许暴露,尘土拉杂,无许堆积;偶有遗弃秽杂等物,责成长夫巡视收拾。所以过其旁者不必为掩鼻之趋,已自得举足之便。"①黄懋才在其所著《沪游脞记》中也感慨道:"(租界)街路甚宽广,可容三四马车并驰,地上用碎石铺平,虽久雨无泥淖之患。"②这些无疑使中国人印象深刻、触动极大,华界开始探索建立自己的公共卫生系统。

(三)华界的公共卫生系统

上海华界的公共卫生系统建立时间相比于租界稍晚。据史料记载,光绪十三年(1887),上海道台在上海县城的西门外开设了沪上第一家华人西式诊所,名为普善医局。光绪三十年,上海士绅李平书在沪创办了第一家华人出资的综合性医院,即上海医院(Shanghai Hospital),这是上海第一家具有民营性质的西式医疗卫生机构。此后,由华人出资的医疗卫生机构在上海层出不穷。随着清末新政的推行与清政府官僚机构的近代化改革,华界也逐渐重视并大力推进公共卫生系统的建立。

光绪三十一年,清政府对中央行政机构进行改革,成立了巡警部。巡警部是一个集警察、民政、司法于一体的机构,共5司16科,其中5司分别为警政司、警法司、警保司、警学司、警务司。在警保司中,又分设保安科、卫生科、工筑科、营业科等4科。其中卫生科主要负责考铨医学堂之设置,考验医生给照,并署理清道、防疫,计划及审定一切卫生、保健章程。卫生科设置员外郎1人,总理科务;主事1人,办理科务;一、二、三等书记官若干人。光绪三十二年,清政府将巡警部改组为民政部,原巡警部警保司卫生科归民政部管辖,并升格为卫生司。卫生司增设保健科、检疫科、方术科等。保健科主要负责对饮食物品、江河淤道、贫民生活区域、工商业场所的卫生监管。检疫科主要负责预防传染病、种痘、海关停船检疫等。方术科主要负责考铨医生、验查稳婆、检验药品、管理医务堂等。清政府在中央一级行政机构职能的改革与调整,无疑对地方具有强烈的示范作用。

在新政改革呼声最高的江浙两省,地方政权进行了相应的设置与调整,以适应新时期公共卫生体系建立的需要。为了规范地方的行政机构改革方式,清政府颁布了新政法令,要求各省在光绪三十三年之际,"按照奏定官制通则,

---

① 租界街道清洁说[N].申报,1872-07-20(70).
② 黄懋材.沪游脞记[M]//丛书集成续编:第63册.上海:上海书店出版社,1994:163.

设巡警道一员,受本省督抚节制……巡警道应就所治地方,设立警务公所,并分四科如下:……四卫生课。掌卫生警察之事。凡清道、防疫、检查食物、屠宰、考验医务、医科及官立医院各事项皆属之"①。

在中央的示范效应下,上海华界专门成立了负责公共卫生系统的机构。当时上海华界的公共卫生机构主要有两类:一类是地方的自治卫生管理机构。1905年11月,上海成立了上海城厢内外总工程局,总工程局执行机构参事会下设警政科,警政科下设卫生、消防、巡警等三处,卫生处主要负责上海华界的卫生清道与清洁工作。1909年,在清末地方自治浪潮的席卷下,上海城厢内外总工程局改组为上海城厢内外自治公所,自治公所分设卫生、学务、道路工程等6大职能机构。一类是江苏省地方政府设置的卫生管理机构。1906年5月,江苏省责令苏淞太道在上海成立官办北市马路工巡总局,下设卫生处,专门负责捕鼠、清运垃圾、清洁道路等事项。为了更好地管理上海城区的卫生,上海城厢内外自治公所卫生处颁布了《清道清洁布告》,要求市民按律办事,维护环境卫生。卫生处还专门雇人清扫路面,负责道路清洁。对于苏州河的来往船只,责令不准肆意倾倒垃圾入河,否则一经查实,夫头究办,船只充公,以儆效尤。②

总体而言,晚清时期的上海城市化进程加快,市区人口稠密,卫生状况令人担忧。在租界在公共卫生系统建立方面作出示范后,上海华界积极效仿,投入巨资兴建城市公共卫生设施,改善环境卫生。尤其在清末新政之际,自上而下的政治改革,使得上海形成了"华洋共办、官民襄举"的近代公共卫生发展格局。虽具有明显的殖民化色彩,但仍不失其"近代性"的历史特征。这一近代社会变迁的缩影并不安稳,华洋两界围绕卫生防疫权、公共卫生管理权等诸多权力进行激烈的争锋。因此,1910—1911年在上海爆发的华洋检疫风潮,是一场围绕公共卫生主权的行使而展开的大规模博弈。

---

① 上海商务印书馆编译所.大清光绪新法令:第4册[M].上海:商务印书馆,1910:12-13.

② 彭善民.公共卫生与上海都市文明:1898—1949[M].上海:上海人民出版社,2007:99.

第三章
绅商主导的应对模式：以民国初年南汇风灾为例

近代公共危机的治理轨迹，呈现出从传统应对模式向近代应对模式转变的特点。传统的危机应对模式，是以官方为主导的单一危机应对模式，这与封建统治者的集权化统治休戚相关。近代以来，封建统治力量逐步削弱，民间社会力量逐渐崛起，以官方为主导的单一危机应对模式遭到了前所未有的冲击与挑战。一方面，政府的财政赤字进一步扩大，持续累加的对外赔款、军费开支，以及统治者的骄奢淫逸，引发了财政困局。政府无力拨出巨款赈济，官赈模式罗掘俱穷。另一方面，在民间慈善传统与晚清自治风潮的推动下，民间社会力量广泛参与各项公益事业，民间赈济的呼声与实力日益高涨，义赈渐趋兴起。外部政治环境的变化，使得危机应对模式呈现出多途径的治理格局，"官赈""义赈""教赈"并举的多途径的危机治理（Multi-Crisis Governance）格局就此形成。

多途径的危机治理，指的是危机治理构成要素（Inscape）的多样化与危机解决方式（Measure of Settlement）的多样化。从危机治理的构成要素来看，近代社会的公共危机治理呈现出三足鼎立的局面，即以官赈为主的传统危机治理的延宕，以士绅为代表的义赈治理的渐起，以及以西方传教士为主的教赈势力的擅入。这三股力量既相互合作，又相互斗争。从官赈来看，其强弱反映出统治力量的稳固与否，因此政府竭力试图维持现有的赈济格局。然而在财力不济的窘境之下，又不得不借助其他力量或途径消解危机。从义赈来看，它是士绅维持在地方社会威望、巩固现行地方政治态势的重要标志。随着晚清新政措施的实施，以士绅为主体的地方自治体系渐兴，士绅履行并承担必要的社会职责也就责无旁贷。从教赈来看，教会为了扩大在华势力与增强传教力度，稳固列强在华的权益，减少传教与殖民统治的阻碍，遂发起了以教会为主导的教赈。纵观近代历史,以教会为代表的西方力量十分热衷于赈济事务。从危机解决的途径与方式看,除了传统的蠲免、移粟、散赈、以工代赈等措施,近代赈济力量开始尝试运用现代金融手段,采取多方融资、发放债券、博彩募集、储蓄券抵押、银行借贷等多种筹措方式,从而增加了赈济的来源与渠道,提高了资金的筹措效率,推动了赈济模式的改革与创新。由此观之,多途径的危机治理格局俨然已成为近代公共危机治理的显著特征。

在南汇风灾的危机应对中,以绅商为代表的精英阶层,充分利用多途径的危机治理,使危机得以化解,从而推动了传统应对模式向近代应对模式的转型,将江南的义赈推向了新的高峰。

第一节 南汇县情与自然灾害

一、县情概况

南汇原为松江府辖县,今为上海市辖区,"处黄浦之东滨,大海之西"①,是长江三角洲冲积平原的一部分。考古资料表明,南汇在1 300年前还是一片汪洋大海。因地处长江入海口,长江水夹带的泥沙与钱塘江的泥沙淤积垒高,渐趋形成陆地。最早稽考南汇地名的史书,大致产生于隋唐时期。据《新唐书》记载,古时候在南汇境内有一条捍海塘,大约位于"宝山的盛桥、月浦经川沙的北蔡",后流经南汇的周浦与下沙一带。沧海巨变、物换星移,扬子江与钱塘江所堆积的泥沙逐渐向东南方向延伸,宋、元时期已趋具为陆地。"大海环其东南,扬子江水出海后受海潮顶托,折旋而南,与钱塘江水在此交汇"②,名曰南汇嘴。后人遂以"南汇"二字代指此片地域。

(一)建制沿革

宋元时期,南汇已渐成陆地,隶属松江府。清雍正四年(1726),因江南始终为朝廷的赋税重地,朝廷视之甚切,加之苏、松、常、太4州府的讼狱繁多,为

---

① 上海地方志办公室,上海市南汇区地方志办公室.南汇县卷:上册[M].上海:上海古籍出版社,2009:8.

② 薛振东.南汇县志[M].上海:上海人民出版社,1992:2.

了加强对江南地区的有效统治,在江苏督抚的奏请下,朝廷又析出13个县以便于节制,南汇乃其中之一。南汇县治所位于南汇嘴千户所。嘉庆十五年(1810),川沙厅从南汇县析出,共计2团10图,大约有"田荡4.67万余亩和准熟田4.66万余亩"①。此后便基本奠定了南汇的县域范围。据民国初年编撰的《南汇县续志》记载,南汇的界址大约在"东南至大泖口滨海四十里,东北至七团海岸、川沙县界五十三里"②,共计30余个乡镇,面积为681.38平方千米。③清代中期,朝廷在黄浦江与东海之间构筑了一片海塘,名曰钦塘。南汇建县以后,大致以钦塘为界,西边至黄浦江名为图区,东边至大海名为团区。《南汇县志》中所指的团图之地即谓此。(图3-1、图3-2)

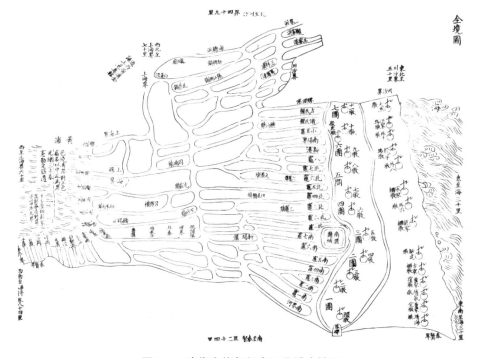

图3-1　清代光绪年间南汇县城全境图

资料来源:(光绪)南汇县志:卷首[M].清光绪五年(1879):1-2.

---

① 薛振东.南汇县志[M].上海:上海人民出版社,1992:46.
② 上海地方志办公室,上海市南汇区地方志办公室.南汇县卷:下册[M].上海:上海古籍出版社,2009:1068.
③ 薛振东.南汇县志[M].上海:上海人民出版社,1992:46.

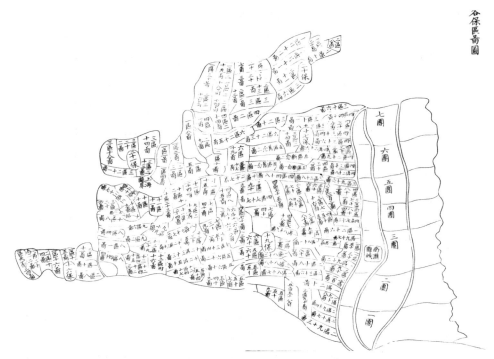

图3-2　清代光绪年间南汇所辖团图

资料来源:(光绪)南汇县志:卷首[M].清光绪五年(1879):2-3.

(二)清末民初的县情

清代光绪年间编撰的《南汇县志》记载:南汇建县之初共有差人丁44 102丁。乾隆五十五年(1790)时,造册的人口共计448 338人。同治元年(1862),全县人口有所增加,共计487 666人。宣统元年(1909),经复查户口,全县共有91 467户,406 674人。[①] 可见,清末民初之际,南汇全县人口基本保持在45万左右。全县以农业生产为主,因濒临海隅,当地不少百姓从事渔业生产,有的还从事水手工作。在农业生产中,以棉花种植面积为最大,棉纺织业为最盛,棉田是全县主要的农业生产收入与税赋来源。南汇地处沿海大陆架边缘,地质构造上以盐碱地为主,因此不适宜水稻、小麦等粮食作物的生长,全县的粮食供给大多仰赖外埠输入。

(三)商会概况

南汇地处长江入海口,濒临东海,地理位置优越,自古以来就是南北海运

---

① 薛振东.南汇县志[M].上海:上海人民出版社,1992:113.

的枢纽港口。清代道咸年间,运河日渐淤塞,漕粮的运输逐渐由河运向海运转变。南汇、乍浦、吴淞等沿海港口承担了全国漕粮及南北物资运输的中转功能,商贸活动渐趋频繁。尤其是近代以来,随着上海的开埠通商,南汇日渐成为东南沿海重要的对外商贸港口,工商业发展迅速。

据《南汇县续志》记载,早在光绪三十二年(1906),南汇的周浦镇就筹建了商会,在周浦绅商张之彝与葛学文的大力倡导下,经南汇县呈准开办。商会选举总理1人,会董16人,并将事务所设于南汇县城中市大街万缘堂内。宣统年间,在晚清自治浪潮的影响下,为了保障南汇商人的权益,南汇所辖诸乡镇的绅商不仅纷纷设立商会,而且筹建商团、民团等地方武装,商会在南汇政治生活中扮演着重要角色。清末新政以后,在江苏各地实业救国的呼声之下,南汇绅商周昌寅禀报江苏省工商务局,筹建了"江苏南汇县商务分会",该商会隶属上海总商会,是南汇历史上第一个区域性总商会。① 商会不仅颁布了商会章程,协调南汇全县工商行业的布局与发展,还努力开拓在上海的各项业务。商会会员除了进行日常的商务活动,也积极投身于南汇的义学、灾荒赈济、慈善募捐等地方公益事业,成为日后南汇义赈的主力军。

商团的建立是南汇商会力量增强的重要标志。南汇地处江浙两省交界之处,自古为海防要冲,是沟通南北海运航路的重要管道,每年大小商船往来如织。元代以后,江南的部分漕粮已能由海运运抵大都,南汇成为江浙两省运输漕粮的主要港口。明代后期,东南沿海倭寇侵扰频仍。南汇旋即成为明代东南沿海重要的海防基地,不仅驻有抗倭兵勇,还添置了水勇、兵船,在近海防区巡逻、警戒。清代乾嘉时期,南北商船往来频繁,因海陆相连之处大多为滩涂,倘若遭遇恶劣天气,商船只能暂避于外海。不少百姓借机哄抢商船,以致商船主蒙受巨大损失。虽然南汇官衙也曾大力惩治商船被劫事件,捕获不少案犯,却始终屡禁不止,甚为烦扰。同光年间,随着上海的开埠通商,南汇作为东南沿海商贸要冲的地理区位愈发显要。为了营造稳定的商业环境,切实保护往来商船的安全,南汇各埠口设立了保商公所,官府还专门遣派差丁驻防,使得哄抢商船的事件有所减少。清末,南汇商会的势力日渐强劲,基于外部政治环境的宽松,南汇商会遂招徕兵弁,组成商团武装。为了增强商团武装的实力,商会还聘请上海教官训练当地武装。

---

① 上海地方志办公室,上海市南汇区地方志办公室.南汇县卷:下册[M].上海:上海古籍出版社,2009:1120.

二、自然灾害

南汇属于"北亚热带南缘的季风气候,处于东亚季风盛行地区,受冷暖空气交替的影响较大"①,四季气候差异较大,昼夜温差悬殊,加之临海的地理区位,极易发生自然灾害。南汇地处长江三角洲前缘南翼的滨海平原,东临大海,西倚黄浦江,县内除少量丘陵地带外,大部分是一马平川的滩涂。全县的地质构造以软层泥沙为主,极易遭受河流与潮汐的自然作用的影响。明清以后,随着人口的剧增与人们活动范围的扩展,大量的滩涂被开垦,导致天然的湿地植被惨遭破坏,水土流失严重。一遇大的潮灾与风灾,全县河流水位顷刻暴涨,河床抬升速度极快,给农业生产与日常生活造成巨大灾难。

(一)水灾

从水文系统看,南汇属于黄浦江水系,是太湖水系的支脉。全县河网密布,河道纵横交错,水运交通十分发达。南汇地处沿海,地层多为潜水的含水层,当降水量较大或海潮水位上升之时,全县主干河流往往会泛滥成灾。除降水量和海潮的影响外,台风也是促成南汇水灾的重要动因。历史上,南汇春季多因普降大雨而引发水灾,夏季则因飓风为患而引发水灾。南汇自建县伊始,就十分重视水利事业的发展。历代官府都组织民工开挖河渠、疏浚水道、构筑堤坝、建设水闸等。

据统计,"自1301年(元大德五年)至1726年(清雍正四年)本县建县时止,前后426年中,本县共发生水灾89次"②,大概平均5年就发生一次。笔者整理了南汇地方志所载元代、清代发生水灾较频繁的月份,发现发生在六月的水灾共有5次,占总数的26.3%。发生在七月的水灾共有8次,占总数的42.1%。发生在八月的共有2次,占总数的11.1%。其余月份共有4次,占总数的20.5%。可见,从发生的时间段看,南汇水灾多发生在七月。从水灾成因上看,飓风造成的水灾共有10次,占总数的55.6%。骤雨所造成的水灾共有9次,约占总数的44%。南汇历史上较为严重的水灾,多发生在七月间,且多由飓风所致。此外,风雨叠加的情形亦不在少数。(表3-1)

---

① 薛振东.南汇县志[M].上海:上海人民出版社,1992:63.
② 薛振东.南汇县志[M].上海:上海人民出版社,1992:63.

表 3-1　南汇历史上较为严重的水灾情况（1301—1911 年）

年份	月份	灾因	灾况
元大德五年（1301）	七月	飓风	海溢,潮高数丈,坏民庐舍
明洪武十一年（1378）	七月	骤雨	海溢,民多溺死
明永乐二年（1404）	六月	骤雨	农舍被淹没千余家,田为咸潮所浸,禾苗枯死
明正统七年（1442）	七月	飓风	海潮涌涨,整个村庄被淹没
明成化八年（1472）	七月	飓风	海溢,淹死万余人
明弘治十二年（1499）	九月	骤雨	大雨弥月,很多屋庐人畜被淹没
明万历三年（1575）	五月	飓风	海溢,海塘被冲坏,庐舍被淹,数百人被淹死
明万历十年（1582）	七月	骤雨	海溢,潮过护塘丈余,人畜被淹死无数
明万历十九年（1591）	六月	骤雨	大雨彻昼夜,平均水深二尺有余,房屋被淹无数
清顺治十一年（1654）	六月	骤雨	大风雨,海溢,房舍被淹,人畜被淹无数
清康熙九年（1670）	五月	飓风	骤雨暴风,拔木倒屋,大水暴涨,海潮侵袭
清康熙三十五年（1696）	六月	飓风	海溢,海潮淹没盐场,被淹死人遍地可见
清雍正二年（1724）	七月	飓风	海溢,海塘冲坏,团灶田庐被淹
清乾隆十二年（1747）	七月	飓风	海溢,田禾被淹没,人被淹死
清乾隆四十六年（1781）	六月	骤雨	大风雨,海溢,房屋树木被刮倒,人畜被淹死
清嘉庆七年（1802）	七月	飓风	钦公塘外房舍被淹没,人畜被淹死无数
清道光三年（1823）	二月	骤雨	连日阴雨,禾稼尽数被淹没
清光绪十五年（1889）	八月	骤雨	连续降雨 45 日,禾棉腐烂,全境大饥
清光绪三十一年（1905）	八月	飓风	海潮越过王公塘,自三团至七团淹没千余家

资料来源:上海地方志办公室,上海市南汇区地方志办公室.南汇县卷:上册[M].上海:上海古籍出版社,2009:231-250,260-267.

（二）旱灾

南汇属于亚热带季风性气候。春夏时节,易受冷热空气交替影响;全年雨量分布不均匀。一年之中屡屡出现既有旱灾,又发水灾的情形。从地方志所载民国以前的旱灾数据来看,从元大德五年（1301）起至清宣统三年（1911）止,历史上可考的大规模旱灾共计 46 次。从统计数据所反映的月份看,历史上发生的旱灾大多在四月至十月,尤以五月、六月、七月最为频繁。为了更好地说明情况,本书择取旱灾较为严重的年份进行对比分析。（图 3-3）

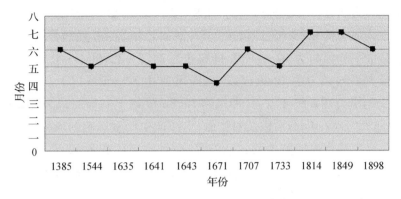

图 3-3　南汇历史上较为严重的旱灾发生月份统计(1301—1911 年)
资料来源:上海市地方志办公室,上海市南汇区地方志办公室.南汇县卷:上册[M].
上海:上海古籍出版社,2009:231 – 250,260 – 267.

从图 3-3 不难看出,南汇较为严重的旱灾集中发生在春夏之际,尤以五月、六月最为频繁,这与水灾频发的时间较为吻合。据地方志记载,明崇祯八年(1635)春夏之交时,接连数月不雨,禾苗枯槁。此时本是翻种花豆之际,因久旱无雨,农业生产损失严重。迨至六月下旬时,又普降暴雨,河水猛涨,所种花豆因前月枯槁,几乎无抗御能力,当年所种禾苗及花豆尽数绝收。类似情形绝非鲜见,清光绪二十四年(1898)五、六月间,南汇久旱无雨,钦塘东的河水尽数干涸,农田水利灌溉受到严重影响。与此同时,沿海潮汐反常,潮灾使得原本由滩涂改造的良田变成盐碱地,地表层凝结成块,加之降水量稀少,大片农田作物死亡。当时的米价已攀升至每石 7 000 余文,为历史同期水平之最。可进入八月,降水量陡然增加,大水冲垮了不少农田堤坝,许多尚可抢收的稻田也因大水而颗粒无收,百姓遭受严重饥荒。而究其缘由,南汇濒江靠海,受洋流潮汐影响较大,旱后水至的情况时有发生。

(三)风灾

与内陆地区不同,沿海地区经常遭受台风侵袭,因风成灾的事例不绝于史。风灾是一种较为常见的气象灾害,根据现代科学的解释,它是由暴风、台风或飓风过境而造成的灾害。古人对此无法分辨,故统称为风灾。依据南汇所处的地理区位分析,这里所发生的风灾大致有热带气旋及海潮等多种形式。

热带气旋指的是热带或副热带海洋上所产生的气旋性涡旋。强烈的热带气旋不仅能形成狂风、巨浪,而且伴有暴雨、风暴潮等严重灾害。根据世界气象组织(World Meteorological Organization,WMO)所定的风力等级标准,以气旋近中心最大风速的大小将热带气旋划分为 4 级:"① 热带低压:气旋中心附近最大平均风力为 6—7 级,即风速为 10.8—17.1m/s;② 热带风暴:气旋中心附近最大平均风力为 8—9 级,即风速为 17.2—24.4m/s;③ 强热带风暴:气旋中心附近最大平均风力为 10—11 级,即风速为 24.5—32.6m/s;④ 台风:气旋中心附近最大平均风力为 12 级或以上,即风速达 32.6m/s 以上。"① 在此基础上,对"平均风力达 6 级或以上(即风速 10.8m/s 以上),瞬时风力达 8 级或以上(即风速大于 17.0m/s),以及对生活、生产产生严重影响的风称为大风"②。大风不仅会造成人口的意外死亡或失踪,而且会破坏房舍、车辆、船舶、树木、农作物以及桥梁、道路等,造成巨大损失,我们将因风造成的灾害统称为"风灾"。(表 3-2)

表 3-2 蒲福风力的等级划分标准

风力等级	自由海面浪高/米		海岸船只征象	陆地地面征象	距地面 10 米高处的相当风速		
	一般	最高			千米/时	海里/时	米/秒
6	3.0	4.0	渔船加倍缩帆	大树摇动,举伞困难	39—49	22—27	10.8—13.8
7	4.0	5.5	渔船停泊港中	全树摇动,行走不便	50—61	28—33	13.9—17.1
8	5.5	7.5	近港渔船返港	树木折断,步行阻力较大	62—74	34—40	17.2—20.7
9	7.0	10.0	渔船航行困难	部分建筑物发生小损	75—88	41—47	20.8—24.4
10	9.0	12.5	渔船航行危险	树木连根拔起,建筑物破坏较严重	89—102	48—55	24.5—28.4
11	11.5	16.0	航行极其危险	各种设施破坏严重	103—117	56—63	28.5—32.6
12	14.0	—	船只无法航行	陆上少见,造成巨大破坏	118—133	64—71	32.7—36.9
13—17	—	—	—	—	≥134	≥72	≥37.0

资料来源:马宗晋,张业成,高庆华,等.灾害学导论[M].长沙:湖南人民出版社,1998:103.表中陈述略有修改。

按照世界通行的蒲福风力等级(Beaufort Wind Scale)划分标准,结合南汇地方志中对风灾情况的记载,我们大体可以推断出历史上南汇风灾多分为三类。第一类为一般大风,主要会对农业作物的种植与生产造成破坏。倘若与

---

① 马宗晋,张业成,高庆华,等.灾害学导论[M].长沙:湖南人民出版社,1998:101.
② 马宗晋,张业成,高庆华,等.灾害学导论[M].长沙:湖南人民出版社,1998:101.

蒲福风力等级划分标准相对应,大致应当为6—8级大风,譬如明正统四年(1439)七月,大风拔木伤禾。第二类为较强大风,不仅会对农林作物产生破坏,还会造成部分建筑物损坏。倘若与蒲福风力等级划分标准相对应,大致应当为9—11级大风,如明嘉靖元年(1522)七月朔,大风自北来,拔木飞瓦。第三类为特强大风,不仅会使农林作物遭受破坏,还会对房屋、船舶及车辆等造成较为严重的破坏,有的还会威胁人们的生命安全。倘若与蒲福风力等级划分标准相对应,大致应当为12级以上的大风,如清康熙二十六年(1687)七月,飓风刮毁了庄稼,树木被连根拔起,许多房屋都被刮倒,被房屋及其附着物压死者不可胜数,还有不少人因风大覆舟而跌落大海中,失踪与死亡人数绝非少数;又如清光绪三十三年(1907)六月,在南汇三团与四团界内,大风将树木拔起,房屋被掀翻,有的棺木被卷入云际,惨剧不可名状。相较于其他自然灾害,风灾是危害南汇最为严重的自然灾害之一。

(四)震灾

地震是一种较为常见的自然灾害。南汇地处长江三角洲平原地带,并非居于地震多发带,但是在南汇历史上,地震时有发生。究其缘由,南汇虽不处在地震带上,却处在地质褶断间。我国的科学家通过探测发现,南汇大体位于"下扬子准地台浙西—皖南台褶带上海台陷的金山—南汇隆褶断束内"①这个地质构造带上,主要是"金山群、惠南板岩组成地台的褶皱基底,……本县基岩面呈现北高南低的起伏变化"②,加之南汇地处沿海大陆架的边缘,土层构造十分松软,因此每当有海啸或海底地震发生时,陆地表面极易受影响。从南汇地方志中有关地震的记载可以得知,元大德五年(1301)至民国初年共发生地震30余次,大多只有较为轻微的震感。从地方志的记载来看,震感较为强烈的仅有5次,分别是:明弘治十八年(1505)十月九日,"有风如火,之后,地大震,声如万雷";明万历十一年(1583)一月二十四日,"地震,器物相轧有声";明天启四年(1624)二月十日,"地震,九月一日复震,声如风雨,自西北至东南,屋宇动摇";清道光二十六年(1846)八月三日子时,"地大震,星陨如雨。十一月二十三日,地复震,半空中有声如雷";清道光二十七年六月,"地震,大地喷

---

① 薛振东.南汇县志[M].上海:上海人民出版社,1992:50.
② 薛振东.南汇县志[M].上海:上海人民出版社,1992:50.

涌若水纹"。① 在诸多地震灾害中,清道光二十七年(1847)六月的地震,就是典型的由海底地震引发的地震。

(五)疫灾

东汉许慎在《说文解字》一书中论述道:"疫,民皆疾也。"范行准考证后认为,中国古代的疫疾大多源于役。古时候百姓都必须服兵役或是劳役,由于劳动环境十分恶劣,加之聚集人数众多,因此极易引发瘟疫,故名为"役",后逐渐演变成"疫"。② 于是,古人将同一时期大批人所患之病称为"疫病"或"瘟疫"。南汇地处长江中下游地区,历史上属于瘴疠密布的地区。除了瘟疫,因瘴气而引发的瘴疠在史书中也有记载。为了更全面地反映"疫疠",笔者在对史料所载疫病进行统计时,将瘟疫与瘴疠等相关病症均列入统计范围。

从稽考的方志记载中可以窥见,南汇较为严重的疫疠可追溯至明代。明万历十六年(1588)春,南汇久旱无雨,春夏交替之际发生了规模较大的疫疠流行事件。由于地方志的记载甚为简略,我们无从得知当时的具体流行情况以及疫疠的成因究竟为何。清代以后南汇地方志对瘟疫的记录较为详细,有记录可查的共有17次。清雍正十二年(1734)与乾隆四十九年(1784)均发生了规模较大的瘟疫。光绪二十八年(1902)二月至九月,全县"喉痧大作,多至不救,有阖家尽死者"③。同治以后,地方志中大多对瘟疫的规模及成因有较为周详的记录。

根据清代松江府的州县疫情统计数据可以得知,有清一代松江府有记载的疫情共计121次,按照当时松江7个县的统计来计算,平均每个州县疫情的发生次数为17.3次。④ 南汇可查的疫情次数为17次左右,疫情发生率就整个松江府而言,当属中等水平。相较于整个江南而言,则疫情发生次数为较多。根据余新忠的统计,整个清代江南疫情发生次数较多的三个州府分别是太仓州、苏州府、松江府。太仓州平均发生次数为17.9次,苏州府平均发生次数为17.5次,松江府平均发生次数为17.3次。由此推断,南汇在清代江南州县中

---

① 上海地方志办公室,上海市南汇区地方志办公室.南汇县卷:上册[M].上海:上海古籍出版社,2009:67.
② 范行准.中国病史新义[M].北京:中医古籍出版社,1989:264.
③ 上海地方志办公室,上海市南汇区地方志办公室.南汇县卷:下册[M].上海:上海古籍出版社,2009:1371.
④ 余新忠.清代江南的瘟疫与社会:一项医疗社会史的研究[M].北京:中国人民大学出版社,2003:72.

属于疫情多发区。通过对地方志等史料的分类统计,明清时期南汇的瘟疫主要有痘疹、麻疹、喉痧以及霍乱等肠道疾病。至于具体的流行概率及流行病学情况,由于现存史料有限,我们无法一一窥视,有待于史学工作者在日后对相关文献资料进行进一步发掘与整理。

综上所述,南汇地处最为富庶的长江三角洲平原,毗邻长江入海口,地理位置十分优越,但是各种自然灾害接连不断,尤以水、旱、风灾最为频仍。除此以外,南汇自然灾害呈现出两大特点:一是原生性灾害与次生性灾害同时发生的概率较大,譬如风灾往往引发水灾,而旱灾往往引发瘟疫,地震则又可能引发风灾等;二是气候与地理环境是成灾或致灾的主要原因。南汇地处沿海大陆架边缘,极易遭受潮汐及洋流影响。潮汐规律的变化往往是潮灾及水灾发生的主要原因。洋流所带来的气候变迁,极易引发热带气旋,这些都是风灾产生的重要因素。

第二节 应对机制的历史基础

一、传统的官赈

明清时期,我国已建立了初具规模的灾荒情报收集与灾荒赈济的功能系统。如遇灾荒,基层行政机构必须向上一级行政机构呈报灾情,自下而上,逐级上报,即所谓的"报灾"。它是政府掌握各地灾况的原始依据,也是中央及地方行政中枢机构救灾的前提与保障。按照《大清会典》所载,地方如发生自然灾害,县官须搜集有关情况,包括灾害发生的时间、地点,以及所造成的破坏等,并迅速报告给所属州县官员和该省督抚司道,而后由该省督抚汇总后立即将所辖地方灾情向朝廷"飞章题报"。① 为了保障灾情能迅速抵达朝廷中枢,清政府不仅要求地方官凡地方有灾,必速以闻,还将官吏的考核与灾情呈报的翔实、迅速与否,作为考核官吏重要的指标。

清代在赈济灾荒时,采取的是多方并举的路径。对于灾情较轻、尚有恢复

---

① 李文海,夏明方,朱浒. 中国荒政书集成:第 5 册[M]. 天津:天津古籍出版社,2010:3103.

能力的地区采取蠲免赋税的方式,以帮助灾区尽快恢复生产与生活。对于灾情较为严重的地区,则采取拨发赈灾钱粮、移粟及散赈等方式。对于一个具有广袤疆域的封建王朝而言,仅仅依靠中央的财政力度是远远不够的。从灾区以外的地区调粟,或是通过借贷的方式进行缓征,亦是清政府惯用的赈灾方略。

除此之外,清政府还实施以工代赈的方法来组织灾民进行生产自救。突遇灾年,政府通过兴办大型水利工程或民生工程,招募灾民劳作,日给钱米。这不仅可以缓解灾民的饥荒,而且可有效地组织灾民修筑大型工程,更重要的在于可以防范灾民因不能进行正常的农业生产而聚众闹事,乃至滋生民变。在兴办的各类工程中,大部分是修浚河道、构筑堤坝、挖掘河渠等农田水利建设,这使工赈带有生产自救的性质,有利于农业生产的恢复与发展。由此观之,在传统危机的治理过程中,行为决策机构在进行危机处置时十分注重危机的时效性与灵活性,其根本目的在于提高危机管理的成本与效率,用于纾解危机所带来的负面影响,从而维持社会稳定与统治秩序。传统危机的治理结构追本溯源实乃自古有之,明清时期日臻完善,民国初年大体承续这一形式,并未发生较大改变。

（一）建县之前的官赈

雍正四年(1726)南汇建县之前,官赈就已存在。官赈又分为移粟、蠲免等多种形式。康熙二十二年(1683),朝廷谕令天下设立常平仓,"岁于漕米外,石益二升,为积贮计";雍正三年,清政府又谕令各州县建立社仓,即所谓"常平在官,社仓在民,在官者虑粜粜之不以实,在民者虑敛散之或有私。故常平之法,地方不得问,但防吏胥之侵渔。社仓之法,必谨司钥于地方之殷实良善,而官府吏胥不与焉。惟册籍必用官印,甲倅乙承,授受必告官长。岁终,止上在仓实数于州县,不得有文移上下稽察之烦"①。雍正二年,南汇海潮大溢。江苏布政使鄂尔泰提请拨江宁府所存康熙五十八年所留漕米3 000石,派往上海县煮粥,并动用藩库银5万两用于购米,接济被灾各县。在赈灾过程中,南汇"一团、三团、八团、九团等监赈官,皆凭吏书舞文,混报册籍,侵渔十之三四。其余

---

① 上海地方志办公室,上海市南汇区地方志办公室.南汇县卷:上册[M].上海:上海古籍出版社,2009:241.

煮粥,饥者不得食,食者不必饥,致纷纷具呈"[1]。这一震惊江南官场的贪墨赈款案引起了轩然大波,不少官员遭到弹劾。

(二) 南汇的仓廒系统

在清政府的统一谕令下,雍正五年(1727)南汇知县钦琏在县堂的西边设置了仓廒 20 间;后又捐出俸禄,在周浦白粮仓西设置了仓廒 14 间,用于灾年救荒。至此,在钦琏等人的努力下,南汇建立起了以漕仓、白粮仓、常平仓、便民仓等为主的仓廒系统。

漕仓,地处南汇县城东南。仓前有大门楼 3 间,栅栏门,中间贯之以甬道,从栅栏门可直通仓厅。仓厅内悬有 5 楹,匾额上题"合乐堂" 3 个字。二堂在仓厅后。廒房共计 250 间,分别为:天字廒 14 间,地字廒 18 间,元字廒 14 间,黄字廒 18 间,宇字廒 18 间,宙字廒 18 间,洪字廒 18 间,望字廒 18 间,日字廒 18 间,盈字廒 18 间,丰字廒 18 间,辰字廒 22 间,宿字廒 22 间。仓厅东面至白粮仓东栅门为止。

白粮仓,与漕仓毗邻,位于南汇县城东南。仓前有大门前照墙 1 座,大门共 3 间,廒房共 36 间,分别位于大门的东、西方向。通过甬道,有仪门 3 间,廒房有东、西各 7 间。白粮仓厅内悬有 3 楹,匾额上题款"宝稼堂" 3 个大字。贮白米的廒房东、西各 4 间;贮栖米的仓廒位于仓厅的东面;贮糠米的仓廒位于仓厅的西面。上房有 5 间,书房有 6 间,由此进入房西。仓廒内设有土地祠 3 间,在白粮仓西南角。

常平仓,位于南汇县衙大堂西隅,共有仓廒 20 间。后在大堂东面,设置仓廒 39 间,其中 14 间为知县钦琏所建,20 间为知县徐日炯所建,剩余 5 间为知县裘严生所建。

便民仓,位于南汇周浦镇西市,属于南汇十七保一区五图水字圩田处。雍正四年南汇知县钦琏拨款,并拨给仓基地 11 亩 3 分 4 毫建成便民仓。(图3-4)

---

[1] 上海地方志办公室,上海市南汇区地方志办公室.南汇县卷:上册[M].上海:上海古籍出版社,2009:250.

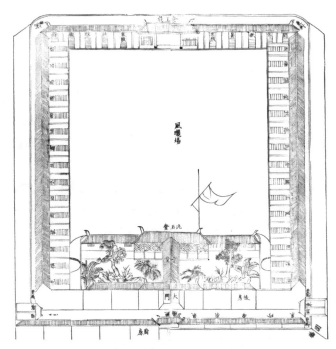

图 3-4 清代光绪年间南汇积谷仓图

资料来源:(光绪)南汇县志:卷首[M].清光绪五年(1879):8-9.

(三)建县之后的官赈

雍正十一年(1733)七月,南汇发生了规模较大的海潮,海潮溢出的盐卤破坏了许多庄稼。两江总督程元章谕令嘉松分司宝善负责具体的赈济事宜。然而宝善此人骄奢淫逸,在对各团进行赈济时十分苛刻。饥民中倘若有穿着较好之人,宝善就指责其冒领赈粮,并使用杖刑。后来,此事被两江总督发觉,经御史等官员上奏弹劾,宝善被处以绞刑。

雍正十二年,南汇发生大规模灾荒。朝廷蠲条编银 27 986 两有奇,蠲兵南局恤米 1 381 石有奇。后又将雍正十年被灾的芦州等一体蠲免课银。被八分灾蠲 4/10,被七分灾蠲 3/10,被六分灾蠲 2/10。① 乾隆七年(1742),朝廷免去雍正十三年民欠地丁漕项银米。乾隆十二年秋,南汇发生潮灾,缓征灾田漕粮及漕项地丁银两。嘉庆十九年(1814),南汇发生较大旱灾,朝廷又缓征灾田地

---

① 上海地方志办公室,上海市南汇区地方志办公室.南汇县卷:上册[M].上海:上海古籍出版社,2009:346.

丁钱粮,并漕项漕粮银米。①

光绪三十一年(1905)八月三日,南汇发生大规模的飓风灾害。当时海潮泛滥,海水溢过外塘,直逼钦塘。南汇县境沿海一带,自一团北界至七团,绵延70余里,淹毙人口数千,至于田庐、牲畜漂没无算。朝廷为此专门下发明诏,"朕钦奉慈禧端佑康颐昭豫庄诚寿恭钦献崇熙皇太后懿旨,周馥、陆元鼎电奏称,本月初三、四两日风潮猛涌,川沙、宝山、南汇、崇明等属沙洲居民被灾,淹毙人口至数千之多,情形甚惨,朝廷深为悯恤。著赏银三万两,由周馥等迅派妥员先放急赈,尽心抚恤,毋任流离失所。钦此"②。此后,南汇知县李超琼续请督抚上奏朝廷,准予截留本省漕米折价银1万两,于县境一团至七团圩塘外添筑新的外圩塘,用于以工代赈。

二、清末的义赈

明清时期,南汇素有"义举"传统。道光元年(1821),地方乡绅李墀在南汇西门武庙东、吕祖殿后就建立有"同善堂"。太平天国运动之后,同善堂荡然无存,案卷与账册尽数被毁。同治元年(1862),在知县吴秉彝以及董事唐堦、陈尔庚等人的主持下,同善堂被恢复。在多方募集资金后,同善堂有团荡熟田152亩,芦苇荡2块,房屋1间,一年应收的账款多达289 612文。同善堂具备多重慈善组织功能,主要从事施棺、平卖、掩埋、置义冢、施药、施衣、恤病旅、收路毙等乡族善举。此外,同善堂还通过省浮费及清报销等方式,将"一切必不可省之零星俱撙节,以杜靡费"③。同治六年,江苏巡抚丁日昌还专门在南汇县城的城隍庙颁发定章,用以奖掖善举。

同治以后,南汇的地方善堂开始由多重功能向单一功能发展。最初筹建的同善堂实行"善行并举"的经营策略,功能冗杂,事务繁芜。随着民间慈善事业的拓展,兼具不同职能的慈善组织便应运而生。

道光二十二年,在知县萧翀的支持下,陶桂芳主持修建了南汇接婴堂。接婴堂位于内城荷花坞的知止庵内,房屋有2进,共11间。同治十一年,知县罗

---

① 上海地方志办公室,上海市南汇区地方志办公室.南汇县卷:下册[M].上海:上海古籍出版社,2009:686-687.

② 上海地方志办公室,上海市南汇区地方志办公室.南汇县卷:下册[M].上海:上海古籍出版社,2009:1157.

③ 上海地方志办公室,上海市南汇区地方志办公室.南汇县卷:下册[M].上海:上海古籍出版社,2009:657-658.

嘉杰对育婴堂进行整顿，改接婴堂为育婴堂。在参酌苏州育婴堂的运营模式后，罗嘉杰拟定了相关规条，详准在案；后又将王晋锴与陈尔赓吸纳为绅董，主持日常工作。

同治八年(1869)，南汇知县成汝舟出资筹建了养济院。养济院位于南汇县城西北隅，共有西房屋4进，每进7间；东房屋4进，每进3间；另有头门3间，共计43间。养济院最初只收养孤贫32人，到光绪年间收养人数竟多达178人。大月每人供给口粮1斗5升，小月每人供给口粮1斗4升5合。

同治十三年，知县金福筹建了普济堂。当时地方乡绅纷纷捐募，还将五团丈出的新涨草滩共计91顷95亩5分8厘的土地归入普济堂，并且制定了内容翔实的管理章程，由专设的绅董负责日常费用的开支与发放。此外，南汇还建有惜字局、恤嫠局、广善堂等慈善组织。

晚清以后，在商会的大力襄助下，南汇的慈善事业进入了新的发展时期，并创造出了斐然业绩。光绪九年(1883)秋，南汇大雨滂沱，酿成水灾。南汇官府放给仓谷谷物19 796石有奇，赈济各团贫户；后又提拨积存谷物存典正本钱8 922 431文，存典生息钱7 506 123文，利用这些善款修筑沿海圩塘，以工代赈。光绪十五年秋，南汇再次发生大水，官府又提拨义仓积谷正息钱23 225 900文，并提拨"八十千百文"用于接济贫户。此后，又提拨仓储谷14 937石3 006升接济各团贫户。为了做好善后事宜，又提拨义仓储谷5 061石2斗接济各团贫户。

在清末南汇的赈济中，尤以光绪三十一年秋所拨赈款最多。光绪三十一年秋，南汇飓风为灾，海潮泛滥，使得各团蒙受了巨大的损失。为了赈济灾民，南汇乡绅与商民广开义赈。当时提拨义仓积存谷物存款正本钱3 500千文，又息本钱6 500千文，赈济沿海灾民。后来又提拨义仓积存谷物存款正本钱43 000千文，用于以工代赈，建筑圩塘。①

---

① 上海地方志办公室，上海市南汇区地方志办公室．南汇县卷：下册[M]．上海：上海古籍出版社，2009：1157．

第三节 1915 年的南汇风灾

1915 年，南汇相继发生了两次规模较大的飓风灾害。第一次风灾发生在 7 月 27 日，第二次风灾发生在 8 月 23 日。风灾在南汇的历史上屡见不鲜，但这两次风灾与以往迥异有别。

一、风灾概况

（一）灾前困境

南汇团图之区，深处沿海盐碱之地，就农业的生产能力而言，与富庶的太湖平原相距悬殊。风灾正值天时、水土、人事交困之时，南方政治局势不稳定，匪患丛生，因此加大了农户生产自救的难度。自 1914 年秋季大面积农垦作物歉收以来，农民生活日益陷入窘境，消费能力欠缺，使得南汇的地方土产滞销。风灾发生时，正值欧战正酣，海外贸易大受影响。与上海民族工业一片欣欣繁荣的景象相比，南汇的农业生产几近萧条。入夏以后，南汇农户辛勤劳作，日日加紧播种，加之为购买种子、农具等农业生产资料，许多贫困家庭早已"典借一空"。1915 年七、八月的两场风灾，使得南汇百姓举步维艰，可谓是雪上加霜、苦不堪言。

（二）灾后惨象

根据南汇县事后的勘灾调查，南汇地区的田园植物悉数被摧残，尤以濒海各团的损失最为惨重。先前修筑的李公塘等海塘大多折损殆尽，沿海民房倾毁者不计其数。许多百姓因家中房屋倾塌，只能风餐露宿。依照民国时期江苏民政部门的调查统计以及义赈公所的统计数据，南汇团区除钦塘地区外，损失的田亩数共计 40 余万亩。如果当时每亩的收益按照 5 元计算，总计损失多达 200 余万元。这对当时以农业生产为主的南汇县而言，无疑是晴天霹雳。南汇全县的农户收益、税赋征收、衣食工本以及佃户纳租等均来自农田收益，风灾所带来的巨大损失使得南汇"民不聊生"。[①] 究其缘由，与南汇当地百姓

---

① 江苏沪海道尹周批[M]//南汇义赈公所报告书.上海：上海图书馆藏,1917.

的经济发展模式休戚相关。团区中不少农户专务农田,很少经营商业等第三产业,"中人以上,大率勇于治产疏于理财,以畎亩为生涯,以债务为习惯,宁使广其阡陌,不惜罄其资财。质直少文,伉爽自喜,既不知量入为出,更未尝图匮于丰。是以户鲜盖藏,家无储蓄"①。农业生产的损失,必将累及民众的日常生活。

历经两次风灾,南汇受灾人数不断攀升,累计多达10万人左右。灾后南汇所面临的最大问题就是粮食奇缺。"乙卯夏南邑飓风为灾,入秋继以霪雨,农田棉稻朵粒无收,为百年来所未有。灾区亘百里,饥民达十万,哀鸿遍野,惨目伤心。"②南汇与江南其他州县不同,农业作物以棉花为主,水稻种植面积较少。由于南汇地区的耕地属于盐碱地,并不适合种植水稻,所以南汇自明清以来,以种植棉花等耐碱性作物为主。随着1842年上海开埠,大量新式纺纱厂落户上海。为了节约成本,许多纺纱企业就近选取沪上周边地区作为棉纱的供应区,这些均促使南汇当地百姓"弃稻种棉",扩大了棉花等经济作物的推广范围。但这一经济政策导向导致的后果便是本地粮食供给能力持续退化。当然这也与南汇适宜棉花种植的地质条件有关,"(南汇)团区东滨大海,斥卤之地,宜棉而不宜禾"③。灾后赤贫的百姓因家中无粮囤积,日常所食的稻米大多"乞籴邻封输金外郡米珠时代粒食艰难",赖以生存的棉田又遭受风灾,虽然农户在中稔之年,数口之家,终日勤奋耕种,然终不得以供其足,因此在不少重灾区引发了"闹荒"的事端。

二、民众闹荒

1915年的南汇,发生了史上罕见的两次飓风灾害。第一次飓风在7月27日来袭,第二次飓风在8月23日。有史以来,南汇风灾屡见不鲜,但这两次风灾遗祸甚巨。首先,一年之中连续两次强风来袭,前后间隔仅27天,实属罕见,"乙卯之奇荒,至于举室仰药以死者,项背相望。闻者酸鼻,见者伤心,则实为近百年来所未有"④。其次,这年五月,南汇已遭蝗灾侵害,加之风灾作祟,粮食、棉花等农作物生产蒙受巨大损失,"今岁迭遭蝗蝻、大水、飓风等灾。以

---

① 通禀政事堂内务部财政部巡按使财政厅沪海道尹县知事文[M]//南汇义赈公所报告书.上海:上海图书馆藏,1917.
② 陈序[M]//南汇义赈公所报告书.上海:上海图书馆藏,1917.
③ 陈汉佐.详冯知事文[M]//南汇义赈公所报告书.上海:上海图书馆藏,1917.
④ 陈序[M]//南汇义赈公所报告书.上海:上海图书馆藏,1917.

第三章 绅商主导的应对模式:以民国初年南汇风灾为例

致秋收无着,民不聊生,采野草以为餐,合全家而仰药,灾情其重,惨不忍言"①。再次,自明清以降,在经济利益的驱使下,南汇百姓普遍"弃稻从棉",本埠粮食自给率低,农户多无囤粮。南汇团图地区,地处沿海盐碱之地,农业生产能力远逊于富庶的太湖平原。最后,风灾发生时,正值南方政局不稳之际,海匪丛生,增加了本埠生产自救的难度。1914年秋季大面积农垦作物歉收以来,农民生活窘迫,消费能力低下,本埠土产滞销。加上正值欧战正酣,南汇原材料出口深受影响。相较于上海民族工业一片欣欣向荣之景,南汇的农业却极近萧条,许多农户因购买种子与生产资料,早已"典借一空"。七、八月份的两场风灾,使得本埠百姓的处境雪上加霜。风灾过后,粮食供应短缺的情况未及时缓解,部分团图地区出现聚众闹荒的群体性社会事件,社会矛盾骤然激化。南汇毗邻上海租界,沪上外国人唯恐闹荒事件波及租界安危,对华界当局不断施压。上海各界反"二十一条"运动如火如荼,袁世凯与反袁势力的政治斗争波谲云诡,使得南汇风灾蒙上浓重的政治色彩,情势发展扑朔迷离。南汇县知事叶树维称,风灾实属数十年未有之奇灾。②

县政府灾后组织勘灾,团图地区的农田植物悉数被摧残,尤以滨海乡社的损失最为惨重。清末修葺的李公塘等水利工程毁坏过半,沿海民房倾毁者不计其数。民众因房屋倾塌,只能在外露宿,"重以歉后逢荒凋敝达于极点"。

两次风灾过后,被灾人数逐渐攀升,预计多达10万人左右。灾后面临的最大问题是粮食短缺。南汇全县的农业作物以棉花为主,水稻种植面积较少,口粮大多需要外埠供给。灾后赤贫的百姓,因家中无粮囤积,赖以生存的棉田又遭受风灾侵袭,不得以供其足,因此闹荒的群体性事件愈演愈烈。

8月是群体性事件的高峰期,滨海的灾民成群结队,聚众闹荒,或数十人,或数百人,或千百人,各自成群,到处骚扰业户,治安案件层出不穷,当地警力难以招架。8月23日,第二次风灾后,闹荒民众陡增。越来越多的灾民加入到闹荒队伍中,抢劫、哄抢的事件屡禁不止,"是秋两次风灾,土产棉花几至荡尽。饥民随处麇集,向业户婪索,不遂则恃众肆扰,甚至毁屋攫物。且屯聚不散,指索某户,米若干石,洋若干元,不应则以某家为例,中人之家,悉梱载所有,纳入质库。不计值,充塞栋宇而犹未止。风声所布,阖县延及,势甚岌岌"③。此

---

① 南汇义赈公所报告书:详冯知事文(沪绅担保中国银行借款呈请备案)[M].上海:上海图书馆藏,1917.
② 叶序[M]//南汇义赈公所报告书.上海:上海图书馆藏,1917.
③ 叶序[M]//南汇义赈公所报告书.上海:上海图书馆藏,1917.

刻,南汇地方政府却麻痹大意,行动迟缓,认为只要尽快将外埠粮食运抵南汇,灾民便不会闹事。县政府在风灾过后,错失宣导与稳定局势的良机,只是片面驱散与镇压灾民。县署派遣的本地军警前去镇压,却根本不敷弹压。全县几乎处于失控局面,许多市面店铺闭门歇业,各种谣言、小道消息纷起,推波助澜。市井传言县知事与大户士绅早已逃往上海;又传言运抵南汇的赈米被奸商囤积起来,准备高价出售;甚至传言日本为应对上海市民反对"二十一条"的运动,准备在吴淞口挑起战事。社会秩序的失范、官方宣传报道的缺失与大众传媒未能及时澄清真相,使得谣言对民众的情绪产生了助燃剂的作用。迫于无奈,县知事急速电告上海镇守使添派军警,协同来南汇"整治"地方秩序。江苏警察厅还委派管辖黄浦江的水警分批来南汇协力镇压,这才使得闹荒的群体性事件得到一定程度的控制。为了防止局势日益恶化,地方政府与士绅贤达开始频繁接触商议,竭力筹措各项赈灾济贫事宜。绅商大户顾德钰率先意识到问题的严重性,提出"若不急筹义赈工赈,势必弱者转乎沟壑,强者铤而走险"。在顾德钰、盛家勗、陈佐汉等士绅的倡议下,以商会为代表的地方势力开始介入群体性社会事件中,"诸先生皆仁者也,不忍漠视,恻然动怀,聚议一堂,力筹救荒之策。佥谓非义赈与工赈兼施,将数万灾黎,嗷嗷待哺,何以盾其后?"①

三、风灾的人为因素

从表面现象看,肆虐的风灾是南汇百姓蒙受巨大损失的主要原因。但究其根源,应当是长期失衡的农业生产策略,导致南汇在应对公共危机的过程中,无法及时调拨赈粮,缓解饥荒,最终引发了社会的不稳定。长期失衡的农业生产策略,指的是南汇一直以来片面发展棉花种植业,忽视了水稻等粮食作物的生产,即遵循"弃稻从棉"的农业生产方略。

在南汇,棉花的种植规模远远大于粮食作物。虽然生产效益与经济利润有所增加,但粮食的自给率很低,大部分的粮食都依靠外埠运输。倘若遭遇公共危机事件,粮食的供需矛盾日益凸显,粮食供给将捉襟见肘,最终酿成大规模的群体性闹荒事件。通过对比南汇桑棉种植与粮食作物种植的相关情况,我们可明晰南汇农业生产结构与自然灾害之间存在一定关系,并通过历代"因灾免粮"的史料予以佐证。

---

① 陶序[M]//南汇义赈公所报告书.上海:上海图书馆藏,1917.

（一）"弃稻从棉"的政策

1. 桑棉的种植

长江三角洲地区气候温和，土壤肥沃，自古以来就是桑棉作物的理想种植地。周代之初，长江中下游地区就已出现了人工培植的桑园。春秋战国时代，吴越两国争霸，越国以"劝农桑"为国策，大力发展蚕桑种植。东汉及三国时代，由于北方战乱频繁，为躲避战祸，中原各地的百姓纷纷举家南迁，北方先进的蚕桑技术与丝织技术由此被带到南方，极大地促进了江南蚕桑种植业的发展。隋唐五代时期，江南的蚕桑种植业发展势头迅猛，许多农家以永业田种桑，桑业大兴。两宋更迭之际，北方的蚕桑生产逐渐衰落，全国的丝织业生产中心南移至长江中下游地区，不少蚕桑种植能手与娴熟的丝帛手工业者纷纷南迁至江南，并将先进的生产技术与种植工艺带至江南。

元代，黄道婆等蚕桑种植巧手将海南黎族的提花织布技术引入松江，并将棉花由华南引入长江流域，使得长江流域的棉花种植面积急剧扩大。明代中叶以后，江南形成了以桑棉种植与生产为主的市镇，促进了江南棉布与丝绸业的发展。近代以来，随着上海与宁波等东南沿海城市的开埠通商，对外贸易的重心逐渐由广州向上海、宁波等地转移。江南成为全国的转口贸易大宗区，其中，棉纱与土布等货物的交易量在全球贸易市场上占据较大份额。第二次鸦片战争以后，中国已经成为三大产棉国之一，同时也是全球主要的棉花出口国之一。中日甲午战争以后，外资缫丝企业逐步入驻江南，使得本地棉花的需求量逐渐增加。清末新政以后，在清政府农工商部奖励实业政策的鼓励下，江南的民间资本开始投资新式棉纱及缫丝行业。据统计，1915 年中国有棉纱工厂12 家，纱锭 54.4 万余枚。到 1919 年，棉纱工厂已经增至 29 家，纱锭 65.9 万余枚。① 这当中的绝大部分企业，均位于长三角地区。

上海不仅是棉纱生产的基地，也是桑棉原料的产地。1876 年 9 月 15 日的《申报》，就分别对上海县与南汇县的棉桑种植情况有过报道："上、南两邑，以及浦东、西，均栽（裁）种棉花，禾稻仅十中之二。……乡间妇女，肩负筐篮，日向田间摘取，大获有秋。衣被苍生，利普远近。"② 由于种植桑棉比种植粮食的利润大，加之上海、无锡、南通等新兴工业城市对桑棉的需求量与日俱增，在利

---

① 王桧林. 中国现代史（1919—1949）：上册[M]. 北京：北京师范大学出版社，1991：8.

② 花息丰收[N]. 申报，1876 – 09 – 15（1348）.

益的驱使下,江南农民相率舍稻、豆而专种棉花。譬如松江、太仓一带的农民大多将种粮食的土地改种棉花。毗邻南汇县的华亭县农民,"改禾种花者比比"。据民国时期的上海海关统计,民国初年,"上海棉田约占全部可耕田的60%。目前江苏东南地区年产原棉估计约为 200 000 吨,对世界市场来说也是一个重要的产地"①。江苏的棉花种植面积在全国占有十分突出的地位,"棉田面积广至一万一千余万亩,全国产棉八百万担,而本省约占十分之六"。从全省情况来看,江苏主要有五大产棉基地,以上海与南汇为主的淞沪地区,占全省棉花种植面积的 3/10 有奇。②

南汇种棉的历史可追溯至明代,棉花种植业日渐成为南汇最重要的产业。囿于史料的匮乏,我们无法得知明清两代南汇地区确切的棉花种植面积,但据民国时期编撰的《南汇县续志》,南汇的棉田一般占秋熟作物面积的七成左右。除市场对棉花的需求量,南汇的土壤条件也是棉花种植业兴盛的重要原因。南汇本是长江与钱塘江泥沙淤积而成的冲积平原,土质十分松软,盐碱化程度高,并不适宜种植水稻,所以南汇自明清以来主要种植棉花等耐碱性作物。

为了提升棉花的产量,清末民初时,南汇涌现出了不少有关改良棉花种植技术的农书及巧手。南汇五团人傅学堂在光绪年间就已大量种植棉花,收入较以往翻了几倍,还得到清政府农工商部赐予的匾额奖励。他本人撰写了《改良种棉法》一书,书中对辨地、藏种、选种、培壅、作畦、播种、治田、选苗、治虫、脱法、摘头、收利、农具等13道种棉工序进行了详细的讲解。清末六团人瞿鑫也是种植棉花的能手,他编写的《种早棉法六则》对棉花的种植土壤、修剪工艺、取水灌溉、锄花摘花等工序分别进行了周详的讲解。此外,南汇人储爱桥编写了《麦棉改良植法》等农书。这些书籍的出版与流通无疑对棉花产量的提高产生了重要的作用。③

2. 粮食的种植

与繁盛的棉花种植业相比,南汇的粮食生产就显得十分薄弱。南汇自清代雍正年间建县以来,形成了"西稻东豆"的生产格局。也就是说,南汇县的西部以水稻种植为主,东部则以杂粮种植为主,尤以豆类等农作物居多。受到生

---

① 徐雪筠,等.上海近代社会经济发展概况(1882—1931)[M].上海:上海社会科学院出版社,1985:204.
② 殷惟龢.江苏六十一县志[M].上海:上海商务印书馆,1936:11 – 12.
③ 上海地方志办公室,上海市南汇区地方志办公室.南汇县卷:下册[M].上海:上海古籍出版社,2009:1345 – 1346.

产供给关系及资本市场诉求的影响,南汇一直以来遵循"弃稻从棉"的农业生产策略,因此粮食生产水平较低,无法实现自给。

南汇的稻米种植以中稻为主,早稻等种植面积较少。囿于资料的匮乏,我们无法明晰稻米种植的具体数值,但可推断明清时期南汇地区稻米大概的种植面积及基本构成情况。目前可查的最早的统计为1946年南汇县农业局的一项调查结果,据此可知,当时南汇全县早、中稻的面积比当为1∶3。① 结合光绪《南汇县志》与民国时期编撰的《南汇县续志》,清末民初之际,南汇种植的稻米种类主要有瓜熟稻、大白稻、小白稻、早黄籼、晚黄籼、沙杭、香杭、芋艿黄、蝴蝶糯、枣子糯、青粳糯等。

光绪《南汇县志》还对水稻的种植方法进行了较为详细的记载:"水稻种植多为散播,也有少量插秧。一般在谷雨整地,同时浸种催芽,谷雨后选晴天播种,每亩播谷种8.5公斤左右,一个月后进行耘密补稀,拔除杂草,种植密度掌握1寸不拔、2寸不插、3寸补1棵,每亩12万到15万苗,中稻略稀些,每天灌水1—2次,一般很少追肥。"②除稻米外,麦类与菽豆类等亦是南汇主要的粮食作物。麦类有大麦、小麦2种。菽豆类有黄豆、黑豆、白豆、青豆、赤豆、蚕豆、豌豆、豇豆等品种。杂谷类作物有芝麻、高粱、芦粟、南京芝麻等。

综上所述,在南汇的农业种植结构中,棉花是主要产品,其次是稻米、菽豆类作物,此外还掺杂少量的杂谷类作物。由于南汇始终遵循"弃稻从棉"的农业生产策略,因此粮食自给率低,百姓日常所食用的稻米大多需从外埠贩入。

(二)"因灾免粮"的不力

根据史料,南汇历史上有不少因灾免粮的记载。自建县以来,灾年连连,清政府除采取蠲免钱粮的方法赈灾外,还采取"截漕赈济"之法施与官赈。为了厘清这一情况,笔者通过爬梳地方志中的记载,列举了南汇建县以来清廷蠲免赋粮及漕米的情况。

雍正三年(1725),清廷减免苏松浮粮,用于缓解因近海遭受潮灾而粮食供给紧张的地区的窘境。

雍正四年,南汇等地区又遭受水灾,全县一半地方的粮食绝收。清廷颁布上谕,减免南汇五分以上地亩的欠赋,又诰谕全县漕米缓征一半,于五年秋收后带征。

---

① 薛振东. 南汇县志[M]. 上海:上海人民出版社,1992:274.
② 薛振东. 南汇县志[M]. 上海:上海人民出版社,1992:274.

雍正十年(1732)，南汇沿海地区遭遇潮灾。当时因南汇县官吏侵吞钱粮，清廷下旨蠲免南汇编银 27 986 两有奇，兵南局恤米 1 381 石有奇。又分别被灾芦洲，免课银十之二、三、四不等。

乾隆二年(1737)，因松江府水灾，南汇等州县减免浮粮。

乾隆四年，特蠲江南正赋 100 万两，所蠲正赋之耗羡一概免征。

乾隆十二年秋，南汇发生潮灾，朝廷缓征灾田漕粮及漕项地丁银。

乾隆二十一年，南汇发生水灾，朝廷蠲免乾隆二十年被灾地丁银 36 198 两有奇。

乾隆二十七年，朝廷蠲免南汇乾隆二十二年至二十六年因灾缓征及地丁各项积欠。

乾隆三十年，诏将江苏等省乾隆二十五年以前节年因灾未完蠲等款项，并二十六、二十七、二十八年因灾未完地丁河驿等款，以及二十八年以前因灾未完漕项，暨因灾出借籽种口粮，并民借筑堤银两，概予蠲免。又将江苏州县二十八年以前熟田地丁杂款未完银，一体豁免。

乾隆五十九年，南汇水灾歉收，缓征银米。

乾隆六十年，免节年民欠因灾带征银米。

嘉庆十九年(1814)，南汇突遇旱灾，缓征灾田地丁钱粮，并漕项漕粮银米。

嘉庆二十四年，免征嘉庆二十二年以前积欠地漕银。

道光三年(1823)及二十九年，南汇县发生大洪水，除应蠲免分数外，全行缓征。

咸丰三年(1853)及十一年，因太平天国运动波及南汇地区，朝廷未征收钱粮。

同治二年(1863)，免钱漕五成。

同治三年，免钱漕两成。又免同治二年以前民欠地漕银米、芦课。又经户部奏请，将江苏、安徽两省，道光三十年(1850)以前豁免积欠钱粮，因造册未清，往返驳查，延未题豁者，一概免之。又请并免苏州藩司所属，道光十二年起至二十九年止，未完杂税正耗银。

同治十年，减免苏、松、常、镇、太浮粮。本年漕粮，仍免两成。

光绪元年(1875)，免同治十年以前民欠地漕银米、芦课。本年南汇地区秋收歉收，免钱粮 5 厘。

光绪七年秋，南汇秋收歉收，朝廷蠲免南汇额赋 8 厘。共蠲忙银 5 010 有奇，漕米 4 676 石有奇，芦课银 118 两有奇。

光绪八年(1882),南汇霪雨连绵,秋收歉收。减免本县额赋一成。共蠲免忙银6 217两有奇,漕米5 348石有奇,芦课银147两有奇。

光绪九年,南汇秋歉,减免本县额赋一成8厘。共蠲免忙银11 191两有奇,漕米9 726石有奇,芦课银488两有奇。

光绪十年六月,南汇秋歉,本县额赋普减6厘。共蠲免地丁银、漕银等共计3 757两有奇,漕米3 207石有奇,芦课银162两有奇。

光绪十五年秋,南汇霪雨连绵,本县腹里被歉较重之十七、十九、二十等保一百十二图减免丁、漕两成5厘,被歉较轻之十六、二十一等保四十四图减免丁、漕2成。共蠲免银678两有奇。

光绪二十五年,秋歉,普减本县额赋一成。共蠲免忙银6 217两有奇,漕米5 348石有奇,芦课银271两有奇。

光绪三十一年秋,南汇遭遇飓风,海潮泛滥,各团濒海芦地被灾,共蠲免芦课银806两有奇。

宣统元年(1909),南汇遭遇水灾,朝廷蠲免光绪十四年起至三十三年止,奉豁地、漕等银共计7 052两有奇,漕米4 281石有奇,芦课正耗银861两有奇。[①]

灾荒之年,蠲免钱粮本属平常。但在实施灾荒赈济的过程中,南汇却有着极特殊的一面。首先,南汇地处松江府境内,自古以来赋税繁重。百姓的徭役与赋役沉苛繁芜,民不堪命。其次,自鸦片战争以后,尤其是上海的开埠通商,促进了棉纺织业的发展,市场对棉花的需求量激增,棉花种植面积扩大。此外,南汇本不适宜种植粮食,棉花种植业因此逐渐成为南汇的支柱性产业。朝廷的赋税以征收钱粮为主,许多农民为了完纳漕粮与钱赋,还不得不通过变卖棉花去换取钱银。从市场的实际收益看,棉花的种植利润远高于粮食,这使得南汇的农户对棉花种植的依赖性更大。无论是口粮还是赋粮,除部分农户尚有所种植外,其余农户鲜少种植。大部分农户的日常口粮仰赖于外埠,棉花种植的收益无疑成为棉农主要的生活来源。

因此,遭遇1915年大规模的风灾,棉田绝收,棉籽禁绝,农户陷入窘境亦不足为奇,"乙卯夏秋之交,叠次飓风肆虐,霪雨为灾,致田物摧残殆尽。值频年歉收之后,民气凋丧,重罹奇厄,将何以堪"[②]。叶树维在陈述灾情时,不无动容地说道:"南邑地处海滨,析自上海以为县。塘东农民,类多客籍,或西乡

---

① 光绪七年之前的记录来自光绪《南汇县志》中有关田赋志的记载,光绪七年以后的记录来自光绪《南汇县续志》中有关蠲赋的记载。

② 陶序[M]//南汇义赈公所报告书.上海:上海图书馆藏,1917.

迁往之苦力辈。境当飓风之冲，家少余粮之蓄，是以被灾重而糊口难。"①正是政府"因灾免粮"的不力，触发了民众的闹荒。

综上所述，南汇自近代以来，长期奉行"弃稻从棉"的单一种植模式，使得南汇地区的粮食生产与供给始终处于较为紧张的局面。遭逢1915年大规模的风灾与蝗蝻侵袭，粮食自给率愈发低下，粮荒的窘境亦迫在眉睫。正是在本地粮食流通系统中粮食产量与人口之间的不均衡，造成了风灾过后灾民闹荒事件的频繁发生。由此看来，单一的农业生产模式应当是灾民发生闹荒的根本原因。倘若不适时调整农业生产布局，灾荒过后因为粮食奇缺而闹荒的事件还将层出不穷。

第四节 南汇风灾应对机制的轨迹

清末民初的中国社会，经历了传统向现代的转型，这一时期的公共危机事件具有复合性、延续性、异质性等特征。灾害危机与政权危机，交织着异质性的民族危机及由此所引发的传统权力结构的锐变和对儒学价值观的反思。毋庸讳言，以政府为主导的一元危机应对模式显然无法改变传统社会的衰竭，以官民合作为代表的二元危机治理结构，愈发凸显社会资源凝聚的张力。南汇县毗邻近代工业文明发达的上海，在公共危机事件发生后，恰如其分地运用现代金融手段与募赈方式，推动了传统应对机制向近代应对机制的路径转变。

纵观1915年的风灾赈济过程，应当分为三个阶段：第一阶段以南汇地方政府的官赈为主导。南汇全县受灾严重，财政入不敷出，南汇地方政府不得不经由沪海道向江苏省求援。第二阶段是官赈与义赈并举的时期。这一时期，一方面县知事向江苏省求援，继续拨款赈济；另一方面，地方士绅也积极投入到赈济行列之中，他们在同乡之间募集善款，用以筹款赈灾。第三阶段是以商会为主导的义赈公所的建立与运营。恰逢南汇财政困宥，受灾面积却不断扩大，地方乡绅唯有凭借南汇商会的力量，一面继续向同乡筹募善款，一面在上海各界游说，积极筹募。与此同时，为了更好地管理筹募与放赈事宜，由南汇地方乡绅与商会共同筹建了"南汇义赈公所"（又称"南汇义赈事务所"），妥善

---

① 叶序[M]//南汇义赈公所报告书.上海：上海图书馆藏,1917.

第三章 绅商主导的应对模式:以民国初年南汇风灾为例

管理善后诸项事宜。在江苏省政府的担保下,南汇义赈公所以南汇育婴堂等公共财产为抵押,向中国银行等金融机构进行借贷,并予以放赈。

一、传统应对机制的延宕

　　风灾发生已逾两月之后,南汇县政府除实施普赈外,并未采取必要的应对措施。风灾后不少团图之区开始出现闹荒风潮,从而引发了严重的社会危机。鉴于此,南汇地方政府不得不采取相关措施,予以纾缓。南汇地方政府一面派军警镇压闹荒的人群,一面打开积谷仓中的粮食进行放赈。南汇县知事明显感到形势岌岌可危,于是急速向江苏省财政厅拍发电报,要求拨款赈济。县议员经讨论后认为,"赈固急务,但不先整秩序,恐无以核穷黎真相,而施之悉当也。乃查案并询绅士,得倡率扰害者,严缉获案,详奉派员会鞫得实,尽法惩治以儆,一面与诸君子筹划工赈、义赈。暴动既息,团图各区,始得调制贫户细册。如发就梳,如炬烛物"①。通过江苏省财政厅的呈报,中华民国临时大总统袁世凯特颁国帑,转奉至南京巡按使向南汇县派发银元 3 000 元。当时正值北京政府委托江苏巡按使申令江苏各州县沙田局清丈田地之际,为了全力救灾,南汇县民众请求江苏巡按使"清丈田亩,请暂缓行,稍苏困"②。因此丈量田地的相关工作被暂时搁置下来,全县投入到赈灾之中。

　　北京政府在南汇风灾的赈济问题上,先后采取了三个方面的举措:首先,北京政府下令由民政部下拨 3 000 元作为南汇救灾款,并要求南汇县政府及时登记造册,做好赈灾款的发放工作。北京政府还要求南汇县知事首捐,并印发捐册交由各市乡经董分担本地区的劝募工作。其次,北京政府责令江苏省民政部门委派会董赶赴南汇处理灾民散放急赈事宜。最后,北京政府还委派民政部的秋勘委员刘鼎奉,专门赶赴南汇下乡勘灾,并将相关灾情上报有关部门。北京政府为了减轻南汇灾民税赋,减半征收受灾严重的团区田赋与应征的芦课税,并详细呈报在案。③

　　总体看来,袁世凯所执掌的北京政府在南汇救灾问题上秉持了较为积极

---

　① 叶序[M]//南汇义赈公所报告书.上海:上海图书馆藏,1917.
　② 通禀政事堂内务部财政部巡按使财政厅沪海道尹县知事文[M]//南汇义赈公所报告书.上海:上海图书馆藏,1917.
　③ 冯知事详复齐巡按使文[M]//南汇义赈公所报告书.上海:上海图书馆藏,1917.

的态度。究其缘由,主要有以下两个方面:第一,南汇地处京沪①重地,虽然只是一个县,但是"有碍中外观瞻,不得草率"。南汇灾荒赈务处理是否妥当,直接影响到在沪驻外机构与新闻媒体对北京政府执政能力的看法与态度。袁世凯及其幕僚,为筹备登基称帝,竭力营造"良好"氛围。上海是外国势力最强大的地方,上海局势是否稳定,关乎整个密谋称帝的计划能否妥善实施。第二,长三角地区是南方革命党人的重镇。孙中山组建的南京临时政府虽将政权委于以袁世凯为首的北洋军阀,但是部分革命党人对此心怀怨嫉,他们频繁在上海活动,准备实施倒袁计划。为了稳定南方局势,同时也为了展示北京政府"亲民"的一面,北京政府对南汇的飓风灾害,始终秉承"关切"的态度。

二、近代应对机制的承续

(一)商会力量的发展

商会是近代中国逐渐成长并发展壮大的一支重要的社会力量。明清时期,江南的商业性组织发展迅猛,不仅按照地域形成了具有同乡会性质的地方商会系统,还按照不同行业的分工,形成了专门的行业性商会组织。通过分析明清时期所遗存的江南各地工商业碑刻,我们不难窥见近代工商业会馆、公所等行业组织从起源至兴盛的整个发展脉络,以及在当时社会经济发展中所发挥的巨大作用。

南汇的商会组织肇始于光绪年间。光绪三十二年(1906),南汇周浦商务分会成立,隶属上海总商会。商会组织不仅积极开拓商业活动,还涉足地方性公益事业。南汇绅商葛学文就组织南汇地方绅商在万缘堂组建了体育会,根据入会章程,"凡年十六以上四十以下、身体健全、素无嗜好而有会中人介绍兼有保证人具保者,均可入会"②。此外,南汇的商会组织还效仿上海的商会组织,聘请教官操练商团,性质类似于地方团练。后来这些商团都成为商会领导下的强劲的地方武装。光绪三十三年,南汇商会经绅商筹款出资,招募地方子弟,成立了专门培养商团组织的军事学校。在首届毕业生中,有40人加入商团,有18人加入保卫团。是年冬,上海道给毕业生颁发了文凭。翌年夏,这批

---

① 此处"京沪"指的是南京与上海两地。虽然南京临时政府部分机关迁往北京,但是南京作为全国行政中心的地位并没有发生根本性的改变。

② 上海地方志办公室,上海市南汇区地方志办公室.南汇县卷:下册[M].上海:上海古籍出版社,2009:1190.

学员就奔赴上海县协助官府禁缴烟土,并得到了沪道官员的嘉奖。此后南汇城中的大团、新场等地,均依照上海商团公会的做法,延请教官,操练步法与枪法,成立了隶属南汇商会的专门的商团。商团中的一切开支用度均由在籍的南汇商铺捐募,各团友均尽义务,不支薪水。商会在晚清时期,逐渐成为南汇地方最具实力的民间团体。现摘录南汇商会章程如下。

城中商会筹办商团禀
…………
一、宗旨:遵明诏"尚公尚武"之旨,练成各商民忠勇性格,以冀体育完备,保卫桑梓,力谋增进地方商界之幸福。
一、会场:附设商会,即惠南学堂旧址。
一、定额:暂定四十名。
一、常会:每日上午八点钟至九点钟齐集操练,惟星期停操;每于下午一点至二点听讲修身合群之公理。
一、临时会:遇有特别事件,应须会集者,由本会知照即到,听会长、教员指挥,以收保卫实用。
一、资格:年限十六岁以上三十五岁以下,须身体健全、有职业、无嗜好者为合格。
一、保证:凡入会者,须店主许可,由会中人介绍出立证书,注明籍贯、年岁、职业,方可入会。
一、操服:由会中筹款公办,只准临操穿服,操后存会。不准任意穿出。靴、帽自办。
一、会例:入会者咸须自重,设或营业卑贱,行止不端,有坏会中名誉者,准由各会员指名斥退。如有无端中止者,亦当议罚。
一、经费:拟由商会筹款开支,其开办经费暂由发起人筹垫。
一、职务:会长一员,干事四员,由商会诸会员公举。
一、毕业:一年毕业,量程度之高下,分最优等、优等、中等,禀请地方官给予文凭,以示鼓励。①

---

① 上海地方志办公室,上海市南汇区地方志办公室.南汇县卷:下册[M].上海:上海古籍出版社,2009:1190-1191.

根据南汇地方志的记载,光绪三十四年(1908)南汇各商团及其人数如图 3-5 所示。从图中可见,南汇商团共有团兵 344 人,其中周浦商团的团兵最多,共计 44 人,占总人数的 12.8%,这或许与周浦最早成立商团有关。三墩商团共有团兵 16 人,仅占总人数的 4.7%,却是商团中最训练有素的一支。三墩商团由绅商王益智捐资开办,不仅配有较为齐全的装备,还聘请松江警察学堂毕业生李腾蛟为教练,进行专业化的训练。这在当时的商团中,实属难能可贵。在李腾蛟精心的培训下,三墩的团兵"颇为精良……蒙冯邑令朱都阃的优奖"。王益智为了能够在南汇商会中占据有利地位,对这支商团的日常操练与经营亦十分关切,前后办理仅用三年时间,"独输囊资,不由集募"。

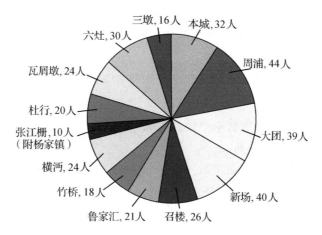

图 3-5 清末南汇商团组织与人员数量

资料来源:上海地方志办公室,上海市南汇区地方志办公室.南汇县卷:下册[M].上海:上海古籍出版社,2009:1191.

光绪年间上海的转口贸易十分兴盛,港口业务日趋繁忙。除吴淞港外,南汇港日渐成为上海重要的商贸进出港口。南汇角一带沙洲很长,这里水势较低,行舟十分困难。有不少船舶经常在周边触礁搁浅,由此引发了沿海海盗及土匪的劫掠。偶有往来商旅禀告南汇官府其惨遭劫掠,南汇官员只得以疏于管理的托词,责成就近沿海居民赔偿。为了躲避差役的围捕,不少村几乎全村出逃,十室九空,由此衍生出抛荒的事端。这不仅严重影响了当地居民的日常生产与生活,而且危及了地方社会秩序的安定。此外,抛荒亦使租田的业主蒙受巨大的损失。诸如此类的事情时有发生,早已遗患无穷。光绪三十四年,南汇地方乡绅王嘉福等人倡议并成立了"保商公所"。筹设保商公所最大的困难在于经费的来源,据预估,大约需要 1 万两。为了凑集款项,王嘉福将城内外

第三章 绅商主导的应对模式:以民国初年南汇风灾为例

纵横二十里,如牧马厂、苏清节、松育婴、惠南、宾兴、观涛、芸香、南育婴各公荡以及零细民业共计 10 万亩左右的土地,按照每亩每年随租带捐 10 文钱计算,其中业主与佃户各自认缴一半,每年可得钱 1 000 串,用以抵缴会费。在王嘉福看来,保商公所的建立,田主、佃户出钱有限,而安居乐业,两受其益矣。宣统元年(1909),知县王念祖在南汇沿海专门设立弁勇,常川驻防。当地乡绅邵氏还捐出自家一根灯木,作为航船的灯塔。白天扯起黄旗,晚上燃起红灯,使往来船舶能够辨明方向。如果有失事的船舶,可立即上滩禀报,在弁勇与保商公所的帮助下,可得到妥善的保护与协助。①

(二)绅商参与的赈济

风灾发生后,以商会为主导的地方士绅在赈灾方面表现得尤为积极。南汇著名绅商祝兰舫是最早参与捐资赈灾的士绅之一,被当地人誉为"大善士"。他不仅自己慷慨解囊,"慨济多数食物、款项,邦人士更向银行借贷,以附益之"②,而且广泛动员士绅参与救灾。在义赈的最初阶段,如祝兰舫这样的"大善士"不乏其人。在祝兰舫的倡议与感召下,南汇绅商顾德钰积极号召当地士绅募捐,但是"辗转担保,借未足数,仅得一万五千金。然而饥民之赖以生活者,已不知凡几矣"。可见,仅仅依靠祝兰舫、顾德钰等几个绅商的尺寸之功还是不够的。后来,南汇的其他官绅士庶纷纷加入到募款的队伍中,"相继慨助,源源而来,数盈巨万"。从冬到夏,进行散赈,共分发了 7 批谷物,并筹立以工代赈之法,"民食以给,民困以苏,非有好善诸君子,体天地生物之心以为心,奔走呼号,不遗余力,……则沿海人民,被灾奇重,有不流为饿莩者,几希"。③

南汇绅商在灾荒之初就积极参与义赈,究其缘由,除南汇固有的义赈传统外,根本原因在于"保境安民"的考虑,并以维护南汇地方社会秩序为归旨。正如祝兰舫所陈述的那样,"予以为赈固急务,但不先整秩序,恐无以核穷黎真相,而施之悉当也。乃查案并询绅士,得倡率扰害者,严缉获案,详奉派员会鞫得实,尽法惩治以儆"。绅商一面呈请官府缉拿闹荒的主要头目,一面与其他士绅筹划工赈与义赈的相关事宜。事件平息后,南汇各团图开始调查灾民详细的户册及受损情况,进行灾后赈济。绅商们的"义举"在于纾解灾民的痛楚,

---

① 上海地方志办公室,上海市南汇区地方志办公室.南汇县卷:下册[M].上海:上海古籍出版社,2009:1191.
② 叶序[M]//南汇义赈公所报告书.上海:上海图书馆藏,1917.
③ 陶序[M]//南汇义赈公所报告书.上海:上海图书馆藏,1917.

维护地方社会秩序。闹荒灾民的举动,不仅扰乱了统治秩序,更重要的是灾民三五成群地纠集起来,纷纷向富户绅商索要钱财,干扰了商户的正常营业。基于维护商人自身利益的考虑,也为了避免引发更大规模的骚乱,南汇的富户绅商率先加入义赈的队伍,希望通过义赈的方式教化乡民,"注重教育,勿致有桀骜者乘危而肇祸,是则鄙人所祷祝勿谖者也"。①

在南汇总商会的积极筹措下,士绅们商筹了一个"急办义工两赈"的议案。所谓"义工两赈",指的是散赈粮米与筹办工赈并举。他们一面募集资金,继续在受灾较为严重的团图发放赈粮;一面向银行借贷巨额资金,修筑捍海海塘,希望达到"散放钱米使老弱者胥赖以生,工赈则修筑海塘俾强壮者自食其力"②的目的。

三、南汇义赈公所的建立与运营

(一)义赈公所的建立

南汇士绅最初还只是依靠募捐、施善等方式进行义赈,后来灾民愈积愈多,以致仅靠少数士绅募款施舍早已杯水车薪。在闹荒的情形下,南汇正常的公共秩序遭受了严重的破坏,迫切需要建立新的公共秩序,恢复农业生产与生活。正是在这一情况下,南汇商会中的部分士绅提出,应当建立一个专门性的义赈组织来负责筹措资金、发放赈款等各项事宜,并以此加强社会监督。

南汇义赈公所首倡者之一的陈佐汉,在写给南京巡按使的信中表明了南汇士绅筹建南汇义赈公所的初衷。"沿海沙田,原甚瘠卤,上遭水灾,疮痍未复。今夏蝗患,甫告肃清,昊天不吊,叠降飓风,团区受灾偏重,饥民聚众闹荒,本地军警,不敷弹压。幸蒙县知事详请沪镇守使派兵来南,会同解散。然秋收绝望,民不聊生,偏地哀鸿,行将铤而走险,欲维公共秩序,非借巨款办义赈,从根本解决不为功。"③可见,维持社会秩序是南汇义赈公所成立的主要原因。南汇团图之民向来无积谷,更无可储之粮。为了解决眼前危机,士绅们一方面召开救荒大会,准备筹立南汇义赈公所督办赈务,以便统一组织与协调;另一方面,向银行与在沪商人广泛募捐,筹措资金。"数万灾黎,嗷嗷待哺,何以盾

---

① 叶序[M]//南汇义赈公所报告书.上海:上海图书馆藏,1917.
② 陈序[M]//南汇义赈公所报告书.上海:上海图书馆藏,1917.
③ 通电政府省道文[M]//南汇义赈公所报告书.上海:上海图书馆藏,1917.

第三章 绅商主导的应对模式:以民国初年南汇风灾为例

其后?又以团中谷款无多,万难裨补,即一时待赈,仰给四方,亦恐缓不济急。"①

筹募赈灾款是南汇义赈公所建立的前提,也是南汇义赈公所重要的经济来源。为了筹措赈款,南汇义赈公所在建立之初就做了大量的宣传工作,不仅在南汇各地筹募赈款,而且依靠南汇旅沪商会的协助,在上海华洋各界进行筹集。南汇义赈公所主要通过如下方式筹措赈款。

1. 银行借贷

为了解决缺乏资金的当务之急,南汇士绅推举陈佐汉等四人主持具体的借贷事宜。南汇地方绅商"爰议向银行抵借五万金,商以南婴堂荡单作抵押品"②。计划从1916年开始,从南汇团田带征的蠲赋中认息归还。借贷的兹文,经由江苏地方政府转呈北京政府财政部,向国家银行进行借贷。陈佐汉出身于南汇声名显赫的绅商大户,喜好舞文弄墨,却不谙世事,在周围人看来是一个典型的书生。陈佐汉之父陈仲英是南汇县享有威名的士绅,他不仅拥有大片的棉田,资产丰盈,而且热衷于地方公益事业。陈仲英在风灾发生之前早已离世,陈佐汉继承先父的遗志,在众人的推举下,积极加入风灾赈济的队伍。风灾后南汇百姓的惨状令人触目惊心,对陈佐汉的影响巨大,他在自序中说道:"父仲英公殁,以继承先志,始稍稍预闻公益事。频年地方多故,应兴应革诸大端,恒受故乡父老委托,妄参文字之役。此次赈务,每念民命所关,安危所系,愿牺牲精神与金钱,苟利社会国家,则毁誉非所计,劳怨不敢辞,必贯澈吾侪良心上之主张而后已。"③为了不辜负父亲的遗志,苏解南汇百姓的困苦,陈佐汉积极投身于赈灾事业。

2. 旅沪商会的募捐

在陈佐汉、顾德钰、盛家骕等士绅的鼎力襄助下,1915年10月南汇义赈公所正式成立。为了扩大赈款筹集的范围,在南汇旅沪同乡会及旅沪商会的支持下,"南汇筹赈事务所"不久后在上海成立。南汇义赈公所与南汇筹赈事务所成为担负南汇义赈筹款任务的主要执行机构,它们共同募集资金用以赈济。

上海社会各界闻知南汇风灾之后,纷纷慷慨解囊。沪上知名人士王震(字一亭)以及社会名流朱南泉等人踊跃捐助。依靠他们在上海名流中的人脉与威望,南汇筹赈事务所分别在租界与华界中设立了诸多"筹款分所",扩大了募

---

① 陶序[M]//南汇义赈公所报告书.上海:上海图书馆藏,1917.
② 陶序[M]//南汇义赈公所报告书.上海:上海图书馆藏,1917.
③ 陈序[M]//南汇义赈公所报告书.上海:上海图书馆藏,1917.

捐的范围,共筹集3 000余金。"毅然以周急救灾为己任,往来屑屑,不惮奔走之劳,既设义赈公所于城中之积谷仓,又设驻沪筹办南汇义赈事务所于上海之保安堂。"在上海募捐氛围的影响与带动下,上至大总统袁世凯、北京政府各部部长,以及江苏巡按道尹、厅长、县长,下至沪上主要银行典肆的社会贤达等,纷纷积善好施,慷慨相助,"夫好施之士,积善之家,若官、若绅、若士、若农、若商、若工、若闺阁、若方外,无远无近,慷慨解囊者,云集而响应。其施赈也,则或棉衣,或面粉,或白米,或苞米,或籼米,或钱文,不一而足,至再至三,以逮于六七,凡可以免其冻馁……"①

3. 筹募股票与储蓄券

民国初年的上海,金融业十分发达。市面上除现银流通之外,股票、公债、储蓄券等金融证券同样具有购买力。沪上不少善士纷纷捐献自己所购的公债、储蓄券等,用于灾荒赈济。当时所收的证券数额及抵银实价有:"一收各善士捐公债票额一千二百九十元,售见折实洋七百二十二元七角五分。(说明)前项公债票系分三次售卖:第一次向信益公司售见三年公债大票额二百元,除佣金外实计折洋一百十五元,又小票额一百六十五元,折洋九十四元五分。第二次向中国股票公司售得连一期息票额三百七十五元,折洋二百八元一角二分五厘,连二期息票额七十元,折洋四十元九角五分。第三次又向信益公司售得大票额一百元,折洋五十四元五角,小票额一百七十元,折洋九十一元八角,又另加息洋四元五角。又售四年公债,小票额一百三十元,折七十一元八角二分五厘。"此外,在上海杨树浦开设的分所,又募捐到3年公债票额80元,折洋42元。南汇义赈公所在上海还筹募到储蓄票,面值95元,售见折实洋57元2角。②

南汇义赈公所为了筹措赈款,集聚思维,采取了多途径与多形式的筹募策略。就筹建义赈公所的目的而言,主要基于两方面的考虑:第一,南汇风灾无论是受灾人数、受灾地域还是财产损失都超过以往,应当建立一个专门性的组织用于筹集善款,赈济乡邻,并且做好赈款的管理与发放工作。第二,灾民闹荒的事件偶有发生,除依靠南汇地方政府的弹压外,需要一个第三方机构来筹办工赈,组织灾民尽早恢复生产,从而稳定地方社会秩序。

(二)义赈公所的运营

1915年10月14日,在南汇商会的主持下,南汇地方官绅、商民等在南汇

---

① 陈序[M]//南汇义赈公所报告书.上海:上海图书馆藏,1917.
② 义赈公所收支细数[M]//南汇义赈公所报告书.上海:上海图书馆藏,1917.

县城城南积谷仓召开了救荒大会,并决意成立南汇义赈公所。当时参加会议的有 40 多位南汇各地绅商代表。南汇义赈公所设所长 1 名,副所长 2 名,以及委员若干。从南汇义赈公所人员的名册中,我们不难发现,南汇商会在义赈公所中占据了主要位置。

南汇义赈公所的所长由南汇著名绅商顾德钰担任,副所长分别是绅商大户陈仲英之子陈佐汉以及棉商大户盛家勖。此外,南汇县农会会长张景陶担任积谷经董,顾德钺担任市乡经董,黄廷珍、黄报廷、顾金佩、许言、顾开栋、赵承明、陶恺达、孙鸿喜、龚奎聚、凌云湘等人为南汇义赈公所代表,一同赞襄事务。南汇义赈公所主要人员名单如表 3-3 所示。

表 3-3 南汇义赈公所主要人员

职务	姓名	年龄	籍贯	履历
所长	顾德钰	49	南汇	前二团乡董、县参事员、塘工总董
副所长	陈佐汉	33	南汇	上海法政肄业,南汇城议长、市董事
副所长	盛家勖	50	南汇	大团区董、乡佐禁烟调查员、塘工局董
名誉理事	朱佩珍	70	浙江定海	上海总商会会长
名誉理事	王震	51	浙江吴兴	上海总商会议董
名誉理事	刘式训	49	南汇	前外交次长
名誉理事	沈葆义	43	奉贤	江苏水警第二厅第一专署长
名誉理事	穆湘瑶	—	上海	上海德大纱厂总理
名誉理事	顾履桂	48	上海	上海县商会总理
名誉理事	乔世德	42	上海	经办闽南轮船公司
名誉理事	虞洽卿	—	宁波	上海总商会商办
名誉理事	陈思虞	33	川沙	历办温处水灾及本籍风灾事宜、怡和经理
劝募员	龚凤藻	45	南汇	前五团乡佐接婴经董
劝募员	黄廷珍	—	南汇	前清岁贡、历任大团乡董
劝募员	张景陶	67	南汇	前清附贡、南汇城董事,现任县农会长
劝募员	沈宝昌	37	浙江绍兴	四等嘉禾章,存记、道尹、上海县知事
劝募员	朱宝鉴	56	南汇	周浦商董
劝募员	开如	58	普陀	普陀长生禅院大和尚
劝募员	曹愇	69	上海	上海慈善团兼复善堂经董

续表

职务	姓名	年龄	籍贯	履历
劝募员	汪茂培	60	安徽休宁	前上海市议员典业代表
劝募员	佟英霖	44	京兆大兴	南京下关厘捐局长
劝募员	吴志伟	70	松江	叶榭商务分所长兼乡董
劝募员	倪鼎新	30	南汇	三墩乡自治员、正本女校长
劝募员	范熙瑞	51	上海	上海县公署财政科科员
劝募员	赵承明	—	南汇	前市东乡经董
劝募员	许言	—	南汇	清附生、三墩乡经董、南团区学务委员
劝募员	黄报廷	54	南汇	前清岁贡、法政毕业、县议长、市西乡经董
劝募员	顾金佩	42	南汇	前清贡生、塘工局董、市西乡经董
劝募员	顾开栋	—	南汇	四团乡经董
劝募员	龚奎聚	—	南汇	五团乡经董
劝募员	孙鸿喜	44	南汇	六团乡经董
劝募员	杨世伟	60	吴县	—
劝募员	王恩治	—	南汇	积谷经董
劝募员	徐宗谔	18	南汇	肄业于省立第三中学
劝募员	盛宗琦	19	南汇	肄业于省立第三中学
劝募员	盛宗珏	21	南汇	肄业于省立第三中学
劝募员	徐功黄	38	南汇	江苏省议会秘书处文牍
劝募员	储宗盛	57	南汇	六团塘工局董、经办习艺所
劝募员	钟景行	54	南汇	前二团乡议长
会计员	陈橄	42	南汇	地方财政处委员
庶务员	鞠清熊	71	南汇	历任本邑各堂会计员

资料来源：义赈公所职员表[M]//南汇义赈公所报告书.上海：上海图书馆藏,1917.

义赈公所的运营主要按以下流程：先由主席顾德钺等人将救荒情形及筹办义赈与工赈的方法订立草案，在义赈公所的董事大会上进行讨论并加以确认。然后将讨论的结果详细呈报给南汇县署，并酌情参考县衙的意见。经南汇县署审议之后，由南汇义赈公所的正、副所长予以委派，以责成有关人员尽心办理，并刊发图记、印章，以此为凭信。具体工作主要分为以下几个方面。

第三章 绅商主导的应对模式:以民国初年南汇风灾为例

1. 赈灾钱粮的发放与管理

南汇义赈公所从1915年10月创立之初至1917年5月赈济结束,共向灾区发放了7批赈灾物资,除南汇县留存的积谷作为第一批赈粮发放外,后又陆续发放了6批赈灾物资。这当中赈济面粉、棉衣、苞米、籼米等物资的共有4批,下拨赈灾款的共有2批。第二至第七批赈灾物资的具体数目及钱款如表3-4—表3-9所示。

表3-4　第二批核发各市乡面粉、棉衣一览表

灾区	折合大口总数	面粉数/包	棉衣数/件
城厢市	一千四百三十四	二百三十四	五十六
大团乡	一万五千八十四口半	二千四百六十四	五百八十五
三墩乡	三千八百二十九	六百二十五	一百四十九
二团乡	一万三千九百二十口半	二千二百七十三	五百四十
市东乡	一万八百二十九	一千七百六十九	四百二十
市西乡	一千八百九十八口半	三百十	七十三
四团乡	九千七百九十九	一千六百	三百八十
五团乡	七千五百三十九口半	一千二百三十一	二百九十二
六团乡	五千九十四	八百三十二	一百九十八
七团乡	四千四十二口半	六百六十	一百五十七
共十区	七万三千四百七十口半	一万一千九百九十八	—

资料来源:义赈公所收支细数[M]//南汇义赈公所报告书.上海:上海图书馆藏,1917.

表3-5　第三批核发各市乡籼米一览表

灾区	石数	合计秤重	灾口数	每口得数
城厢市	二十石	三十担	大一千一百十八,小六百三十二	二斤一两零,一斤零
大团乡	二百五十三石五斗一升六合	三百八十担二十七斤六两	大一万一千四百九,小七千三百五十一	一斤八两零,一斤四两零
三墩乡	六十五石三斗二升四合	九十七担九十八斤十两	大二千九百五,小一千八百四十八	二斤八两零,一斤四两零
二团乡	二百四十三石八升斗四升七合	三百六十五担七十七斤一两	大一万六百十六,小六千六百九	二斤十两零,一斤五两零
市东乡	一百四十七石一斗八升	二百二十担七十七斤	大九千一百八十四,小五千七十四	一斤十四两零,十五两零

续表

灾区	石数	合计秤重	灾口数	每口得数
市西乡	三十四石 三斗七升三合	五十一担 五十五斤十五两	大一千四百六十三， 小八百七十一	二斤十一两零， 一斤五两零
四团乡	一百四十九石 四斗一升五合	二百二十四担 十二斤四两	大七千六百一十一， 小四千三百七十六	二斤四两零， 一斤二两零
五团乡	一百十四石 三斗九升六合	一百七十一担 五十九斤六两	大五千八百十， 小三千四百五十九	二斤四两零， 一斤二两零
六团乡	九十石 六斗一升七合	一百三十五担 九十二斤九两	大三千九百八十八， 小二千二百十二	二斤十两零， 一斤五两零
七团乡	八十一石 三斗三升二合	一百二十一担 九十九斤十三两	大三千二百四十五， 小一千五百九十五	三斤零， 一斤八两零
共十区	一千二百石	一千八百担	大五万七千三百四十九， 小三万四千二十七	—

资料来源：义赈公所收支细数[M]//南汇义赈公所报告书.上海：上海图书馆藏，1917.

表3-6 第四批核发各市乡苞米一览表

灾区	石数	合计秤重	灾口数	每口得数
城厢市	十六石	二十二担 四十斤	大一千一百十八， 小六百三十二	一斤八两零， 十二两零
大团乡	一百九十八石 九斗四升六合	二百七十八担 五十二斤	大一万一千四百九， 小七千三百五十一	一斤十三两零， 十四两零
三墩乡	五十一石 二斗六升二合	七十一担 七十七斤	大二千九百五， 小一千八百四十八	一斤十三两零， 十四两零
二团乡	一百九十一石 三斗五升八合	二百六十七担 九十斤	大一万六百十六， 小六千六百九	一斤十四两零， 十五两零
市东乡	一百十五石 四斗九升九合	一百六十一担 七十斤	大九千一百八十四， 小五千七十四	一斤六两零， 十一两零
市西乡	二十六石 九斗七升四合	三十七担 七十六斤	大一千五百七十七， 小九百六十七	一斤十三两零， 十四两零
四团乡	一百十七石 二斗五升三合	一百六十四担 十五斤	大七千六百一十一， 小四千三百七十六	一斤十两零， 十三两零
五团乡	八十九石 七斗七升二合	一百二十五担 六十八斤	大五千八百十， 小三千四百五十九	一斤十两零， 十三两零
六团乡	七十一石 一斗一升一合	九十九担 五十六斤	大四千四百八十一， 小二千四百五十九	一斤十一两零， 十三两零

续表

灾区	石数	合计秤重	灾口数	每口得数
七团乡	六十三石八斗二升五合	八十九担三十六斤	大三千六百三十八，小一千八百六	一斤十五两零，十五两零
共十区	九百四十二石	一千三百十八担八十斤	大五万八千三百四十九，小三万四千五百八十一	—

资料来源：义赈公所收支细数[M]//南汇义赈公所报告书.上海：上海图书馆藏,1917.

表3-7 第五批核发各市乡籼米、白米一览表

灾区	石数	合计秤重	灾口数	每口得数
城厢市	籼米十二石六斗五升三合，白米七斗五升八合	十六担四十五斤，一担十五斤	大一千一百十八，小六百三十二	一斤三两零，九两零
大团乡	籼米一百三十三石九升七合，白米七石九斗七升七合	二百七十三担三斤，十二担十二斤	大一万一千四百九，小七千三百五十一	一斤三两零，九两零
三墩乡	籼米三十三石七斗八升五合，白米二石二升五合	四十三担九十二斤，三担八斤	大二千九百五，小一千八百四十八	一斤三两零，九两零
二团乡	籼米一百二十二石八斗二升，白米七石三斗六升二合	一百五十九担六十七斤，十一担十九斤	大一万六百十六，小六千六百九	一斤三两零，九两零
市东乡	籼米一百三石四斗二升，白米六石一斗九升八合	一百三十四担四十五斤，九担四十二斤	大九千一百八十四，小五千七十四	一斤三两零，九两零
市西乡	籼米十八石一斗八升一合，白米一石九升	二十三担六十三斤，一担六十六斤	大一千五百七十七，小九百六十七	一斤三两零，九两零
四团乡	籼米八十六石四斗六升一合，白米五石一斗八升二合	一百十二担四十八斤，七担八十八斤	大七千六百十一，小四千三百七十六	一斤三两零，九两零
五团乡	籼米六十六石五斗二升四合，白米三石九斗八升七合	八十六担四十八斤，六担六斤	大五千八十，小三千四百五十九	一斤三两零，九两零
六团乡	籼米五十石三斗八升六合，白米三石二升	六十五担五十九斤，四担五十九斤	大四千四百八十一，小二千四百四十九	一斤三两零，九两零
七团乡	籼米四十石六升七合，白米二石四升一合	五十二担九斤，三担六十五斤	大三千六百三十八，小一千八百六	一斤三两零，九两零
共十区	籼米六百六十七石四斗，白米四十石	八百六十七担六十二斤，六十担八十斤	大五万八千三百四十九，小三万四千五百八十一	—

资料来源：义赈公所收支细数[M]//南汇义赈公所报告书.上海：上海图书馆藏,1917.

表 3-8　第六批核发各市乡赈款一览表

灾区	银洋数	灾口数	每口得数
城厢市	一百四十五元四角七分八厘	大一千一百十八，小六百三十二	大洋一角一厘四毫零合钱一百四十文，五分七毫零合钱七十文
大团乡	一千五百三十元三角一分一	大一万一千四百九，小七千三百五十一	大洋一角一厘四毫零合钱一百四十文，五分七毫零合钱七十文
三墩乡	三百八十八元四角五分	大二千九百五，小一千八百四十八	大洋一角一厘四毫零合钱一百四十文，五分七毫零合钱七十文
二团乡	一千四百十二元二角二分五	大一万六百十六，小六千六百九	大洋一角一厘四毫零合钱一百四十文，五分七毫零合钱七十文
市东乡	一千一百八十九元八分七厘	大九千一百八十四，小五千七十四	大洋一角一厘四毫零合钱一百四十文，五分七毫零合钱七十文
市西乡	二百九元三分六厘	大一千五百七十七，小九百六十七	大洋一角一厘四毫零合钱一百四十文，五分七毫零合钱七十文
四团乡	九百九十四元一角一厘	大七千六百十一，小四千三百七十六	大洋一角一厘四毫零合钱一百四十文，五分七毫零合钱七十文
五团乡	七百六十四元八角七分七厘	大五千八百十，小三千四百五十九	大洋一角一厘四毫零合钱一百四十文，五分七毫零合钱七十文
六团乡	五百七十九元三角二分六厘	大四千四百八十一，小二千四百五十九	大洋一角一厘四毫零合钱一百四十文，五分七毫零合钱七十文
七团乡	四百六十元六角八分一厘	大三千六百三十八，小一千八百六	大洋一角一厘四毫零合钱一百四十文，五分七毫零合钱七十文
共十区	七千六百七十三元五角七分二厘	大五万八千三百四十九，小三万四千五百八十一	—

资料来源：义赈公所收支细数[M]//南汇义赈公所报告书.上海：上海图书馆藏,1917.

第三章 绅商主导的应对模式:以民国初年南汇风灾为例

表 3-9 第七批核发各市乡赈款一览表

灾区	银洋数	合计钱数	灾口数	每口得数
城厢市	一百三元一角六分六厘	一百四十三千四百文	大一千一百十八,小六百三十二	一百文,五十文
大团乡	一千八十五元二角一分六厘	一千五百八十四百五十文	大一万一千四百九,小七千三百五十一	一百文,五十文
三墩乡	二百七十五元四角六分八厘	三百八十二千九百文	大二千九百五,小一千八百四十八	一百文,五十文
二团乡	一千零零一元四角七分五厘	一千三百九十二千五十文	大一万六百十六,小六千六百九	一百文,五十文
市东乡	八百四十三元二角三分七厘	一千一百七十二千一百文	大九千一百八十四,小五千七十四	一百文,五十文
市西乡	一百四十八元二角三分七厘	二百六千五十文	大一千五百七十七,小九百六十七	一百文,五十文
四团乡	七百二十七元二角三分	一千一十八百五十文	大七千八百五十九,小四千四百五十九	一百文,五十文
五团乡	五百四十二元四角一分	七百五十三千九百五十文	大五千八百十,小三千四百五十九	一百文,五十文
六团乡	四百十元八角二分七厘	五百七十一千五十文	大四千四百八十一,小二千四百五十九	一百文,五十文
七团乡	三百二十二元六角九分一厘	四百五十四千一百文	大三千六百三十八,小一千八百六	一百文,五十文
共十区	五千四百六十三元九角五分七	七千五百九十四九百文	大五万八千五百九十七,小三万四千七百四	—

资料来源:义赈公所收支细数[M]//南汇义赈公所报告书.上海:上海图书馆藏,1917.

2. 以工代赈的实施

义赈公所在运营之初就将工赈列为头等大事。除了安定民心、发给民食外,还有深层次的原因。义赈公所的相关人员经过实地勘查灾况后认为,海塘的欠修是本次风灾造成巨大破坏的重要原因。

南汇地理位置特殊,西面濒临黄浦江,东面朝向大海,数百里的沿海地域只有钦塘、李公塘等海塘捍卫着南汇安全。南汇以钦塘为界,西边至黄浦江名为图区,东边至大海名为团区。所谓团图之地,故此得名。南汇主要用于灌溉的淡水河为黄浦江,东面的团区由于濒临大海,极易受海潮影响,以盐卤地为主,不适宜稻米等淡水植物的种植。当地百姓为了灌溉团区的棉田,修筑了一条连接黄浦江与钦塘的水渠,将黄浦江的水引入东面的团区。此举却有巨大的隐患,倘若发生潮灾,海水必倒灌入渠内,使得团、图二区均遭受盐碱影响,故修筑一条坚固的钦塘堤坝,就显得十分重要。"团中大半沙田,草莱甫辟,斥卤未除,每届秋初,恒多潮患。虽有李塘,外资屏蔽,而高厚不及钦塘之半,常处极危至险之中。前清乙巳潮灾,漫决塘堤,溺毙人民,数逾巨万。田畴为沼,庐舍为墟,浩劫余生,惊魂尚悸。嗣后濒年秋汛,莫不险象环生,力护堤防,难免泛滥,乃咸潮灌处,尽变石田。"①正是碍于这一情形,如果不对堤坝进行有效的修缮,巧逢霪雨之时,海潮必倒灌于内,各地尽成泽国。贫瘠沙碱之地也会因缺乏甘泉,致使庄稼绝收。只有加固海塘,才能保证南汇农业生产的顺利开展,保障南汇人民生产与生活秩序的稳定。

  风灾过后,义赈公所原本依靠"以工代赈"之法来缓解灾情。南汇秋收之时,大部分田地已是颗粒无收,县城积谷仓内所存的粮食,连赈济尚且不够,更毋庸谈及以工代赈之法。于是,南汇义赈公所决定从1915年10月至1916年4月春耕之时,采取按月酌量赈济的方式,先行恢复农业生产。待上海赈灾款募集到位后,再用这笔资金来修筑李公塘工程,从而保证以工代赈的顺利实施。南汇义赈公所于1915年11月2日至8日,召开了两次绅董大会,邀集绅商就工赈的具体实施方案及资金管理等问题进行深入探讨。②

  李公塘是南汇海塘中最重要的工程之一,全塘横跨南北,南自一团南界起,北至七团北界止,共长10 700余丈,合700余里,历来是防范风灾与海潮的重要屏障。1915年的两次风灾,使李公塘损失惨重。经有关人员对工程款进行核算,加固海塘共需洋元3万元之多。③ 上海水利局酌情拨发修缮费共计3 000余元,团区存留的谷粮合5 000余元,仍有2万元的修筑款无法及时到位。在后来向中国银行借贷的5万元赈灾款中,有一部分就是用于修筑李公塘等堤防设施的。在南汇义赈公所的监督下,本着节约的原则,李公塘的实际修筑费仅为2万余元,并已基本达到了预期设计目标,保障了以工代赈工程的顺利实施。

---

  ① 通禀政事堂内务部财政部巡按使财政厅沪海道尹县知事文[M]//南汇义赈公所报告书.上海:上海图书馆藏,1917.
  ② 冯知事详复齐巡按使文[M]//南汇义赈公所报告书.上海:上海图书馆藏,1917.
  ③ 冯知事详复齐巡按使文[M]//南汇义赈公所报告书.上海:上海图书馆藏,1917.

第五节 南汇风灾应对机制的成效与影响

一、应对机制的成效

1915年南汇风灾的义赈与以往赈济存在诸多不同,主要表现在以下两个方面:一是设立了专门的义赈机构,从而保障了赈款的筹募、发放以及工程的顺利实施。二是在义赈公所的运营中,加强了对资金流向与分配的核查与统计,编制了《南汇义赈公所报告书》,对赈款的来源、用途、结余等数据进行了周详统计,从而保证义赈过程的公开与透明。

审计工作一直以来是灾荒赈济中的重要环节。义赈不同于官赈,它更多地在于利用社会资本由开放性网络(Based on the Open Network)向封闭性网络(Based on the Closed Network)实施转化。在风灾赈济之初,个体的捐赈行为为群体行为起到了良好的示范作用,成为义赈实施的关键。通过依靠群体间的相互信赖,对社会资本予以重构。信任是一种很不稳定的价值体,随意性与盲目性较大。个别士绅在进行赈济之时,对赈济对象的遴选及赈款的使用等,均存在较大的随意性。倘若出现冒领赈粮的情况,官赈可以通过律法与行政性命令对相关行为进行有效的监督与惩戒,而义赈在当时就缺乏监督的法律依据,只能限于浅层的道德谴责。长此以往,必将在"缺乏共同信念与共同目标的情况下,使人们缺少合作的理由"[①]。

随着义赈的兴起与发展,社会网络逐渐由开放性网络向封闭性网络转化。所谓封闭性网络,指的是各种社会资本,这里既可以是个体,也可以是群体,在同一信念与既定目标下促进社会成员的个体行为规范,提高相互间的可信度,从而得到增强。在开放的结构中,人们却无法正视或察觉自己的违规行为,因而相互间产生不信任感,无形中削弱了社会资本。"公民参与的网络孕育了一般性交流的牢固准则,促进了社会信任的产生。这种网络有利于协调和交流,

---

① NAHAPIET J, GHOSHAL S. Social capital, intellectual captial and the organizational advantage[J]. Academy of management review,1998,23(2):242-266.

扩大声誉,因而也有利于解决集体行动的困境。"[①] 南汇义赈公所的发展历程,正是社会网络由"开放"走向"封闭"的必然结果。南汇义赈公所成立之后,各个社会阶层与不同地域的社会资本纷纷汇聚到南汇义赈公所之下,在风灾赈济这个统一目标的指引下,将南汇与上海乃至于全国的工、商、农、政等领域的人纳入赈济行列。由于牵涉的人员繁杂,势必需要一种规范的内在制度予以约束。这种规范是由生活在同一网络中的所有成员,通过交往所达成的社会契约发展而来的。因此对灾后赈济款项的使用予以审计就势在必行了。

据统计,至1917年5月赈济结束,除南汇县留存的积谷作为第一批赈灾粮外,应当纳入统计的赈灾物资共有4批,赈灾钱款共有2批。赈款项下收入借拨筹募银元为3万余元。赈灾物资项下内除借款购米的部分外,所有面、米、棉衣价格为12 000余元,工赈2万余元,共计6万余元,如表3-10所示。

表3-10 南汇风灾赈款使用情况一览表

使用项目	资金数额/元
赈灾款	约30 000
赈物款	约12 000
工赈款	约20 000
共计	约62 000

资料来源:义赈公所收支细数[M]//南汇义赈公所报告书.上海:上海图书馆藏,1917.

从灾后收支的相关数据看,我们不难发现,南汇义赈公所募集的赈款主要由以下几部分构成:南汇地方乡绅募集的资金,共计15 000元;王一亭等在上海募集的资金,共计3 000元;中国银行借贷的资金,共计50 000元。综上所述,共募集资金68 000元,实际用度为62 000余元,收支基本相抵,结余6 000元左右。余下的款项,南汇义赈公所投资在了当地的海塘修缮等工程上。

南汇义赈公所在筹立之初就做好了钱款的使用计划与造册工作,各个流通环节均有周详的实施方案,从而保障对各个环节的监督,使得义赈始终公开、透明,不仅没有发现一起贪墨赈款的案件,而且在使用中还有不少结余,这在全国的义赈案例中实属难能可贵。南汇义赈公所秉承"取之于民,用之于民"的准则,将"各种文稿、收支细数,汇辑成书,据实以告。俾中外人士浏览之

---

① 李惠斌,杨雪冬.社会资本与社会发展[M].北京:社会科学文献出版社,2000:167.

余,洞悉我南邑灾民之真相,赈款之用途"①。

二、应对机制的影响

南汇义赈公所是近代社会变迁的产物。"社会变迁"(Social Change)是近代史研究中使用频率较高的一个术语。倘若要深究"社会变迁"一词的内涵,就必须全面理解"转轨"(Transit)与"过渡"(Transition)这两个概念。"转轨",本义指机械理论中的"转车乘换",后来这一词语逐渐被社会学家引用,泛指经济或社会系统的运行方式及所发生的改变。"过渡",则是对转轨过程中所产生的一系列经济或社会现象的描述与诠释。"转轨"与"过渡"的最终结果就是"转型"(Transformation)。"转型"原本是生物学中的概念,指的是一种物体向另一种物体发生转化。后来这一术语被社会学家借用,用来描述社会结构的演化与变迁。如果我们将"社会变迁"看成是一个动态的过程,那么"转轨"与"过渡"则是整个过程中最为重要的两个节点(Node),"社会转型"则是对这一流变过程较为全面的解释。从历史学家审视的角度而言,"社会变迁"是一个长时段的过程,它涵盖了旧有的社会结构向新式的社会结构发生的梯度性转变。这种转变,既可以指螺旋式上升,也可以指陡然的下降。"社会转型"是对积极的、向上的过程的描述。在近代史研究中,"社会转型"这一概念多指传统型向现代型的转变。转型时期的基本特点是"各种相互矛盾的规则之间的关系没有得到应有的整合"②,处于一种波动性的过程中。准确地说,是传统社会系统与现代社会系统并存的过程。

随着近代社会的变迁,公共危机的治理模式呈现出传统与近代交织的格局。一方面,以官赈为代表的传统荒政体系依旧发挥作用;另一方面,以士绅义赈为代表的民间赈济逐渐兴起。与此同时,以传教士为代表的西方赈灾组织日趋壮大,从而形成了三足鼎立的态势,它们之间既相互合作,又互相博弈。在清末民初这个剧烈动荡的时代,民间的义赈在筹款与赈灾方面,远比官赈更加灵活,士绅们善于接纳新事物或采用现代金融手段。这不仅突破了传统地域的限制,将赈灾的触角延伸至各地;而且在赈济模式上,也通过乡绅募捐、银行借贷以至筹办南汇义赈公所等方式来筹募与管理赈济款项,从而构建了多

---

① 陈序[M]//南汇义赈公所报告书.上海:上海图书馆藏,1917.
② 虞维华,张洪根.社会转型时期的合法性研究[M].合肥:中国科学技术大学出版社,2004:205.

途径的危机治理格局。

可以说,义赈兴起于晚清,成熟于民国。南汇义赈公所正是在中国由传统社会向近代社会转型的历史背景下建立与运营的。南汇义赈公所的赈济有别于清代的"善举"或"义行",它不仅突破了地域限制,扩大了赈款来源,而且采取了多途径与多形式的筹募策略,拓展了融资渠道,另外设立了专门的义赈机构,加强了对义赈全过程的监督与管理。可以说,南汇义赈公所应当是传统慈善向近代义赈转变过程中具有代表性的个案,它对于进一步推进近代义赈的发展与完善具有十分重要的借鉴意义。随着义赈公所组织的兴起,传统的官赈也悄然发生转变,并最终推动了救灾的社会化。

第四章
近代公共危机应对机制产生的原因及影响

近代是急剧变革的时代,江南也顺应时代潮流,发生了传统社会向近代社会转型的历史变革。在势不可挡的剧变中,江南社会各种矛盾迭起,暗潮汹涌,成为近代社会沧桑巨变的鲜明缩影。一方面,由于太平天国运动与西方列强入侵,清政府统治能力大为削弱,尤其表现在灾荒赈济等民生领域。另一方面,随着江南的开埠通商与中外贸易的繁盛,纯农耕文明的生产经济模式跨越藩篱,资本主义因素增加。既往扎根于土地之中的江南士绅,开始顺应机器大生产与大工业的时代浪潮,成为早期民族资本家的先驱。晚清状元、南通人张謇,是传统士绅向近代民族资本家蜕变的鲜明代表。以张謇为首的新兴民族资本家,逐渐成长为近代工业文明的引领者。在政治领域,亦官亦商的士绅阶层,以"立宪"或"共和"为旗帜,积极投身于政治革命的洪流。他们不忘传扬儒学道统,担负起稳定地方社会秩序的职责。面对连绵不绝的公共危机事件,士绅阶层以高度的社会责任感与道德使命感,在政治事件与社会矛盾中力挽狂澜、匡国济民,始终伫立于晚清的历史舞台上。

灾荒赈济能力的此消彼长与公共危机应对力量的强弱变化,反映出近代江南社会阶层的锐变。以晚清为例,官僚赈济力量的羸弱,集中表现了晚清政局的动荡与政府控制能力的减退,是晚清责任政府(Responsible Government)缺失的体现。与之相反,民间力量或市民社会的崛起,充分展现了晚清社会知识权力化的变革,是近代社会变迁的重要表现。日渐兴起的新式报刊等公众传媒渠道,为民众了解社会、探求危机事件的内幕开拓了新渠道。既往以邸报、《京报》为统一宣传口径的官方舆论攻势被打破,民间社会或公共话语空间所倡导的"社会评议"力量显著增强。毋庸讳言,晚清信息网络的构建与传播,使得民间社会能以较为迅捷的渠道知悉公共事件的来龙去脉,并借助这一网络,建立起民众对政府、底层对权贵口诛笔伐的阵地。在沪上乃至全国影响巨大的《申报》、《字林西报》、《新闻报》(News)等公共传媒,自创刊之日起,就对江南乃至于全国的公共事件进行了持续、深入的报道。大篇幅的实况与跟踪式的新闻采写,使得国人可以逾越官方统一口径的宣传,从而获取更为可信、真实的信息,促进了近代社会公共领域(Public Sphere)与公共空间(Public Space)的发展。

在外国传教士、社会精英与归国华侨的带动与影响下,近代公共卫生意识逐步在中国推广开来,促进了国人卫生观念的转变。尤其在通商口岸与租界地内,现代城市中的公用自来水管道、排污管道、西式医院等新事物不断涌现,每一个国人的日常行为与卫生意识在潜移默化中渐渐养成,促进了城市社区卫生网络的形成与发展。总体而言,在公共危机事件的影响下,近代江南社会经历着传统向现代的迭变。

第一节 近代公共危机应对机制产生的原因

一、责任政府的缺失

依据公共危机管理理论,学界将处在各种危机事件阴霾下的社会称为"风险社会"(Risk Society)。为了构建有效应对公共危机事件的组织与管理体系,政府无疑成为各种社会资源分配的核心力量,是应对公共危机事件的源动力(Driving Source)。发挥政府的向心力与号召力,充分整合各种社会资源,成为政府不容回避的职责。倘若这一职责缺失,无疑将导致责任政府的缺失。

以晚清为例。晚清政府虽是传统政治的产物,但作为一个实质性或合法性政府,同样具备现代政府所应有的一般属性。晚清政府在行政中扮演着公共服务的提供者、公共政策的制定者、公共事务的管理者、公共权力的行使者等多重角色。在公共危机应对机制中,晚清政府应当也必须处于危机化解的核心,从而构建以政府为中心,各种社会力量或参与主体协同的危机应对机制。1864年太平天国运动后,以皇族势力为首的清廷中枢,竭力恢复旧有的统治秩序,重新树立清政府在民众中的威望,以延续其统治。在太平天国运动与洋务运动中茁壮成长起来的新兴军阀们,并不甘心将凭借军功得来的权力拱手相让,于是新兴军阀相互攻讦,明争暗斗不断。这一权力的争夺,集中表现在灾荒赈济领域"权与责"的分配上。然而在社会运行过程中所产生的危机事件,往往时间紧迫,存在资源有限、信息不畅等弊端,这要求在应对公共危机的过程中,政府各级行政机构打破常规,逾越管理层中"权"与"责"间的鸿沟,依据公共危机事件的轻重缓急与危害程度,合理、有效地进行资源配置。

然而,晚清政府却没有很好地履行这一职责。首先,清廷的腐朽使不少官吏非但没有在灾荒发生之时解救万民于水火之中,反而玩忽职守,乘机中饱私囊,从而导致危机应对机制实施效果不佳,延误整治时机。不少官员感慨道:所谓救灾之难,"难于得其人焉耳。得其人,则未荒而弭之早矣,甫荒而备之周矣,即审荒而赈之也,亦无不沾其实惠者矣"①。

其次,官场上"求官以自保""虚假掩盖""请托上峰以求大事化了"的人情世故现象十分盛行,以致赈济资源困宥与灾荒信息失真。公共危机事件与日常的社会事件不同,表现出波及范围广、危害程度大、情况紧急、事态复杂等特性。危机事件呈风暴状(Storm)扩散,虽由一点而生,但波及面广。晚清时期,政府背负巨额赔款以及庞大的财政开支,使得赈济能力退化,官赈力量薄弱。因此对灾荒事件缺乏有效的应对举措,使得百姓愈加困苦,从而在根本上动摇了清王朝的统治根基。清代地方官吏为求自保,不愿主动承担责任,对危机事件采取消极应对的态度,遇事频繁请示、报告,处处谨小慎微,不敢越雷池一步,从而贻误危机应对的最佳时机。

二、士绅力量的崛起

晚清尚处于传统社会向近代社会转型的过渡期(Transition Period)。市民社会尚未完全形成,阶级或阶层对立的情况凸显。这种以政府为主导的分配模式,非但没有缩小各阶层之间的差距,反而使社会矛盾日益显著。在这一背景之下,多元化的公共分配机制与危机应对机制的建立就显得迫在眉睫。事实上,历史自身的发展规律也驱使着近代社会在转型过程中,衍生出一个独立于政府行政体系的非政府组织(Non-Governmental Organization,NGO),为社会中的普通公民提供相应的公共服务,并对政府的公共服务职能起到辅助作用,进而实现危机治理主体的多元化,以期调动最大的社会资源或民间力量来应对公共危机事件。至此,晚清公共危机的治理格局,逐步由以政府为唯一主体

---

① 魏源.魏源全集:第15册[M].长沙:岳麓书社,2004:361.

的治理模式向多元化主体协同治理的模式转变。

在清代,政府作为公共权力的载体,在公共事务管理领域扮演着十分重要的角色。与此同时,民间社会力量所兴办的善会或善堂,在江南、华南等广大地域勃兴,却始终受到各级政权机构的监管或牵制。随着清代中晚期中央与地方统治的衰退,社会资源的配置逐渐以"弥散—辐射"的方式扩展。非政府组织(NGO)或非营利组织(Non-Profit Organization,NPO)之所以在社会资源配置中占有一席之地,关键在于原有的"封闭型""单一型"政府管理模式渐趋向近代"开放型""参与型"政府管理模式转变。基于此,政府的公共权力边界不得不在适当的情况下或适当的领域中有所内缩,而作为社会发展力量代表的非营利组织则在部分领域内有所扩张,并在基层公共事务管理中发挥作用。依据公共危机管理理论,非政府组织或非营利组织因具有组织性、非政府性、非营利性、自治性、自愿性等特征,可以在一定程度上促进社会公共利益的均衡分配,并发挥应有的效应,可以向社会提供众多服务,承担一些政府部门不应做或做不好的社会事务。① 这些团体或个人可以发挥其对社会公众的影响力及在社会中的人脉关系,为应对公共危机事件筹集或整合所需资本,激发公众的参与意识,采纳民众的利益诉求,并向政府组织或机构争取一定的权益保障,从而成长为公共危机治理主体。

从历史来看,灾荒赈济本身就需要政府与民间社会的"共同行动"(Shared Action),以便承担"共同风险"(Shared Risk),进而消除灾荒所带来的各种负面效应,从而达到封建社会所标榜的"善治"。在一个不确定性或危机程度较高的风险社会中,对诸多公共问题的决策及其落实,无法离开政府与民间的协同与互助。政府与民间组织如何建构这一良性的互动机制,即国家与社会的关系,历来是史学界关注的焦点。由此观之,以重大公共危机事件为考察对象,以晚清江南社会为研究时间与空间,通过全景式的历史视角进行审视,无疑对于理清社会各阶层在晚清社会变迁过程中的作用,以及传统危机治理机制向近代危机治理机制的转变,颇具典型意义。

(一)晚清的士绅阶层

"士"这一群体在春秋战国时期即已产生,历史上士人群体的形成与发展有着不同的分期与阶段特征。"绅士"概念的产生,则相对较晚,大体指的是明

---

① 戴维·奥斯本,特德·盖布勒.改革政府:企业精神如何改革着公营部门[M].上海:上海译文出版社,1996:22.

第四章 近代公共危机应对机制产生的原因及影响

清时期的士人群体。① 从学术界普遍的研究观点看,士绅这一群体与科举功名和官僚政治有着密切联系。张仲礼在《中国绅士——关于其在19世纪中国社会中作用的研究》一书中认为,"绅士的地位是通过取得功名、学品、学衔和官职而获得的,凡属上述身份者即自然成为绅士集团成员"②。西方学者很早就关注到了中国士绅(Gentry)这一阶层,认为士绅阶层的产生对于稳固中国封建社会的基层统治具有十分重要的作用。1868年在上海发行的英文报纸《北华捷报》(North-China Herald),就以社论的形式提出了这样的问题:"什么是保持中华帝国完整的力量?"以及"又是什么将那个地方广大却不调和的领地结合于一体?"这个19世纪英国人所提出的疑问,在20世纪美国学者芮玛丽(Mary Clabaugh Wright)所著的《同治中兴:中国保守主义的最后抵抗(1862—1874)》(The Last Stand of Chinese Conservatism: the Tung-chih Restoration)中得到了回答,那就是以满族皇族为首的上层权贵与以汉族军阀为首的地方士绅"真正团结一致地集合在不久前已威信扫地的朝廷周围"③,一些真正具有杰出才能的人担任了政府的要职。

若要治理公共危机,关键在于实现社会各阶层的高度整合与统一,首先便是对国家与社会之间的关系进行合理调整。据此推定,国家与社会之间融合与分离的程度,必将导致公共危机治理能力的差异。徐中约认为,晚清时代的中国社会,并非完全意义上的现代社会,在旧有的国家政权体系结构中,清政府与其民众只是各行其是的实体。④ 晚清国家与社会之间的关系,已实质上转变为中央政府(朝廷)与地方社会(士绅),乃至于民众之间的互动关系。士绅扮演着沟通中央政府与地方社会之间的桥梁与纽带的作用,成为晚清政治生活与社会变迁中的中坚力量,是国家机器运行过程中不可缺少的重要组成部分。(图4-1)

---

① 赵秀玲.中国乡里制度[M].北京:社会科学文献出版社,2002:248.
② 张仲礼.中国绅士——关于其在19世纪中国社会中作用的研究[M].李荣昌,译.上海:上海社会科学院出版社,1991:1.
③ 芮玛丽.同治中兴:中国保守主义的最后抵抗(1862—1874)[M].房德邻,等译.北京:中国社会科学出版社,2002:9.
④ 费正清,刘广京.剑桥中国晚清史:下卷[M].中国社会科学院历史研究所编译室,译.北京:中国社会科学出版社,1996:132.

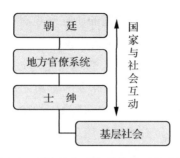

图 4-1　晚清社会政治结构体系示意图

（二）知识的权力化

对于中国士绅阶层的作用,海内外学者将其与日本武士、西欧骑士阶层进行类比。事实上,这种不同特性的类比,是有悖史实的。昭和时代的日本学者根岸佶(ねぎしただし)在《中国社会的领导阶层:耆老绅士研究》(『中国社会に於ける指導層:耆老紳士の研究』)一书中,对这种观点给予了批驳。他指出,不少日本的东洋学研究者,以所谓"国家与社会分离"的理论来剖析中国传统社会中国家与地方社会的关系,认为以官僚体制为载体的国家权力不能延伸至广大基层社会,国家与地方社会处于相对分离的状态。实则不然。表面上看,传统的中国社会中,国家与地方社会处于分离的状态,广大基层社会出现权力的"真空",但实际上却存在一个"领导、统率民众的阶层",这既是"民间自治团体的代表",在实践中又承担维持治安、确保民食、劝善举业、移风易俗、排难解纷等社会职能,与日本武士阶层单纯的军事性、政治性相差很大,是国家官僚与地方民众联系的纽带,弥补了封建官僚体制的不足。日本学者本村正一在其所撰《清代社会绅士的存在》(「清代社會に於ける紳士の存在」)一文中认为,清代的士绅主要由现任官、退任官、未出仕的秀才或举人、候补官僚和有官衔的官僚等五类人组成,他们往往是地方名家、大地主、商人或放高利贷者等,与完全依附大名的武士阶层有所不同。①

综上所述,中国士绅阶层在群体构成及政治特性上,与日本的武士阶层或西欧的骑士阶层存在明显不同。其中最鲜明的一点在于,中国的士绅阶层是"知识权力化"(Knowledge under Power)的特权阶层,而非单纯的政治或军事特权阶层(Privileged Stratum)。美国学者约瑟夫·劳斯(Joseph Rouse)在其所著《知识与权力——走向科学的政治哲学》(*Knowledge and Power: Toward a*

---

① 有关日本学者对于明清士绅的研究成果,可参见郝秉键. 日本史学界的明清"绅士论"[J]. 清史研究,2004(04):94-111.

Political Philosophy of Science)一书中,论述了"知识"与"权力"之间的关系。他认为,知识与权力之间存在三种互动关系:第一种是运用知识获取权力。倘若一个人能精确地再现其情景及其工具所产生的效果,就能更为轻易地获取或更为有效地使用某种权力。第二种是在权力被用来阻碍或扭曲知识的获取时出现的。倘若虚假的信念被强加于人,或者你所得到的都是毫无根据的东西,则正确的信念将会受到压抑。第三种是知识可以将人从权力的压制中解放出来。知识可以揭露权力所造成的扭曲,揭开权力进行黑箱操作的面纱。在这些互动关系中,"权力与知识仍然是彼此外在的。知识独立于权力的运作而获得知识论的地位。权力可以影响所认识到的事实,但是被认识的事实本身以及对认识而言的事实本身却不受权力影响"①。

政治学理论研究学者郭剑鸣将"知识权力化"的概念引入明清士绅阶层的研究,在其所著的《晚清绅士与公共危机治理——以知识权力化治理机制为路径》一书中,提出了"知识权力化的士绅阶层"这一概念,对士绅在明清基层社会中的作用与影响进行了细致剖析。在郭剑鸣看来,所谓"知识权力化",指的就是"经典知识转换为政治权力的制度安排和过程"②。从历史的发展脉络看,在传统危机治理阶段,"知识权力化"是朝廷赋予知识分子(或士人)以特权和地位,其目的在于动员士绅阶层劝谕或发动民众,从而在全社会形成一种以道统理念或经典知识为载体的运行机制。这种运行机制,从隋唐时期科举制度形成之日起,至清末科举制度废除之日止,从未停息。在这一政治权力配置下的社会,就称为"知识权力化社会"。

(三)儒道信仰的维护

晚清灾荒的频仍与政局的持续动荡,在一定程度上造成了人口的锐减以及流民的迁徙与骚乱,对农业生产与社会稳定造成了一定程度的破坏。但是,其最终的危害在于动摇统治的根基,"灾民饥寒交迫,群处蜂拥,是社会极不安定因素。如果处置不当,极易造成社会动荡与混乱"③。对于这一点,上至朝廷官员,下至地方乡绅均有明确的认识。灾荒的蔓延、社会的动荡不安,与传

---

① 约瑟夫·劳斯.知识与权力——走向科学的政治哲学[M].盛晓明,邱慧,孟强,译.北京:北京大学出版社,2004:12.
② 郭剑鸣.晚清绅士与公共危机治理——以知识权力化治理机制为路径[M].北京:光明日报出版社,2008:9.
③ 王卫平.光绪二年苏北赈灾与江南士绅——兼论近代义赈的开始[J].历史档案,2006(01):99-102.

统儒学思想或道统观念存在抵牾。疫疾的肆虐,使得往日繁荣的市场,处处"闭门歇业""门可罗雀""百业萧条",厉行的疾疫使得"亲戚不通音问"。① 人们在灾祸前,只得倚靠祈禳、祭祀鬼神等手段,以求平安。倘若无处安身,只能携妻带子逃至他乡,竟成流民。在无尽的逃荒路途中,"遗弃子女""杀婴溺婴""鬻儿卖女",甚至人各相食的惨剧不绝于闻。这一令人痛心"铁泪图",犹如地狱写照,与士绅所奉行的儒学礼教格格不入,使得儒学道统所宣扬的"天道""善行"不复存系。众所周知,儒学思想是晚清封建统治秩序的基石,是"知识权力化"的根本。民众在灾异面前信鬼神、不仁道的惶恐心态,使得"不尽人臣""不守孝道"的行为成为对儒学权威的挑战。这些加重了士绅在灾荒赈济中施以教化的紧迫感与责任感。

一方面,灾害的蔓延使得民间社会充斥着"天谴""鬼怪"等无稽之谈,非但不能缓解民众受灾疫蹂躏的痛楚,反而加剧了民间对儒家正统的信任危机。道光年间,苏州府常熟县有一姓王之人,他自诩"多鬼话,故共呼之为老鬼",他的"诳语"颇为迎合乡黎。一日,当地地方官集合绅民在乡校讲授古今事理,以训化乡民。恰逢"老鬼"在乡校附近"抵掌而谈",还不时说出"疫鬼奉天使行瘟疫"之类的诳语,以致"乡人赴之者众,乡约所反寥寥"。② 据此可见,民众在面对灾荒无助的情形下,宁枉信鬼神,也不受正统教化,这无疑对儒学的权威产生了巨大的挑战。作为儒学道统的宣扬者,士绅深感有必要在社会出现危机时宣传儒学道统思想,以维护统治的权威。

另一方面,避荒逃疫的不仁道行为与儒学道统产生强烈冲突,使得士绅深感有责任济困扶弱。晚清江南社会世风日下,民间重利,罔顾亲情,尤其在灾荒之年更是如此。《象山县志·避疫论》中就载有"甚矣,习俗之偷非一端也,而其尤者莫过于避疫一事。……近世闾巷之间,偶染时疫,邻里挈家以逃,甚且父子相仳倚,兄弟妻子弗顾,或至死亡,往往有子不能见其父,弟不能见其兄,妻不能见其夫,此其残忍刻薄之行,虽禽兽不忍为,而谓人其忍乎哉!"③晚清江南地区还普遍存在"溺婴"恶习,荒灾之年,粮食匮乏,溺婴的现象更是层出不穷。"溺婴"的恶习,江南古已有之。江南地区人口稠密,土地稀缺,因古

---

① 赵需涛. 剡源乡志:卷24[M]//中国地方志集成:乡镇志专辑24. 上海:上海书店出版社,1992:513.
② 郑光祖. 一斑录:杂述五[M]. 北京:中国书店,1990:46,49.
③ 李洣修,陈汉章.(民国)象山县志[M]//中国方志丛书:第10册. 台北:成文出版有限公司,1974:3204-3205.

代缺乏必要的避孕措施,许多贫苦之家为求自保,只得采取"溺婴"的方式来缓解人口压力。即便是殷实富裕之家,也不乏"溺婴"之举。江南素有厚嫁之风,故而在财产分配、嫁妆置办上往往会产生矛盾,这导致"溺女婴"之风日炽。(图4-2)"初生一女,勉强存留,连产数胎,即行淹毙。甚至见女即溺,不留一胎,……皆由贫者衣食维艰,惮于抚育,富者吝于陪嫁,相率效尤。"①"浇漓"的民风,给儒学礼教带来了道德与伦理上的冲击,士绅不禁感慨:"人心风俗之患,不可不察也。"②晚清江南人伦颓废,并未局限于灾疫范围;世风日下,人心不古,更是撼动了儒学道统的基础。江南士绅深感需重振礼教秩序,自觉承担起更多的社会责任。

图4-2　江南善书中所刊载的"劝禁溺婴图"

(四)士绅的灾荒赈济

在封建统治者看来,士绅阶层所仰赖的政治特权,是皇权政治所赋予的。在国家陷入危难之时,作为政治权力的获得者,他们有责任与义务参与荒政、水利基础设施建设等重大民生工程,从而维护清王朝的统治。正是基于这一认知,在公共危机事件发生之际,中央政府除直接向底层民众派发赈款、赈粮之外,还广泛号召地方社会,尤其是各地士绅积极投身于灾荒赈济。朝廷除实行行政性摊派外,还通过鼓励"捐纳"、劝募等多种方式引导士绅救灾。由于地缘性因素,参与灾荒赈济的士绅大抵以所在地区或势力范围为赈济区域,展开相应的救荒工作。令人欣喜的是,即便在没有政府号令或分摊的情况之下,士

---

① 来新夏.清代经世文选编:中[M].合肥:黄山书社,2019:925.
② 潘德舆.任东涧先生集序[M]//李国钧.清代前期教育论著选:下册.北京:人民教育出版社,1990:498.

绅阶层同样会秉持儒学道统思想,自发地投身于本区域的救荒赈济活动,从而逐渐形成官、绅、民一体的公共危机应对机制。从某种意义上说,士绅参与灾荒赈济,既是"知识权力化"的责任,也是"知识权力化"的义务。

倘若说,晚清以前的士绅赈济或救荒是乡土观念或地方主义思想的集中体现,那么,发生在光绪初年的华北五省大旱灾,则无疑是"不分畛域"的儒学大同思想的显现。地方赈济向跨区域义赈的转变,并非一蹴而就。在这一转变过程中,江南士绅无疑充当了重要角色。不可否认,江南士绅最初前往苏北、山东等地赈济,有捍卫江南乡土安全的地方性立场,但逾越江南地域范围,前往苏北、山东等地救灾的实际行动,显示出了江南士绅对传统赈济地域限制的突破,已然超越了地方主义的观念,其目的是恪守与维护道统思想,也是对"知识权力化"的实践。

三、外来势力的扩张

(一)外来势力对近代社会的冲击

美国政治学家西摩·马丁·李普塞特(Seymour Martin Lipset)在其论著中,运用演绎方法探讨了政治合法性与政治有效性之间的关系。他认为传统社会中往往具有一种根深蒂固的力量,这种力量对传统社会的发展具有推动力。在传统社会的思维结构中,国家权力的合法性与有效性之间缺乏内在依存的关系。正是由于这种力量的存在,即便在治理水平与治理方略都十分欠缺的境况下,传统官僚体系依旧运作良好,并使旧有政权以合法性姿态维系下去。当传统力量衰微之时,国家权力的合法性与有效性之间成正比例关系。由此观之,传统官僚体系所承载的政府影响力与控制力越有效,国家权力的合法性也必然越强。反之,国家权力的合法性也必然遭受质疑,即出现"合法性危机"(Crisis of Legitimacy)。①

晚清之际,传统政权的合法性危机不仅来自内部的叛乱,而且遭受了外部的冲击,这有别于历史上任何一个政权所面临的困扰,即双重冲击所导致的合法性危机。外部侵略不断冲击传统政权,使得清王朝逐渐失去了政治的合法性。综观这一变化,我们清晰地看到"传统政治的合法性模式逐步由解释性政

---

① 西摩·马丁·李普塞特. 政治人:政治的社会基础[M]. 最新增订版. 张绍宗,译. 上海:上海人民出版社,1997:59.

第四章 近代公共危机应对机制产生的原因及影响

治合法性向有效性政治合法性转变的趋势"①。所谓"解释性政治合法性",指的是传统的封建政权,大多通过建构、解释或教化的形式对民众灌输皇权思想与统治的合法性。虽然这一政治诠释需要以儒学道统思想作为有效性的支撑,但可以预见,传统政治的合法性无论是"天命论"还是"仁政",都毋庸强调其本身的有效性,因为封建时代的人们笃信"君权神授"的观念,这一统治形式实质上乃上天赋予。在传统政治的框架下,儒学士人与地主乡绅是传统政治合法性构建的基本力量,尤其在没有外来政治力量与思想的环境下,传统政治的合法性完全来源于传统政治力量的控制力。

外部的冲击,从根本上改变了传统政治封闭的运行环境,使得东西方展开了面对面的激烈博弈。在东西方的博弈中,处于弱势的传统政治力量丧失了控制力,其政治合法性问题越发凸显。马士(Hosea Ballou Morse)在《中华帝国对外关系史》(The International Relations of the Chinese Empire)一书中,将东西方的矛盾与冲突的进程总结为三个阶段,即冲突期、屈服期、征服期。冲突期大致从1834年中英鸦片贸易争端至1860年第二次鸦片战争结束。马士认为,清政府以"天朝上国"自居,对英国的鸦片输入与本国的白银流失深感愤懑,最终双方爆发了"军事冲突"。屈服期大致从1861年辛酉政变至1893年中日甲午海战前夕。历经两次鸦片战争与中法战争的失利,清政府对帝国主义的军事优势逐渐屈服,并开启了"中外联合"(Chinese-foreign Cooperation)的局面。征服期大致从1894年中日甲午海战至1911年辛亥革命。这一时期清政府完全沦为洋人的朝廷。如果按照马士的划分,清政府与西方列强的博弈只占清朝统治时期的三分之一。西方列强运用军事、外交、经济乃至于政治、司法等手段对清政府的合法性提出了强有力的挑战。这些丧权辱国的不争事实,使得清政府以往依靠传统政治力量与合法性解释支撑的政权面临前所未有的挑战,"立国之道,尚礼仪不尚权谋,根本之图,在人心不在技艺"的传统治国思想已无力回天。

美国著名汉学家费正清在谈及康、梁所发动的戊戌变法时认为,中国传统的知识分子不仅对西方列强在军事与技术方面的先进程度深感震惊,而且对西方文明社会中的政治与生活方式大为赞赏。在费正清看来,"把蒸汽机放在船上和车上使运输快得无可比拟,各种公用事业如柏油马路、煤气炉子、自来

---

① 郭剑鸣.晚清绅士与公共危机治理——以知识权力化治理机制为路径[M].北京:光明日报出版社,2008:146.

水和警察制度,在上海和其他商埠都有现实的表现"①,这些使传统知识分子与开明士绅大为艳羡,底层庶民颇为赞叹,从而对清政府的因循守旧深感不满。在晚清社会思潮中,出现了不唯道德、不唯情愫来评价政府的情况,将政治的合法性逐渐由依靠虚妄的"道"转变为依靠实用的"器",将物质生产层面的道德评介标准引入政治批判体系,功利性的价值观念比解释性政治合法性的作用更为突出。在这一思潮的影响下,晚清知识分子不断将西方的理论学说引介到中国,先后翻译了《民约论》《天演论》《群学肄言》《道德进化论》等经典著作,给沉闷、守旧的思想界带来了开风气之先的良好氛围,推动了中国社会全新政治思想观念的发展。在这一思潮的引领下,底层民众的主体性意识逐渐增强,上层知识分子很快分化为维新派、立宪派、革命派等多个派别。但无论是维新派的旧制改革,还是立宪派的宪政设想,以至革命派的民主、自由与平等,都存在一个普遍的共性,即改变或重新认识旧有的传统政治解释方式,以探索新时代下的政治合法性。

(二)外来势力对近代权威的挑战

军事上的侵略与经济上的掠夺,对晚清社会而言虽有强烈的冲击与挑战,但波及面具有一定的局限性。在西方入侵者看来,要想真正使清政府臣服,或从内部瓦解传统政治力量,就必须深入其内部予以解构。晚清以来的西方传教士,大体扮演了这一角色。他们起初以传教为目的,深入中国腹地,探寻这个神秘而古老的东方大国。以后在军事入侵的配合下,传教士获得了诸多特权,开始从根源上撼动整个王朝旧有的思想统治基石。我们可以从晚清社会发展的历史轨迹中探寻,在公共危机事件的应对过程中,儒学道统思想无疑是公共危机治理机制的基础,士绅无疑是基层社会运作的核心。在传统政治乏力之时,西方传教士依靠他们的力量撬动了儒学道统思想这一基石,他们介入士绅决策的环节,或"越俎代庖"式地介入地方社会事务,或"取而代之"式地掌控决策过程。这些均使"封建纲常""夷夏严防"等儒学传统理念与思想基础彻底松动,士绅在基层社会运作中的核心地位也深陷坍塌。

综观晚清士绅权威的演变过程,可以发现晚清士绅主要面临三个方面的

---

① 费正清.伟大的中国革命:1800—1985[M].刘尊棋,译.北京:世界知识出版社,2000:159.

第四章　近代公共危机应对机制产生的原因及影响

挑战,即商人的僭越、买官鬻爵对自身的损害以及传教士的活动。① 在诸多合力作用之下,士绅再也无法承负起"维民以德""四民之纲"的重任。传教士的活动,无疑是外部冲击的集中表现。在半殖民地化日益加深的晚清社会中,传教士对士绅的挑战主要表现在如下几个方面。

一是传教士在权威领域中,分享传统资源。西方传教士依靠清政府所赋予的诸多特权,在中国兴建教堂、租地为居,还频繁对地方官僚施压,攫取所需的一切资源与利益,这些无疑对传统士绅的权威造成极大挑战。在清末的反洋教斗争中,各地竞相揭帖。同治五年(1866)二月,南京士绅就揭帖公禀洋教占地实情,"为民情难强,禀请行知事:窃绅等去年十一月见有法国教士雷遹骏入城,云丰备仓地方内,有彼国教堂基地,现要建堂行教。绅等以事无考核,民间基地,断难混淆,当即具禀在案。并与该教士复坚执前说,仍欲城中建堂。民间闻之,各路纷纷聚议,皆谓干戈甫定,居屋粗安,且远徙未归者尚多,房舍基址清厘未竟,岂容外国人入城杂处"②。同治七年十月,镇江的百姓对洋教租地甚为愤懑,揭帖道:"咱们公议,城内不准租地与洋人。如有出租,咱们定归各拿火把烧他住屋,将他捉放火内。若衙门口书办指出公地,混叫官府把与洋人,亦照前话办他。先将石潮、陈文虹房屋烧了,两人亦丢火内,以后咱们不完粮了。"③可见,上至官绅,下至庶民,对传教士与洋教皆心怀怨恨,在一定程度上也动摇了士绅在地方社会事务中的权威。

二是采取"援孔入耶"的方式,矮化或损毁传统士绅的儒学道统思想。传教士宣称:"吾非除旧何由布新? 欲求吾道之兴,以先求彼教之毁。"④在他们看来,要想从根本上撼动儒学道统思想,就必须以基督教思想渗入之。对于这一主张,传教士内部颇有争议。有的传教士主张"排斥孔教",有的传教士则主张"融合孔教"。但无论何如,其目的殊途同归,即矮化或同化儒学道统思想,以适应其本身的传教需要,"儒教孔子,人也。耶稣,上帝之子也。救世教之真光迥异于儒教之上……当今之时孔子若再生于中国,必愿为耶稣之徒也"⑤。

---

① 郭剑鸣.晚清绅士与公共危机治理——以知识权力化治理机制为路径[M].北京:光明日报出版社,2008:157.
② 王明伦.反洋教书文揭帖选[M].济南:齐鲁书社,1984:135.
③ 王明伦.反洋教书文揭帖选[M].济南:齐鲁书社,1984:243.
④ 四川省哲学社会科学学会联合会,四川省近代教案史研究会.近代中国教案研究[M].成都:四川省社会科学院出版社,1987:351.
⑤ 林乐知,等.万国公报:第93册[M].上海:上海书店出版社,2014.

传教士在传教的过程中,不仅在底层民众中广泛传播基督教教义,还大力吸收士绅入教,在江南皈依入教的地方士绅并不在少数。从晚明的徐光启、李之藻等知识分子开始,就陆续有士绅涉足洋教,或参加教会活动,或接受洗礼,或皈依入教,这一情况在晚清更为突出。分化士绅入教,从根本上改变了以儒学道统为唯一精神信仰的江南社会,使晚清江南社会发生了锐变。

三是举办新式教育,剥夺士绅在传统社会中传播文化知识的话语权。"创办义塾""兴办义学",本是地方士绅宣扬教化的归旨所在。在晚清以前的传统政治环境中,士绅掌握着文化知识传播领域的话语权,他们拥有对儒学道统阐述与传授的权力。随着西学的渐入,这种传统社会中的传播文化知识的话语权也受到传教士的挑战。美国传教士丁韪良(William Alexander Parsons Martin)说:"到中国来的传教士,就如同到其他国家去的一样,其最初的动机是引导人民接受基督教,而他们工作的偶然结果是推广了世俗的知识。"① 英国传教士李提摩太主张"宗教宣传和世俗知识的推广两者并重",并认为"中国目前所迫切需要者为物质的建设和社会的改造"。② 在洋务运动"自强"口号的感召下,部分官绅加入西学的队伍,他们开办新式学堂,设立译书机构,渐开西学风气。

以美国新教的监理公会(The Missionary Society of the Methodist Episcopal Church)为例,它不仅在江南地区广泛传教,而且在江南各地先后创办了医院与学校。监理公会本是美国新教教派之一,它于1819年在纽约创立。此后,监理公会因内部分歧,分为美以美会(Methodist Episcopal Church)与监理公会等派别。新的监理公会成立于1846年,本部设在美国田纳西州(Tennessee)的纳什维尔市(Nashville)。新的监理公会在创办之初,就积极推动教育事业和医疗卫生事业的发展。它不仅在美国国内开展相关公益活动,而且在海外,尤其是远东国家或地区展开西式教育,发展医疗卫生事业。

缘于美国南北战争的影响,直到1875年监理公会才陆续向中国派遣传教士与神父。19世纪末期,监理公会在江南地区渐成规模,接受洗礼的信徒与受教民众较多。③ 在监理公会派遣的众多传教士中,以潘慎文(Alvin Pierson Parker)、蓝华德、孙乐文(David L. Anderson)、柏乐文等人影响最大。1883年

---

① 顾卫民. 基督教与近代中国社会[M]. 上海:上海人民出版社,1996:221.
② 顾卫民. 基督教与近代中国社会[M]. 上海:上海人民出版社,1996:235.
③ 王国平. 东吴大学的创办[J]. 苏州大学学报(哲学社会科学版),2000(02):97-106.

初,柏乐文依靠监理公会中国教区的支持,在苏州地方人士的帮助下,购得天赐庄民田7亩,兴建了苏州博习医院,这不仅是苏州第一家西式医院,而且"在华设立之施诊所颇多,正式医院则仅设于沿海四埠耳",当时从北京至上海的广袤地域中,尚无一家正式医院,唯"博习医院之创设,实为嚆矢"。①

监理公会不仅在苏州兴办医疗卫生事业,而且十分重视人才培养。在征询苏州地方官府的应允后,监理公会在苏州创办了博习书院。博习书院最早是由传教士在苏州创办的一所主日学校发展而来。1884年,在监理公会资金的支持下,博习书院正式成立。它虽为教会学校,但日常授课并不限于基督教教义,不仅讲授《圣经》、西学,而且开办儒学课程。博习书院始终倡导学生的全面发展,要求学生掌握规定的全部基础性课程,同样也重视实用性课程。在潘慎文等传教士的共同努力下,博习书院的办学条件与设施得到了巨大的改善。书院由最初仅能容纳16名学生的小学堂,转变为可收容100名学生同时上课的大学堂。学校不仅专门从英国定制自鸣钟,还建立了简易的天文台,同时设有实验室、机床以及蒸汽设备等,供学生实践时使用。1889年,美国监理公会的女布道会派遣金振声(Virginia M. Atkinson)来华创办小学。金振声在苏州申衙前(今景德路)的毕氏住宅创办小学,不仅招收男童,还招收女童,并增设刺绣科等中国传统技艺课程,开启了苏州兴办女子学堂之风。1901年,博习书院与传教士孙乐文创办的宫巷中西书院等合并,在苏州成立了东吴大学(Soochow University)。

第二节 近代公共危机应对机制的影响

公共危机的应对能力与整治功效,反衬出特定时代政治整合的能力。在急剧变革的近代,公共危机的冲击是对国家综合实力与抗御能力的考验。卓有成效的公共危机治理机制需建构在政治合法性的基础之上,如此才能有效整合国家与社会的公共资源以应对危机。通过对政权运行机制的剖析,我们可以清晰地发现,政治合法性在危机事件应对过程中的作用及影响。公共危机与政权危机是互相作用的,政治合法性的缺失必然影响公共危机的应对能

---

① 中华监理公会年议会五十周年纪念刊[M].铅印本.1935.

力,公共危机事件反过来又对政权的合法性产生影响。正是两者相互的作用,驱使着近代社会变革与重塑。

一、政权危机的产生

(一)政权危机的诱发机制

在近代政治生态环境中,诸如灾荒、瘟疫、民变、外患等危机事件均对社会产生了影响。从浅层涵义看,诸多单一性危机的共同作用是社会动荡的外在因素。从深层涵义看,社会矛盾与政治基础的不稳固是社会动荡的内在因素。倘若对危机事件缺乏合理、有效的疏导,必将使社会危机转化为政权危机,从而引发持续、深刻乃至规模更大的社会动荡。

近代公共危机事件,不仅对以小农经济的生产方式为主导的基层社会产生巨大破坏,而且对以士绅为主体的知识权力阶层也颇具威胁。首先,地方社会的传统危机应对策略,在近代公共危机蔓延时缺乏可抗力。民间巫术信仰、乘势而入的西方宗教,与士绅的儒学道统产生尖锐冲突。其次,繁重的救荒职责对传统官赈模式造成巨大压力,许多地方政府缺乏必要的自我拯救能力,官僚体制的公信力遭受质疑。最后,公共危机的冲击不仅使农民的生命财产受损,还导致了儒生的贫困化,削弱了中下层知识分子群体在各阶层间的磨合力,使社会矛盾日益凸显。倘若这一矛盾逼至临界点,无疑会对政权产生巨大冲击,从而导致政权危机。从这个维度判断,连锁性是政权危机的另一个鲜明特点,具体表现在公共危机的冲击会以涟漪效应波及社会的各个阶层。可见,频发的公共危机事件,不仅对社会结构产生了影响,也触动了统治根基,增加了政权危机的风险概率,从而进一步加剧了近代社会的动荡与不安。

(二)政权危机产生的原因

1. 士绅对权力的分享

以晚清江南为例,无论是太平天国运动所引发的社会危机,还是苏、浙、皖三省蔓延的公共卫生危机,均使传统的士绅阶层及其所依附的清政府面临前所未有的统治危局。而这一危机源于清政府,因其缺乏有效的危机治理能力,基于稳固现有统治基础的考虑,上层统治阶层不得不寻求士绅的帮助,被迫将士绅纳入危机治理结构。随着战事的发展,士绅越来越成为减缓政权危机的中坚力量,以致在江南的县乡一级政权中,团练局处于政治核心,实际占据了主导性地位,填补了暂时的权力空隙。士绅对旧政权的维护,初衷有两个方面。

首先，士绅维护旧政权，是出于维护儒学道统的考虑。对儒学道统的捍卫与维护是士绅阶层的思想基础，也是维护士绅利益的核心价值观。太平军虽然采取了种种方式利诱士绅，但是太平天国政权在"反孔反儒"斗争中的种种行径与在财产所有制、土地制度上的变革，是士绅阶层所无法容忍的。我们可以看到，即便太平天国政权采取开科取士的方式笼络人才，但是应举者大多是中下阶层的知识分子，最具权势、居于统治核心的贤达名流，始终站在清政府的一边。太平天国统治的后期，在核心统治区域中，甚至改变了"排孔反孔"的激进政策。由于外部环境的持续动荡，这些政策大多缺乏深度且难以维续，所产生的影响也微乎其微。

其次，士绅维护旧政权，是出于对国家垄断权力的分享。清政府希冀力挽狂澜，允许并鼓励地方士绅兴办团练，将军事的控制权让渡给地方士绅。此外，清政府还通过减轻与蠲免江南赋税，以及允许团练武装征收厘金等激励方式，将财税权也让渡给地方士绅。在大一统的封建国家之中，军事权与财税权无疑是国家统治的基础。清政府对权力的让渡，使得士绅阶层由权力的中介，经过磨合，成为权力的主导，使得国家政权与地方武装形成了强有力的合作关系，从而大大提升了士绅的合作积极性与忠诚度。

政治格局的变化，强有力地推动了社会结构的改变，传统的以官赈为主，民间赈济与士绅慈善为辅的公共危机应对格局悄然发生变化。随着士绅阶层知识权力化的日渐加深，逐渐形成了官赈、义赈并举的格局，甚至产生了以义赈为主导的新局面。这一切与太平天国运动以后地方政治权力的解构有着密切关系。

2. 民众的挫折感

底层民众虽不具备左右政局的力量，但通过对民众心理、行为等要素的分析，可以发现，民众会生成挫折感，这对研究政权危机的产生与发展具有重要影响。民众的风险感知（Risk Perception）最初缘于个体，他们对风险事件的判断依赖于直觉或经验，主要表现为两类：一是危机条件下的"过度自信"，民众或低估风险发生的概率，麻痹大意；或认为危机不会过早来临，疏于防范。二是危机条件下的"反应过度"，民众或高估危机风险，产生过激反应，引发极度恐慌；或受到过度惊吓，茫然无措，坐以待毙。民众挫折感的反应程度分为一般心理反应、严重心理反应、事后心理创伤。当挫折感越强，风险感知能力就越大，恐惧感也越强烈。风险感知的传递方式分为集束式、流言式、偶然式三种。这种感知迅速向周围人群传递,由个体向群体延展,最终酿成社会的集体恐惧感与挫折感。剖析个体的感知轨迹与心理因素,对探求公共危机事件的诱因有所裨益。

倘若民众的挫折感由个体延展至群体,则必将危及政权统治的基础。学术界在讨论底层民众挫折感时,主要基于两方面的因素考察公共危机事件中的个体:一是在群体性社会事件或群体性反抗事件中,研究个体的心理模式对研究群体的心理模式具有指导意义;二是在集约化社会网络结构(Intensification of Social Network Structure)中,群体性事件或抗争性行为的产生,究其缘由应归结于群体中个体或单个集体的行为。只有细致分析并深入研究个体的心理因素,才能探究群体性社会事件的根本原因。当然,公共危机事件对个体可能造成的损害与影响,也在一定程度上取决于社会危机事件参与者的心理素质和行为能力。为了深入考察群体性社会事件的诱因,公共危机管理理论将个体的内心冲突、个体的外部压力以及个体的攻击性行为等要素之间的作用关系,通过建构函数模型的方式表现出来,学术界称之为"戴维斯J曲线"(Davies's J-curve)。1962年,美国社会学家戴维斯在社会学权威期刊《美国社会学评论》(American Sociological Review)上刊载了"革命何时爆发"(When the Revolution Broke Out)的理论,即"戴维斯J曲线"。该理论将心理学与革命理论相结合,运用社会学的微观剖析方法,探讨政治、社会等相关问题。"戴维斯J曲线"的核心理论是指在经历一段长期和平稳定的社会发展之后,面对突如其来的危机事件,人民不断上升的期望值,在短时期内明显反转,期望与实际所得之间的差距迅速扩大。当矛盾达到一个极限以致无法容忍时,人民的挫折感就会被集中归咎于政府的过失,此时暴力革命就极有可能爆发。

瘟疫发生后,江南社会持续动荡。在市镇与乡村,民众的抗租、抗税事件增多,不少地区已显现"革命"端倪。依据"戴维斯J曲线"可以推知,底层民众内心的期望与遭受的挫折和群体性社会危机事件之间,呈现一定的关联性。底层民众因挫折感而导致的失范性行为(Anomic Behavior),是内心预期与实际得比较后所产生的。挫折感来源于个体遭受外部环境的压抑,当挫折感增强时,其固有的政治信仰与社会认同发生错位。底层民众在饱受战乱与瘟疫的双重打击后,个体认同感往往会产生偏差。倘若细究底层民众的政治抉择,可以推知,政权的更迭并非政治抉择的关键性因素,来自个体内心的期望与实际得失的差异,才是底层民众政治抉择的要因。民众饱受外部政治与社会环境侵扰,渴望保障基本的生存权与发展权。倘若自身基本权益与实际所得存在不可容忍的差距,底层民众便会采取抗争性行为,进而否定原有的政治信仰,做出新的政治抉择。清政府在应对公共危机事件时,忽视了对底层民众基本权益的保障,使得底层民众对当前政权的不信任感累积,以致由个体性的政治信仰动摇演变为群体性的抗争事件,从而使政权产生合法性危机。运用这一理论可以明晰,为何清政府在收复太平军所放弃的"失地"后,地方依旧存在各种对抗势力。以士绅为主导的知识权力化阶层也意识到,对太平军的军事胜利,并不能从根本上恢复旧有的统治秩序。只有安抚底层民众的挫折感,才是恢复旧有统治的关键所在,也才能使政权危机得以解除。(图4-3)

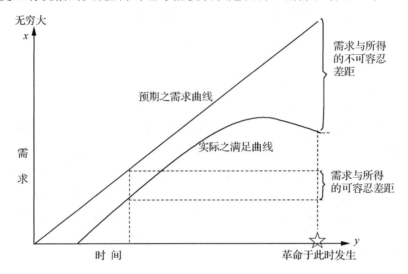

图 4-3 戴维斯 J 曲线示意图

注:x 轴表示需求(其向上发展的箭头,表示无穷大);y 轴表示时间。在时间推移的过程中,两条曲线的差距开始拉大,尽管都是向上发展。换言之,实际之满足曲线的发展速度要慢于预期之需求曲线的增长速度。这种扩大的差距积累到一定的程度便会导致社会不稳定,并出现革命。

资料来源:斯坦因·U.拉尔森.政治学理论与方法[M].任晓,等译.上海:上海人民出版社,2006:236.

3. 苏、浙、皖瘟疫与政权危机

辛酉政变后,晚清统治阶级内部的政治结构发生异变,以慈禧与奕䜣为代表的皇族势力,在与以肃顺为首的顾命大臣的斗争中占据上风,并最终掌握统治权。为了尽快消弭太平天国"叛乱"的影响,慈禧极力支持汉族地主兴办团练,以维护岌岌可危的统治。同治元年至三年(1862—1864),清军与太平军在南方战场呈拉锯战态势,江苏、浙江、安徽是双方交战的主战场。正值双方胶着之际,在长江中下游诸省发生了一次波及范围广、危害程度大的瘟疫。事实上,瘟疫在太平军攻伐江南之初即有所显现,随着战事的不断扩展,瘟疫的情势愈加严峻,前后持续长达3年。

① 瘟疫的流行

这场旷日持久的瘟疫究竟肇始于何时,已无从稽考。据史料记,最早有关这场瘟疫的记录来源于咸丰六年(1856)的"颍上之战"。是年三月,太平军围攻淮河北岸的颍上县,战斗双方在颍上僵持不下,呈对峙态势。突然从天京传来政变消息,使太平军的士气迅速下降。天京政变(又称"杨韦事变")使得前方军队后援不济,太平军围攻颍上县城数日后遂悄然后撤,清军得以解围。战事虽已平复,县城内却疾疫大起,死者多达3 000余人。此后,在颍上周边诸县均发生了不同程度的瘟疫。咸丰六年爆发的颍上瘟疫绝非个例,这与当时的气候环境密切相关。这年,长江中下游的诸多省份不仅饱受战乱兵燹,而且在皖北、江淮等地还发生了数十年未有之大旱,史载"河水皆涸,田禾尽槁,……饥民遍野,道殣相望"①。况且不久前淮河沿岸还发生了蝗灾,可谓是灾祸连连,江淮等地的农业生产蒙受巨大损失。

笔者依据史料推定,苏、浙、皖三省瘟疫肆虐于咸丰十年,至同治三年(1864)基本消匿。在此期间,共有58个州县遭受了不同程度的瘟疫侵袭。通过对比相关数据,疫情的发生率在同治元年至二年的两年间达到峰值,各省州县共报告疫情多达41次,占整个瘟疫肆虐时期疫情发生总次数的70.68%。(图4-4)

图4-4 1860—1864年苏、浙、皖三省瘟疫发生次数统计图

资料来源:《中国地方志集成》江苏省、浙江省、安徽省分卷。

从波及地域看,瘟疫大抵集中在苏南、浙北及皖南等地区。从遗存的文集与笔录中,我们可窥知瘟疫流行的情况。常熟人龚又村在《自怡日记》中记载

---

① 谢高潮.浅谈同治初年苏浙皖的疫灾[J].历史教学问题,1996(02):18-22.

了苏州一带所发生的疫情,"夏秋以来,无家不病,病必数人,数人中必有一、二莫救者,始信神传帝旨,历历不爽,可勿慎哉?"①桐乡濮院人沈梓在《避寇日记》中记载了浙北一带的疫情,"霍乱饿死之多,知天之降灾于民"②。同治三年(1864)六月,疫情愈发严峻,"天炎疫作,每日死者动以百计,经理善后者设施粥局于南栅,食粥者以千计,死者每日以五、六十人为率,而食者日死日增,盖以逃难者多,粮绝故也。由此观之,湖属今年之劫实较往年更甚重,奇灾也"③。无锡人张乃修本是清末江南的一位医家,他在《如梦录》中记述了同治元年四月前往乡间出诊时所见疫情的惨状,"甫出门风摇灯灭,只得放步而行,仿佛尸横之处,避道而过,将及村半,忽身旁若有人从地下跃起,其声甚厉,心胆俱裂,呆立片时,见村犬成群,龁尸饮血,遇人而惊窜也"④。徽州人黄崇惺在《凤山笔记》中对皖南一带的疫情做了较为细致的描述,徽州百姓死于战乱者仅"十之二三",[咸丰十一年(1861)]五月清军克复徽州后,"以疾疫亡之六七";七月间左宗棠致刘长佑亦称:"敝军自婺源大捷后,士卒患病者逾半,物故者亦近千人"⑤。

笔者考稽相关史料与地方志,对1860—1864年苏、浙、皖三省瘟疫流布的区域做了较为细致的统计,如表4-1所示。

表4-1 1860—1864年苏、浙、皖三省瘟疫流布区域统计表

时间	瘟疫流布区域
咸丰十年(1860)	江苏省苏州府常熟县、江苏省常州府无锡县、浙江省嘉兴府濮院镇、江苏省苏州府吴县、浙江省湖州府乌程县
咸丰十一年(1861)	浙江省杭州府临安县、浙江省嘉兴府濮院镇、浙江省杭州府昌化县、安徽省徽州府、安徽省太平府南陵县

---

① 龚又村.自怡日记:卷21[M]//太平天国历史博物馆.太平天国史料丛编简辑:第4册.北京:中华书局,1963:453.
② 沈梓.避寇日记:卷4[M]//太平天国历史博物馆.太平天国史料丛编简辑:第4册.北京:中华书局,1963:275.
③ 沈梓.避寇日记:卷5[M]//太平天国历史博物馆.太平天国史料丛编简辑:第4册.北京:中华书局,1963:313.
④ 张乃修.如梦录[M]//太平天国历史博物馆.太平天国史料丛编简辑:第4册.北京:中华书局,1963:615.
⑤ 左宗棠.左宗棠全集:书信一[M].长沙:岳麓书社,1996:428.

续表

时间	瘟疫流布区域
同治元年(1862)	浙江省嘉兴府、江苏省松江府娄县、江苏省松江府上海县、江苏省松江府川沙厅、江苏省松江府南汇县、江苏省松江府宝山县嘉定、江苏省松江府金山县、浙江省嘉兴府嘉善县、江苏省松江府青浦县、江苏省苏州府常熟县、江苏省苏州府吴江县、浙江省杭州府临安县、浙江省杭州府昌化县、浙江省湖州府孝丰县、浙江省湖州府乌程县、浙江省湖州府归安县、浙江省绍兴府、江苏省江宁府、江苏省江宁府溧水县、浙江省海宁州、江苏省苏州府昆山县、江苏省苏州府新阳县、安徽省宁国府、安徽省徽州府、安徽省太平府芜湖县、浙江省广德州(同治三年,1864年,复属安徽)、安徽省徽州府歙县、安徽省六安州
同治二年(1863)	江苏省松江府娄县、江苏省松江府奉贤县、江苏省松江府上海县、江苏省松江府川沙厅、江苏省松江府南汇县、浙江省嘉兴府、浙江省绍兴府山阴县、浙江省绍兴府诸暨县、浙江省海宁州、江苏省苏州府吴江县、江苏省苏州府常熟县、江苏省苏州府新阳县、江苏省松江府宝山县嘉定、浙江省湖州府孝丰县、浙江省镇海州、浙江省杭州府富阳县
同治三年(1864)	江苏省常州府江阴县、江苏省苏州府常熟县、浙江省湖州府乌程县、浙江省湖州府归安县、江苏省江宁府、江苏省松江府宝山县、江苏省镇江府丹阳县、浙江省宁波府象山县、江苏省常州府靖江县、江苏省常州府宜兴县、江苏省常州府荆溪县、安徽省宁国府宣城县、安徽省太平府南陵县

资料来源:《中国地方志集成》江苏省、浙江省、安徽省分卷;以及各州县志书,如民国《杭州府志》卷85《祥异》、民国《昌化县志》卷15《事类·灾祥》、光绪《松江府续志》卷39《灾祥》、同治《上海县志》卷30《杂记·祥异》、光绪《川沙厅志》卷14《杂记·祥异》、民国《南汇县续志》卷22《杂志·祥异补遗》、光绪《金山县志》卷17《志余·祥异》、光绪《重修嘉善县志》卷34《祥眚》、光绪《孝丰县志》卷8《祥异志·灾歉》、光绪《溧水县志》卷1《舆地志·庶征》、光绪《昆新两县续修合志》卷51《祥异》、同治《苏州府志》卷134《祥异》、光绪《青浦县志》卷29《杂记·祥异》等。

② 瘟疫的种类

依据学术界既有的研究成果,大体可推知这场瘟疫并非单一性传染病,而是多种类型的传染病混合。倘若要探究苏、浙、皖三省所发生瘟疫之情状,应当从挖掘史料入手,对当时的疫情进行细致分析。龚又村在《自怡日记》中记述了不少瘟疫蔓延时人们出现的病症,"(同治元年七月)廿二日,高妪子病笃,销瘦骨立,寒热便泄依然,乃买水鸡煎汤,神气尚清,熟(孰)知甫下咽而口

第四章　近代公共危机应对机制产生的原因及影响

嚓,下开气药已不及救矣,年才八岁"①。沈梓在《避寇日记》中也记载了有相似症状的病例,"(同治元年四月廿二日)新塍有吐泻等病,不及一昼夜即死"②。迨至同治二年(1863),瘟疫的流行情况更为严重,"(同治二年)余于八月卅赴乌镇,舟人饮咸水者皆患肚痛腹泻,乌镇人皆于西栅外载水而入,实则仍带咸味,但不若内河之大咸耳"③。从现代公共卫生防疫的角度观察,传染病的流行有3个环节,即传染源(Source of Infection)、传播途径(Route of Transmission)与易感人群(Susceptible)。从沈梓的笔记中我们可以推知,浙北瘟疫的流行与蔓延,与当地人饮用不洁净的"咸水"有很大关系。那么,作为传播途径的"咸水"又是从何而来?

咸丰十一年(1861)太平军与清军在江南的战争异常惨烈,江南地区深陷社会动荡与兵燹之中,海塘疏于修缮,水利工程日渐废弛,以致"海塘自贼未来时即有圮处,至辛酉以来,往往连圮数十百丈,贼虽累经派费修塘,率皆饱私囊,未必办公事。辛酉之秋,硖石、园花等处咸水漂入内河,禾稻并死。是时濮院水始有带咸味者,然不过月余而止,自陡门以北既无咸味矣。壬戌夏秋海塘复圮,硖石附近田禾皆为咸水所偃,而咸水所波及非仅濮镇,而陡门以北皆咸矣"④。年久失修的海塘,未能阻遏海水倒灌入内河水系,使得作为饮用水源的内河水质遭受污染。四处逃难的灾民,无疑是瘟疫的主要传染源。同治二年初,太平军与清军在杭州一带激烈交锋,周边地区所产的粮食大多被征调为军粮,百姓流离失所、荒不择食。与此同时,浙北一带久旱无雨,海盐、海宁一带的田地也屡遭盐潮,造成了"人少田荒,米谷歉收"的惨状。在举家逃荒的灾民中,不乏传染病的易感人群,遂成为传染源。

那么在苏、浙、皖三省蔓延的瘟疫,究竟为何种传染病? 从史料与历史事实入手,终究是探寻真相的不二法门。凭借遗存至今的医书与文集,时人均认定这场瘟疫的始作俑者乃"霍乱"。后人在记述这场瘟疫时,也频繁使用"霍乱"这一术语。然而据考证,此"霍乱"非彼霍乱,即并非现今人们所知之霍

---

① 龚又村. 自怡日记:卷21[M]//太平天国历史博物馆. 太平天国史料丛编简辑:第4册. 北京:中华书局,1963:453.

② 沈梓. 避寇日记:卷3[M]//太平天国历史博物馆. 太平天国史料丛编简辑:第4册. 北京:中华书局,1963:153.

③ 沈梓. 避寇日记:卷4[M]//太平天国历史博物馆. 太平天国史料丛编简辑:第4册. 北京:中华书局,1963:275.

④ 沈梓. 避寇日记:卷4[M]//太平天国历史博物馆. 太平天国史料丛编简辑:第4册. 北京:中华书局,1963:275.

乱。因为现代医学所指的霍乱,真正传入中国的时间并不长。据考证,嘉庆二十五年(1820)之前的"霍乱",大抵多指发生于夏、秋两季的急性胃肠炎或是细菌性食物中毒之症。嘉庆二十五年,霍乱这种烈性传染病才真正从海路由印度传入中国。① 霍乱一般以轻症患者为主,带菌患者亦不乏见,而重症患者的死亡率极高。由此推断,晚清时期的民众对何为霍乱、何为急性胃肠炎,应是分辨不清、缺乏必要认知的。从记载的病症中,我们大体可以推知,史料所指的"霍乱",绝非现代医学所指的霍乱。龚又村在同治元年(1862)八月十五日的日记中记述:是年中秋,罹患疾病,"予服药汗透,略啗糕饼,并食焦米粥,自恃无恙。……不意热根未净,呕吐频仍,自悔无以慎疾"②,直到廿二日,"至午得汗而热解,大便亦利"③,病情似乎才得到缓解。他还详细记录了其子女罹患急症的过程,"(同治元年八月十八日)惟祐儿两女又感冒,未能服劳";"(八月二十日)而祐儿连患寒热,似有疟象,恨其不能止食,为之怒号";"廿二日,惊报幼女唇焦肢冷,形木声尖,头重眼昏,病甚危笃,幼儿次女及陪病陆妇又患寒热急痧,内子镇夕不眠,……祐儿痁作旋汗,傍晚已平"。④ 龚又村一家虽罹患疫症,却终究免于生命之忧,他的记载为我们研究这场瘟疫的来龙去脉,提供了第一手周详的史料。

现代医学认定,急性胃肠炎是由"引起胃肠型食物中毒的细菌"所引发的一种传染性疾病,"常见有沙门菌属、副溶血性弧菌、大肠杆菌,以及金黄色葡萄球菌(毒素),其次为蜡样芽胞杆菌等"⑤。医学家通过对传染病进行流行病学分析后认为,此类杂症多发于气温较高、有利于细菌在食物中繁殖的夏、秋两季。病症起初呈散发性零星分布,后呈爆发性态势流行。患者往往突然患疾。急性胃肠炎发病周期相对集中,潜伏期短暂。发病的患者具有一个共通的特征,那就是曾经进食过同一种受污染的食物,而且病情的轻重与进食量存在必然联系。倘若停止进食带有病菌的食物,疫情便会减轻或消解。从临床

---

① 余新忠.嘉道之际江南大疫的前前后后——基于近世社会变迁的考察[J].清史研究,2001(02):1-18.
② 龚又村.自怡日记:卷21[M]//太平天国历史博物馆.太平天国史料丛编简辑:第4册.北京:中华书局,1963:457.
③ 龚又村.自怡日记:卷21[M]//太平天国历史博物馆.太平天国史料丛编简辑:第4册.北京:中华书局,1963:458.
④ 龚又村.自怡日记:卷21[M]//太平天国历史博物馆.太平天国史料丛编简辑:第4册.北京:中华书局,1963:458.
⑤ 彭文伟.传染病学[M].5版.北京:人民卫生出版社,2001:142.

症状上看,各类细菌性急性胃肠炎的病症大致相似,主要表现为腹痛、呕吐、腹泻等症状。有的患者起病很急,腹部明显感到不适,上、中腹部会持续或阵发性绞痛,伴有恶心、呕吐等症状,呕吐物往往多为进食的食物。此外,由副溶血性弧菌引起食物中毒的患者,可能还会出现血性腹泻。上、中腹部均感到轻度压痛,肠鸣音亢进。如果是吐泻严重的患者,还可能出现口干、舌燥、眼眶下陷、皮肤弹性差等脱水症状,以及畏寒、发热、头痛、乏力等全身感染中毒症状。① 显然,龚又村记录的"呕吐频仍""唇焦肢冷""头重眼昏""畏寒发热"与现代医学中的急性胃肠炎病症极为相似,故可推断当时肆虐的应为这一类急性传染病。总体而言,咸同年间所发生的苏、浙、皖三省瘟疫,应当是多种传染病共同暴发所致,其中尤以急性胃肠炎、痢疾等传染病发生的概率最大。

③ 瘟疫对政权的影响

太平天国运动对江南士绅与普通民众的影响是不言而喻的。这场战乱不仅扰乱了清王朝在江南既有的统治秩序,也使江南出现了不同程度的人口锐减与经济衰退。从更深层次看,清军与太平军之间激烈的战争,对苏、浙、皖三省瘟疫的蔓延起到了推波助澜的作用。战争与瘟疫的蔓延也使得清王朝在江南的统治面临前所未有的合法性危机。究其缘由,大抵有两个方面的因素:第一,清政府政权的合法性备受质疑。拯救庶民,苏解民困,是正统政权必须担负的职责。清王朝的统治者只关注战事进程,对江南百姓遭受的疫症之苦,充耳不闻,丧失了统治的合法性。第二,瘟疫扰乱了既有的统治秩序,使得地方政权与士绅阶层面临不曾有过的道统危机。苦于瘟疫,不少民众或投靠太平军,或流徙他乡,摆脱了人身依附和地缘禁锢,社会持续动荡。公共卫生危机所导致的政权合法性危机,直接冲击着清王朝在江南的统治根基,使得知识权力化的统治阶层面临严峻挑战。如果将政权危机作为一个群集性的概念加以判定,对政权的合法性质疑是政权危机最突出的表现。

从危机学的角度审视,政权合法性危机主要表现在以下诸多方面:第一,政权合法性危机指的是政府能力的缺失,包括官僚体制与行政机构不能正常运作,社会福利制度不能实施,以及政府对内职能不能担负起相应的职责。第二,政权合法性危机指的是政府文化的认同危机。所谓政府文化认同,指的是对在一特定的民族或国家内部所形成的普遍性政治准则、政治态度、政治信仰

---

① 彭文伟.传染病学[M].北京:人民卫生出版社,2001:143. 有关急性胃肠炎的发病机理与临床表现,可参见《传染病学》中的"细菌性食物中毒"。

与民族情感和价值观等的认同。在政治文化的影响下,底层民众在长期的历史发展中,逐渐形成了一整套在政治体系建构下的合法性信仰,且十分稳固。可以说,这是政权合法性地位的重要思想基础。然而,当外来文化强势植入时,政府文化认同必然产生危机。第三,政权合法性危机还指军事权威的丧失。当一个政府面临外部挑衅或内部威胁时,与之抗衡的主要底气来源于政府的军事能力。马克斯·韦伯(Max Weber)在《论经济与社会中的法律》(Law of Economy and Society)一书中指出,合法性是人们对政治统治秩序的"自觉""自愿"地遵从,民众之所以能自觉服从国家制定的法律,是相信"只有'国家'才能通过命令和允许的方式,'合法地'行使任何其他共同体可实施的强制力"①。国家军事能力无疑是实施这一强制力的重要保障,也是稳固政权合法性的物质基础。

在内忧外患的境况下,晚清政府的政治统治能力有诸多缺失。以苏、浙、皖三省瘟疫为例,太平天国运动使得清王朝既有的统治格局被肢解,无暇顾及底层民众遭受的瘟疫之苦,加之晚清政权一贯存在的腐败行径,使得有限的救灾措施无法惠及底层民众,这些导致清政府丧失了在民众心目中的政治权威。倘若站在历史唯物主义的角度看,瘟疫作为公共危机的表现之一,不仅对清政府的政治统治造成了严重威胁,而且动摇了太平天国政权。康沛竹在《灾荒与太平天国革命的失败》一文中列举了不少例子。他认为连年不绝的灾荒导致了太平军面临粮荒,加之瘟疫肆虐,严重威胁着人民的生命,客观上导致了太平军的革命失利。②

沈梓在《避寇日记》中提到,太平军攻入苏州吴江县时,也干过劫掠、放火、杀人之事,加之清政府长期对太平军的负面宣传,使得江南民众对太平军颇为抵触,"凡贼兵攻吴江者,皆以劫掳、放火、杀人、割稻为事……"③在《平贼纪略》一书中,记载了太平军"袭扰"常州金匮县的情况,"吾邑庚申以前,城乡民稠地密,半里一村,十里一镇,炊烟相接,鸡犬相闻,市肆繁盛。……遇难以后,附郭周围。一望平芜,惟东门亭子桥存民房百间,西门惠山存祠庙数百间,其

---

① 马克斯·韦伯.论经济与社会中的法律[M].张乃根,译.北京:中国大百科全书出版社,1998:342.
② 康沛竹.灾荒与太平天国革命的失败[J].北方论丛,1995(06):51-55.
③ 沈梓.避寇日记:卷4[M]//太平天国历史博物馆.太平天国史料丛编简辑:第4册.北京:中华书局,1963:274.

余瓦砾盈途,变成焦土"①。由此观之,包括瘟疫在内的公共危机,不仅冲击着晚清政权,同样冲击着太平天国政权。

晚清政府能力的缺失,还表现在国家与地方政权在应对灾荒时的救治不力上。清政府虽然在康雍乾时期制定了一套较为缜密、规范的灾荒赈济制度。但是在太平天国运动兴起后,南方的多数地区都不同程度地遭受了战争的侵袭,清政府在应对灾荒方面往往力所不及,救灾与赈济的能力亦大不如前。沈梓在记述浙西北遭受盐潮侵蚀时就指出,盐潮的产生是"三分天灾,七分人祸"。咸丰十一年(1861)以后,浙西的海塘大多废弛,有的早已坍塌,一直未能得到妥善的恢复与修缮,以致海水倒灌时,卤水侵入内河水道,嘉兴不少地区的河水变咸。水资源的不洁净,严重威胁着百姓的生存。《平贼纪略》中还对清军收复无锡城后,城内官府漠视民瘼的情况做了如下评述:"复城后,各乡镇立局,收养流离失所之民,……惟米珠薪桂,终难周全,冬春之饥寒交迫,夏秋之暑湿薰蒸,病死无数,非独殁无棺木,葬亦开千人坑埋之。且夫役扛尸,尝以两尸为一扛,甚至有未气绝者,夫役曰:'带去。'或能言未死者,则曰:'早晚一样。'竟带去埋之。"②民心的丧失,必然导致清廷统治遭到底层民众的抵触与蔑视。

在所有政权危机的表现形式中,中央政府军事威权(Military Authority)的丧失无疑最具震撼力。在传统社会中,士绅往往辅助官府行政、施行教化,或主持地方公益与慈善事业,或参与地方政治与社会事务。面对太平军汹涌如潮水的攻势,清政府不得不借助地方士绅的团练武装来维持现有的统治秩序。早在咸丰二年太平军起事之初,清政府就令本籍士绅办理团练。清政府虽然允许地方兴办团练,却总是处处压制,使团练仅作为"半官方的保甲组织"(Semi-official Neighborhood Administrative System),以维护中央军事力量的绝对权威。曾国藩本人在办理团练之初,也预设将团练控制为较低水平的军事化组织。他在给丁稚璜的信中谈及了团练的目的:团练重在团,不重在练,"办团与保甲名虽不同,实则一事"③。随着团练武装的跨境作战,团练远远超出了单纯的保甲范围,逐渐演变为具有相当实力的地方武装。

对清政府政权影响较为深刻的还远不止尾大不掉的"地方武装"。在太平

---

① 佚名.平贼纪略:下[M]//太平天国历史博物馆.太平天国史料丛编简辑:第1册.北京:中华书局,1961:316-317.

② 佚名.平贼纪略:下[M]//太平天国历史博物馆.太平天国史料丛编简辑:第1册.北京:中华书局,1961:304-305.

③ 李翰章.曾国藩文集:四[M].北京:九洲图书出版社,1997:287.

军与清军激烈交战之际,大量的主战场出现了"权力真空",士绅主导的团练成为弥补"权力真空"的主要力量。在灾荒赈济方面,以往江南士绅为了更好地发挥救灾防疫的功效,通常组织绅董来筹办地方赈济。绅董与地方政权之间的关系大抵基于协同合作,很少出现挑战地方政府权威的情况。但是在咸同年间,太平军势如破竹的攻势与苏、浙、皖的瘟疫,使得清政府自顾不暇。士绅在各地大兴团练时,也将团练局的角色与功能置于地方政府之上,并出现僭越政府的行径,特别表现在县乡一级的管理权归属上。在地方行政的管理权中,卫生防疫权是被褫夺的权力的一部分。团练干将与士绅开始染指地方事务管理,他们通过兴办慈善机构与慈善组织,增强自身在地方事务中的话语权。通过对乾隆至宣统年间江南市镇慈善机构的统计,我们不难发现,同光年间是江南市镇慈善事业的第二个发展高潮。① 由士绅主导的江南慈善事业的兴盛与士绅权力的彰显,存在内在关系。咸同年间江南地区慈善组织如表 4-2 所示。

表 4-2 同光年间江南地区慈善组织一览表

年份	府	县(地)	机构名称	年份	府	县(地)	机构名称
1850	浙江嘉兴	嘉兴	同仁堂	1865	江苏苏州	吴县	仁济局
	江苏苏州	吴县	轮香局		江苏苏州	元和	保息局
	江苏苏州	泰兴	体仁堂	1867	江苏苏州	吴县	种善局
	江苏松江	漕泾	宝善堂	1868	江苏松江	松江	周浦万缘堂
	江苏常州	江阴	乐善堂		江苏常州	武进	丰北同善堂
	江苏苏州	常昭	同与堂		江苏松江	松江	沟沔志仁堂
	江苏苏州	常昭	继善堂	1869	江苏松江	松江	法华赞育堂
1853	江苏松江	娄县	崇善堂	1872	浙江嘉兴	秀水	新塍培元堂
1854	江苏苏州	元和	安仁南局		浙江湖州	归安	信善堂
	江苏常州	江阴	惟善堂		浙江嘉兴	嘉兴	仁济堂
1855	江苏苏州	新阳	正心坛	1873	浙江嘉兴	梅里	仁济堂
1856	江苏苏州	苏州	一仁堂		江苏松江	上海	同仁分局
1858	江苏松江	上海	仁济堂		江苏苏州	吴县	公义局
1859	江苏松江	上海	果育堂	1874	浙江绍兴	余姚	继善公所
1862	江苏松江	七宝	三善堂		江苏常州	武进	旌孝乡存仁堂

---

① 王卫平.清代江南市镇慈善事业[J].史林,1999(01):38-46.

续表

年份	府	县(地)	机构名称	年份	府	县(地)	机构名称
1863	江苏松江	上海	复善堂	1875	浙江杭州	杭州	劝善集
	江苏常州	江阴	宝善堂		浙江湖州	归安	惟善堂
1864	江苏松江	南汇	益善堂				

资料来源:梁其姿.施善与教化——明清的慈善组织[M].石家庄:河北教育出版社,2001:327-412.

二、社会舆论的传播

公共危机事件影响的传播,不仅是群体性行为,还与个体性行为有关。在公共危机事件的初期,个体对它的风险感知是评判危机事件变化的重要依据。公共危机事件中个体的心理偏差(Psychological Deviation)效应及其反应模式,将对危机事件的传播轨迹产生重要影响。正是在充分感知风险的情况下,个体才会通过关系网络与社会资本的作用,将这种风险感知传递或转嫁给他人,从而形成涟漪效应。待到危机事件影响下的风险感知扩散至一定人群后,新闻媒体或报刊的深入、广泛的追踪报道,将使风险感知的效应传递至每一个社会成员,从而形成真正的危机事件下的恐慌。

晚清时期,公共危机事件影响的传播轨迹与风险感知的途径,迥异于其他历史时期。晚清之际是近代传媒初步建构的时期。除既往"口耳相传""道听途说"的传播方式之外,新式出版物无疑在危机事件影响的传播过程中发挥了重要的推动作用。尤其在近代文明影响较早的江南地区,以《申报》《万国公报》《新闻报》《苏报》《字林西报》《汇报》《经世报》《时报》《译林》《浙江潮》等为代表的众多新式报刊,俨然成为社会中新式传播媒介的代表,从而为公共危机事件的传播提供了重要平台,也势必对社会舆论产生影响。

(一)社会舆论的诱发机制

在晚清江南社会中兴起的报刊、社群等信息传播媒介,推动了新兴舆论阵地的构建。在其推动下,域内信息不断向外界传播,增强了社会话语阶层的渗透力与影响力,由此成为晚清社会公共领域重要的内驱性因素,并引领公共领域的舆论导向。近代传媒的产生,不仅唤醒了公民意识,而且使信息由城市向乡村辐射,起到了组织传播媒介的作用,诱发了社会从众效应。上海作为东南沿海开埠较早的城市,不仅是江南传播媒介的中心,而且是近代中国传播媒介的发源地之一。以上海为信息集散中心,以东南沿海城市为信息传播据点,进而将信息推进至内陆腹地的社会舆论阵地渐趋形成。

公共危机事件作为时政或社会新闻的一部分,历来是各大报刊关注的焦点。公共危机事件是客观存在的,发生的过程较为短暂,但后续影响力持久。随着近代空间的扩张,公共危机事件的危害性不仅来自公共危机事件自身,还来自媒体与社会舆论的放大效应,在某种程度上,后者的影响力与危害程度更大。

晚清时代的社会舆论与传播媒介扮演着三种角色:一是组织传达信息的载体。以往对公共危机事件的报道,大抵限于朝廷的邸报与官府的告示,信息来源与传播渠道单一,公众从非官方或非正规途径所获取的多半是零碎、繁芜、舛错的信息,失真率高。报刊、社群等信息传播媒介兴起后,公众获取信息的渠道与方式趋于多样化,经过新兴传播媒介的加工与编辑,公众所获取的信息更为全面、客观、准确。二是近代传媒日益成为强有力的组织,成为公共舆论表达诉求的力量。近代传媒广泛评议政治、针砭时弊、抨击朝局,尤其对清政府的不作为、媚外欺内、出卖主权等行为进行了强烈批评,这无疑对晚清政府的权威与公信力产生了影响。三是新兴传播媒介成为公共舆论的传声筒与扩音器。近代传媒是社会各阶层沟通的桥梁与纽带,在重大政治与社会事件中,成为"民意上达、政情下传"的重要平台。毋庸讳言,由于办报机构的性质不同,报刊已化身为特定阶层的舆论宣传工具,成为特定阶层表达政治诉求的重要渠道。在社会舆论的推动下,特定群体的风险感知被持续扩散与放大,经过社会从众效应的作用,进而成为影响全局的公共危机事件。在"冲击—反馈"(Impact-Feedback)模式中,从众效应对公共危机事件具有显著影响。

1. 以上海为中心的报刊阵地

晚清上海独特的政治文化环境,造就了其在江南乃至全国的舆论传播优势。上海之所以能成为晚清舆论传播的中心,主要有如下诸因:首先,上海是中国最早开埠的通商口岸,对新式事物与西式文化的接受速度与能力均高于其他城市。其次,上海是长江沿岸与东南沿海重要的贸易中心、航运枢纽,信息的获取渠道与传播途径均优于其他城市。最后,上海的工商业发达,本埠洋商、买办、实业家有能力经营与维持报刊出版等文化产业。此外,上海拥有众多潜在的报刊读者。这些对于报刊的营销与行业的发展均至关重要。更重要的在于,租界给上海报刊的生存创造了相对宽松的环境。租界无疑在上海报刊机构与清政府的政治控制之间,起到了隔离或缓冲的作用,使得办报机构与读者均可以享受相对宽松、自由的言论空间。

晚清时期上海的报刊行业，主要有四种类型。

一是由外籍传教士经营的外文报刊。这类报刊的创办时间最早，但营销有限，受众面相对较小，读者以在华传教士和外籍商人为主。所刊之内容，大抵为国内外时政、商业情报、人事动态消息等，发行数量极为有限。其代表有：

《北华捷报》。又名《华北先驱周报》，是上海出版的第一份近代英文报刊。1850年8月3日，由英国拍卖行商人奚安门（Henry Shearman）在上海租界创办。《北华捷报》不仅是来华外籍商人获取中国商业信息的重要传声筒，也是英美政府获取中国政治动态的重要窗口，以对太平天国运动的报道深入、全面而著称于世。1864年6月1日，北华捷报馆出版的《每日航运与商业新闻》(Daily Shipping and Commerciad News)扩充为综合性日报，改名为《字林西报》，《北华捷报》成为《字林西报》的每周增刊。《字林西报》与英国驻上海的使馆、租界当局等保持着十分紧密的联系，被在华外籍人士称为"英国官报"(Official British Organ)。

《上海通信》(Shanghai News Letter)。1867年美籍商人在上海创办的报纸。《上海通信》主要刊载来华商船及捕鲸船往来运输的消息，刊期以商船的船期为准，每逢美国商船抵达上海时才出版一次。另外也刊载新近来华美国人的名簿，类似于商业通讯或寻访启事。

二是由外籍商人、传教士投资或经营的中文报刊。这类报馆资金雄厚，信息获取渠道广泛，读者不仅有在华洋商、传教士、职业外交家，亦有不少中国商人、买办、基督徒、官宦、普通民众等。此外，由于受中国政府的舆论管控与监督较少，因此所撰之时政、军事等方面的评议，观点恳切，不乏针砭时弊的言辞。其代表有：

《上海新报》(Shanghai News)。1861年11月，美籍传教士华美德（M. F. Wood）在沪创办，是近代中国第一份中文商业报纸。初为周报，1872年之后，改为日刊。所撰内容大抵为国政军情、世俗利弊、商业情报，后亦刊载小品文、诗词等。1872年12月31日，在与《申报》的长期竞争中停刊歇业。来华传教士傅兰雅（J. Fryer）与林乐知（Young John Allen）等均担任过报刊主笔。

《万国公报》。1868年9月5日，外籍传教士在沪创办了《教会新报》(Church News)。1874年9月5日，《教会新报》易名为《万国公报》，并成为广学会(The Society for the Diffusion of Christian and General Knowledge Among the Chinese)的机关报。广学会是在华英、美洋商，职业外交家，传教士等在上海成立的一个文化社团组织,主要布施基督教精神。《万国公报》创刊后不久,因资金问题一度停刊。1889年2月复刊,改为每月出版,1907年7月停刊。晚清著名来华传教士林乐知、慕维廉(William Muirhead)、李提摩太、丁韪良、潘慎文等均担任过编辑或撰稿者。维新变法之后,《万国公报》成为在华影响力最大的报刊,仅1903年的发行量就多达5.4万余份。

三是托庇或诡寄为外籍产业,实则为华人执笔的报纸。这类报纸主要有两类:一类是由外籍人士在华创办的中文报刊,但大多聘请中国人参与执笔或经营;一类是中国实业家或买办创办的中文报刊,但慑于官府权势,或无端侵扰,或借机讹诈,遂将名产诡寄于外籍洋行或机构名下,仰赖外籍人士在华特权与人脉关系,以图生存。

《申报》。原全称为《申江新报》,是英国商人安纳斯脱·美查(Ernest Major)于1872年4月30日在上海创办的中文报刊。美查见沪上仅《上海新报》一家中文报纸,认为中文报刊拥有巨大的潜在市场,遂与其他英国商人集资创办《申报》,延聘蒋芷湘、钱昕伯、何桂笙担任主笔,负责具体经营事宜。《申报》是一家以营利为目的的报纸,主要为在沪华人读者群服务,所刊内容涵盖政治、经济、文化、社会生活等多个方面,是近代中国影响最大的报刊之一。

《新闻报》。1893年2月17日由中外商人在上海合资创办,英国商人丹福士(Danforth)担任总董,并延聘蔡尔康担当主编。不久,丹福士将股权卖与美国人福开森(J. C. Ferguson),由其继续经营。《新闻报》以经济新闻为主要内容,读者以工商业界人士为主。草创之初,报刊销量仅300份,至清末时销量已突破4万余份,位居全国前列。

四是在沪华人兴办的报纸。新式报刊传入中国之初,无论是地方官员还是商界精英对其舆论作用与社会影响力都估计不足,认为只是西方的"奇技淫巧",不足为虑。中法战争期间,上海外报频繁泄露清政府的军事计划与对外交涉内容,使得清政府陷入难堪的境地。出于国家安全的考虑,清政府对报刊舆论格外重视。为了防止社会话语权被洋人褫夺,上至官绅,下至商民都积极在沪兴办中国人自己的报刊,一时间华商办报在上海蔚然成风。

《汇报》。1874年6月,上海招商局总办唐廷枢与上海知县叶廷眷在沪创办《汇报》,主要评议政治,所撰之文多半是外文报刊译稿。《汇报》与清政府关系密切,与《申报》经常发生笔战,凡《申报》所主张的,《汇报》必定反驳。

《时报》。1904年6月12日创刊的《时报》,是戊戌变法后保皇党创办的第一份报纸。它由康有为的学生、留日青年狄葆贤与罗普等宪政活跃人士在上海创办,梁启超参与策划。《时报》将自身定位为官方与民间的沟通者,大多反映民间疾苦,针砭时弊,抨击官员腐败无能与社会黑暗。《时报》最大的特色在于短小精辟的时评文章,深受知识分子与青年学生的喜爱。

《中国女报》。1907年1月14日在上海创办的女性刊物,名为报纸,实为月刊,32开本,每本约60页。延聘女革命家秋瑾、陈伯平担任主编。《中国女报》以新闻、外国文学、白话小说、演讲、论说为主要刊载内容,旨在提倡女学,联络女性社团活动,劝谕女性破除封建桎梏,开女性新学风气之先。

2. 报刊对公共危机事件的报道

公共危机事件作为社会新闻或时政新闻的一部分,历来都是各大报刊关注的焦点。公共危机事件本身是客观既存的事实,其后续影响力,除了事件本身所承载的危害性之外,更多的来自大众传媒与社会舆论的放大效应。尤其是危机事件发生后,政府没有及时通过官方渠道传播客观、准确的信息,民众只能通过零散甚至舛错的信息加以判断,从而加剧了危机事件产生的负面效应。随着近代报刊的出现,民众越来越信赖社会舆论宣传工具,如戊戌变法中民众对光绪皇帝被幽禁的不满就是通过报刊传播的。由此可见,报刊俨然成为民众呼声的传话筒和扩音器。

沪上大规模报道灾荒,肇始于光绪初年的"丁戊奇荒"。早在同治十一年(1872),黄河流域便已出现了大小不等的局部干旱灾情,同治十三年时灾情已经蔓延至山西、山东等广大华北地区。光绪二年(1876),整个旱区已占据中原大部分省份,覆盖华北、西北东部等大部分地区。此后,灾情波及毗邻江南的苏北、皖中北等地,大量灾民涌入江南。沪上报刊开始对灾情进行持续、深入的报道。光绪二年,苏州城内有男女老幼灾民数十人带着锅灶,栖息在朱家庄新火神庙旁,由于饥饿难耐,遂将城中住户的家狗屠宰以作晚餐。"彼处铺户恐其夜间不靖,速唤地保来逐"①,后来在驱赶下,灾民逃至枫桥一带。此类新闻在江南各州府频频传出。光绪四年的《申报》就刊载了《山西饥民单》,其场景惨不忍睹:"灵石县三家村九十二家三百人,全家饿死七十二家。"山西首府太原更为惨烈,"省内大约饿死者有一半,太原府城内饿死者两万有余"。② 面对晋、直诸省的灾情,身处江南的晋商却鲜有赈济,沪上报纸对此发表社论:"晋人开汇票庄,散布天下,放印子钱亦晋最多,种植罂粟,贻害世人,故致天降

---

① 吴中办赈情形[N]. 申报,1876 – 12 – 11(1422).
② 山西饥民单[N]. 申报,1878 – 04 – 11(1827).

巨灾若此。"①

江南士绅筹募善款,发动士绅赈济,开展义赈活动等,均仰赖于报刊所产生的强大号召力。苏州士绅谢家福早在光绪二年(1876)就在《申报》刊登了《拟上当事筹恤淮灾书》:"窃本年旱魃为虐,淮属告灾,……是则疏河引水、修闸御卤、寓工于赈三事,实为未雨绸缪、刻不容缓之计也。"②士绅们竭力倡导,招徕流民,每天按人数安排工事,并配发口粮,实行以工代赈之法。对于年弱壮丁,除必要的赈济外,鼓励他们开垦荒地,从中收取地租,赈济余下灾民。上海果育堂等慈善团体于光绪三年在《申报》刊登了《果育堂劝捐山东赈荒启》,并宣称将派人前往山东赈济。③以慕维廉、李提摩太为代表的传教士鼓励沪上华洋各界精英募捐,也是通过《申报》这一平台。光绪三年,慕维廉等人代表上海赈济委员会在《申报》上刊登了《晋豫灾荒劝赈略言》。④

无论是灾荒信息的获取,还是荒政救济的劝赈与劝募,都无法离开报刊这个大众传媒平台。以报纸、杂志为代表的大众传媒,强化了社会各阶层之间的联系,使得社会大众对灾荒信息的获取量显著提升,增强了社会各阶层面对危机时的凝聚力与向心力。更重要的在于,报纸的新式传媒手段,拓展了社会群体的话语空间,加速了近代社会的变迁。

(二)风险感知与从众效应

1. 风险感知

一般而言,风险(Risk)具有两层涵义:一是危险发生的概率,一是危险产生的负面效应。人们可以采取风险评估(Risk Assessment)的方式对风险率进行数量化考核。社会公众对风险的感知大多依靠直觉判断(Intuitive Judgment),故称为"风险知觉"或"风险感知"。

学术界对"公众风险感知"(People's Perception of Risk)的研究,存在多种研究范式。尤以美国学者保罗·斯洛维奇(Paul Slovic)在《风险的感知》(The Perception of Risk)一书中所提出的"三维结构"(Three Dimensional Structure)模式影响最大。三维结构指的是公众对风险感知的三个基本维度,第一维度称为"令人恐惧的风险"(Dread Risk),第二维度称为"未知风险"(Unknown

---

① 书仓山旧主醉言后[N].申报,1878-01-12(1757).
② 拟上当事筹恤淮灾书[N].申报,1877-01-25(1461).
③ 果育堂劝捐山东赈荒启[N].申报,1877-05-05(1541).
④ 晋豫灾荒劝赈略言[N].申报,1877-10-19(1684).

Risk),第三维度称为"面临某个特定风险时的个体数量"(Abundant of Specifically Risk)。运用三维结构模式对个体的风险感知进行研究,可以较为明晰地了解并知晓公众对某个风险的感知程度。

从图4-5中可见,当一个风险越大,那么公众对它的风险感知就越强,恐惧感也就越强烈。当一个危机在"令人恐惧的风险"这一维度上越小,那么公众对它的风险感知就越弱,恐惧感也越微弱。这些判断的正态分布(Normal Distribution)趋势由周围环境及潜在诱因决定,包含控制、知情、延迟、风险类型、风险平衡收益与风险变化趋势等诸多因素。

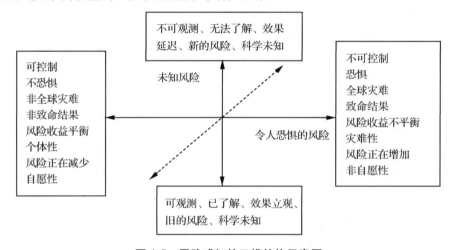

图4-5 风险感知的三维结构示意图

资料来源:SlOVIC P. Perception of risk[J]. Science,1987,236(4799):280-285.

2. 从众效应

倘若仅为个体对风险的一般性感知,那么尚不足以产生较大的风险。但是个体并非单个、孤立的成员,他与其他社会成员之间存在某种联系,尤其是具有一定社会地位或影响力的个体,其所产生的感召力或号召力,对危机事件本身的发展将产生至关重要的作用。由于社会成员获取信息的渠道有限与对危机事件的盲从心态,倘若对社会个体,特别是对具有一定社会地位的个体进行鼓动宣传,其认知会对普通民众产生影响,从而形成从众效应。从众效应的作用和效果与公众的风险感知和公众在危机事件中扮演的角色及所处的位置紧密相关,当受从众效应影响的个体累积到一定数量时,危机事件本身的危险系数则会被放大,学界将这类情况称为"放大效应"(Scale Effect)。

为了更好地阐释个体风险感知与从众效应之间的关系,学界将统计学领域中建构函数模型的方法引入到实际问题的研究中,从而使对这一问题的探讨更为明晰。学者建构了个体在风险感知中的一般反应模型：

$$E = f(p, e_1, e_2, e_3, \cdots, e_n)$$

在反应模型的函数解析式中，E 指的是个体感知的风险概率。p 指的是危机事件发生的概率。e 指的是影响个体风险感知的各种因素，譬如 e_1 与 e_2 分别指危机事件发生之后可以操控的范围或程度和民众遭受危机事件伤害的程度；e_3 指危机事件对社会产生的危害值域或波及阈限；e_4 指危机事件对风险收益平衡的程度；e_5 指危机事件发生后对下一阶段产生威胁的程度；e_6 指危机事件产生危害后，危害可能锐减的程度；e_7 指危机事件中民众自愿接受的程度；e_8 指危机事件中可观测的范围；e_9 指民众对危机事件的认知程度；e_{10} 指危机事件结果的显现程度；e_{11} 指危机事件的新旧程度或类型；e_{12} 指已知科学对危机事件的认知程度等。[①] 综上所述，个体对风险的感知概率，与个体周遭的潜在要因呈现一一对应关系，即 e_n 为 E 的自变量值，E 的定义域范围则在函数 e_n 的值域内呈递增函数波动。通过建构函数模型，我们可以采用定量分析的方法，对个体感知风险的程度进行科学的剖析。

通过剖析个体对危机事件风险感知的程度，我们可以更为深入地考察个体在危机事件中做出判断的依据。危机事件的放大效应，缘于个体对危机事件的风险感知，经从众效应的作用，事件危害的影响被无限放大，以致影响到整个社会群体，从而产生所谓的公共危机事件。我们对这一"冲击—反馈"模式进行图像化构建，可得出图4-6。

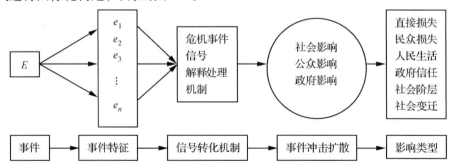

图4-6 公共危机事件的"冲击—反馈"模式

依据图4-6的诠释，可以较为清晰地廓清危机事件在社会发展过程中的传播途径与方式。E 指的是个体对危机事件风险感知的程度，通过个体的社会资本(Social Capital)的影响效应与社会关系(Social Relationship)的作用模

---

① 孙多勇. 突发事件与行为决策[M]. 北京:社会科学文献出版社,2007:191-192.

式,使个体对危机事件的风险感知传递给周边的人群,即图中的 e_1、e_2 以至 e_n 等代值。这种危机事件信号的传播以裂变(Fission)的形式向外扩散,每一个接受并感知风险的个体,其本身又充当新的信息传递者(Information Transfer),以至无穷。当危机事件的风险感知发酵至一定程度时,将通过解释处理机制,使得危机事件对社会、公众乃至政府产生一定程度的影响。当影响的程度足以危害社会秩序与政权稳定时,政府机构将以管理者的姿态介入危机事件的传播过程。倘若处置得当,将使危机事件的影响降至最小,从而消弭于社会舆论之中;倘若处置失策,将使危机事件进一步发酵并扩散,以致对一定区域内的社会产生影响。这种影响既包括直接的经济损失,对社会成员的生产与生活产生一定程度的影响;又包括对社会稳定与政权稳固产生的极为强烈的冲击。更重要的在于,这种影响将潜在地作用于社会发展的进程与动向等方面,并在一定时期内,对社会阶层与社会结构形成瓦解作用(Disagglomeration),使得民众对政府产生"信任危机"(Crisis of Confidence),对社会产生"不安全感"(Insecurity)或"恐惧感"(Fear)。

(三)上海橡胶股灾与社会舆论的传播

1. 上海橡胶股灾的发生

20 世纪初,欧美汽车工业蓬勃兴起,橡胶需求量剧增。仅 1908—1910 年,伦敦市面上的橡胶每磅售价便由 2 先令被炒至 12 先令,增加了 5 倍,橡胶股票持续飙升。各地投机商齐聚上海,以"代客买卖各类橡胶股份"为名,炒作橡胶股价。他们还在沪上各中、英报刊上做广告,大肆宣扬"橡胶时代"的来临,声称所购股票可在外国洋行按票面价值押借现款,从而在上海引发抢购风潮。沪上各大钱庄、票号为利所趋,纷纷投机虚拟资本。在这场全面炒股热潮中,华商在上海投入资金高达 3 000 多万两,在伦敦市场也投入了 1 400 多万两,将两地股本合在一起,华商共投资了 4 000 多万两。

1910 年 3—4 月,上海橡胶股票的最高股价不断刷新,但现银交易数量较少,大多为空盘交易。不少外籍投机商见股市泡沫在即,纷纷卷款携逃。6 月,伦敦股市暴跌,原本价值 1 675 两的橡胶股票狂跌至 105 两。许多外国投机商很早就获得消息,便预先在中国股市开盘时,将股票抛空。上海橡胶股价随之狂泻,沪上各大钱庄损失惨重,华商及小股民濒临破产,"至是月初六日,势遂不支,即刻倒闭,全市震动,共亏公私款项二千余万"[①]。就连晚清金融巨头源

---

① 谕令两江总督江苏巡抚维持上海市面[J]. 东方杂志,1910,07(10):130-136.

丰润钱庄与义善源钱庄,亦未能独善其身,"今年六月间,上海市面,骤起倒帐(账)之风潮,银根日紧,源丰润亦露竭蹶之象"。它们开设在全国的分号,也大多一夜之间闭门歇业,损失惨重,"上海源丰润总号倒闭后,各地分号,随之而倒,京师分号,及与有关系之庄号十数家,亦相继倒闭,闻仅分号一家,已亏欠外款六百余万两"①。

上海道台蔡乃煌与上海商务总会会长周金箴即刻建议由清廷出面向外国银行紧急借款救市,"蔡观察乃煌并其后任道台,与汇丰、麦加利、德华、道胜、正金、东方汇理、花旗、和兰、华比各银行,订立合同"②。无奈9月时,庚子还款期限逼近,朝廷多次发电报给蔡乃煌,要求急速解敷偿款抵京,"电悉,洋款关系紧要,岂容贻误"。此次电称实存二百余万,并非无款备抵,乃以放存庄号。蔡乃煌已意识到这笔款项对于上海救市的重要性,遂要求暂缓提取。朝廷内部各派倾轧,蔡乃煌遭受弹劾,"江苏苏松太道蔡乃煌,被度支部奏劾革职"。③ 外国银行乘机拒收上海钱庄庄票,沪上媒体大肆渲染,发生挤兑风潮,导致上海大批实力雄厚的钱庄倒闭,金融危机在全国蔓延,一定程度上加速了辛亥革命的进程。

2. 社会舆论对股灾的影响

从抢购股票到挤兑风潮,近代传媒在整个事件中起到了推波助澜的作用。在危机事件的传播过程中,富贾绅商依靠个体社会资本的影响与社会关系的作用,将个体的风险感知传递给周边人群。危机事件在从众效应的作用下持续发酵。橡胶股灾直接动摇了上海乃至全国的经济基础,对清政府的统治构成了威胁。清政府错失了舆论宣导的最佳时机,使得抢购股票与挤兑风潮难以平抑,危机事件的影响持续放大。此外,在社会固有矛盾等潜在因素的作用下,旧有的社会结构趋于瓦解。民众对政府产生信任危机,对社会产生不安全感与恐惧感,加剧了社会动荡。

三、民族危亡意识的产生

(一)近代国家观的由来

晚清以来,中国遭受帝国主义的疯狂侵略,中华民族与帝国主义之间仇深

---

① 谕令两江总督江苏巡抚维持上海市面[J].东方杂志,1910,07(10):130-136.
② 江苏苏松太道蔡乃煌革职余闻[J].东方杂志,1910,07(10):79-82.
③ 江苏苏松太道蔡乃煌革职余闻[J].东方杂志,1910,07(10):79-82.

似海。尤其是中日甲午战争以后,以康、梁为代表的资产阶级立宪派,为救亡图存付出了巨大努力,其中最重要的就是唤醒了国人的民族意识,以创立资本主义国家为政治改革的目标。晚清知识分子从"数千年未有之大变局"到"民族危亡之秋"的认知过程,反映了中华民族近代"国家观"的发展历程。

现代意义上的国家观念源于西方。17世纪上半叶,法国著名的政治家、天主教枢机主教黎塞留(Armand Jean du Plessis de Richelieu),率先提出了"民族国家利益至上"(the Supreme Principle of National Interest)的观念,开创了近代国家观念与近代欧洲国家的外交模式。在黎塞留看来,应当存在一个独立于民族的国家观念,即国家的概念。它应当是指民族国家在世界范围内,按照一定准则或规则,追求国家权力的最大化。其指导思想就是国家利益高于一切,国家利益神圣不可侵犯。法国、英国等西欧国家,在这一观念的指引下,对内奉行民主与宽容,对外则奉行弱肉强食的达尔文主义(Darwinism)。在这一国家观念的作用下,国家与国家之间的利益争端,成为近代外交的核心主题,从而形成了国家利益超越意识形态的局势,开启了近代国际关系的新时代。

在中日甲午战争以前,清王朝的统治者将西方侵略者斥为"洋夷",认为他们只不过是孤悬于中华文明之外的荒蛮部族,是中华文化体系之外的"外化之民","中国中心观"并未因战败受到根本动摇。处于中华文化圈之内的日本在明治维新以后,开始实施内政革新,大力倡导西式文化与教育。以福泽谕吉为代表的日本开明派,将近代国家观念引入日本,使日本步入了近代文明国家的序列。中国在甲午战争中的失利,使国人蒙羞,激发了潜在的民族情感与民族意识。晚清民族主义思潮正是在19世纪下半叶,中国惨遭帝国主义侵略与瓜分的背景下蓬勃兴起的。晚清的民族主义思潮,是东西方思想激烈交锋后萌生出的时代产物,是救亡图存的知识分子争取民族独立与民族自由的锐利武器。以资产阶级立宪派为代表的知识分子,大声疾呼"民族生存"来唤醒国人,要求尚处于沉睡中的国人应怀有"爱国心",以及抵抗帝国主义殖民侵略的勇气。

在西方民族主义思潮与民族资本主义的共同推动下,中国人逐渐形成了较为成熟的近代国家观,这是晚清民族主义思潮蓬勃发展的必然结果。在晚清的知识分子看来,民族是建立在国家利益的基础之上的,存在着本民族与异民族的差异。民族主义的根本就在于维护本民族的利益,抵御外来民族的侵略,维护国家的主权与领土完整,并最终建立一个独立、自由的民族国家,以此冀望"不使他族侵我之自由,我亦毋侵他族之自由"。

(二)"丁戊奇荒"与民族危亡意识

以士绅为主导的民间慈善事业,是对国家社会保障制度的有益补充。明清以来,除官方制定的社会保障政策外,在地方上还形成了以民间社会为主导,"以社区为中心的慈善事业和宗族面向族内贫困人员所实行的社会救济。国家政权、民间社会和宗族在实行社会保障、救助社会弱势人群方面进行互动,形成合力,织就了笼罩城乡的社会保障网络"①。以士绅为主体的慈善事业,是士绅宣扬"施善与教化"理念的重要基础。江南的士绅通过关心地方社会救济、造福桑梓,积聚在传统社会中的威望与权势。传教士来华除兴办医院、开展西式教育之外,还本着"博爱""怜悯"的基督教精神,广泛涉足慈善事业,这无疑对士绅的权威构成了巨大的威胁。在公共危机事件中,以扩大社会影响为目的传教士团体和以维护自身权威为目的的士绅义赈团体之间展开了激烈的博弈,光绪年间发生的"丁戊奇荒"就是典型的例证。

1. "丁戊奇荒"的发生

"丁戊奇荒"是近代历史上一次十分惨酷的大旱灾。这场灾荒从光绪二年(1876)一直持续至光绪五年,前后历时四年。光绪元年华北部分地区显现出干旱的端倪,直隶与京津地区也笼罩在灾害的阴霾之下。直隶从1867年开始,就持续阴雨天气,境内的永定河更是年年漫决。至1875年,9年间已决口多达11次。洪涝灾害过后,随即就出现了异常的干旱,而且情况日益严重,遍及直隶、山东、河南、陕西、甘肃以及安徽、江苏诸省。旱灾的重灾区是山西、陕西、直隶、河南与山东五省,尤以山西与河南的遭灾程度最深。清代学者在记录这一灾荒时,大多冠以"晋豫奇荒",近代以来学界称之为"华北大旱灾"。灾荒不仅影响华北五省,还波及苏北、皖北、陇东以及川北等地。② 据学界统计,"丁戊奇荒"至少造成了近1 000万人的死亡,"但无论是最高估计数2 000万还是最低估计数950万都达到了惊人的地步"③。"丁戊奇荒"初期与后期山西、河南两省人口变化情况如图4-7所示。

---

① 王卫平,黄鸿山. 中国古代传统社会保障与慈善事业:以明清时期为重点的考察[M]. 北京:群言出版社,2005:9.

② 夏明方. 也谈"丁戊奇荒"[J]. 清史研究,1992(04):83-91.

③ 朱浒. 地方性流动及其超越:晚清义赈与近代中国的新陈代谢[M]. 北京:中国人民大学出版社,2006:51.

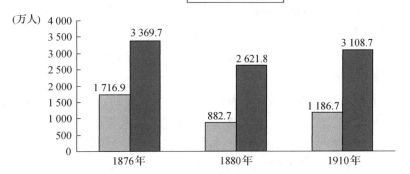

图 4-7 "丁戊奇荒"初期与后期山西、河南两省人口变化统计图

资料来源:葛剑雄.中国人口史:第 5 卷[M].上海:复旦大学出版社,2005.

从图 4-7 的统计数据中我们不难看出,在受荒最严重的山西与河南两省,人口都出现了不同程度的锐减。山西省在"丁戊奇荒"初期的总人口为 1 716.9 万。"丁戊奇荒"后期总人口锐减为 882.7 万,减少了 834.2 万,占"丁戊奇荒"之前总人口的近二分之一。河南省在"丁戊奇荒"初期的总人口为 3 369.7 万,"丁戊奇荒"后期总人口锐减为 2 621.8 万,减少了 747.9 万,占"丁戊奇荒"之前总人口的五分之一强。宣统二年(1910)两省人口有所恢复,尽管用了 30 多年的时间恢复,但仍无法达到"丁戊奇荒"初期的人口水平。

"丁戊奇荒"发生后,各地灾情频发,但是这些并未引起清政府的足够重视,直到灾荒发生的第二年,清政府才意识到问题的严重性,并采取了一系列救灾措施。时任山西巡抚的曾国荃认为,"茫茫浩劫,亘古未闻。历观'廿一史'所载灾荒,无此惨酷"[①]。山西作为重灾区,"赤地千有余里,饥民至五六百万口之众,大祲奇灾,古所未见"[②]。陕西省情况也大致如此,"雨泽稀少,禾苗枯萎,平原之地与南北山相同,而渭北各州县苦旱尤甚,树皮草根,掘食殆尽,卖妻鬻子时有所闻"[③]。灾荒带来的最大祸患就是粮食的匮乏,各地粮价腾贵,饿殍遍途,有的地方还出现了人吃人的惨剧。山西南部的绛州,"光绪三年、四年岁大祲,人相食,甚有骨肉相残者,饿莩遍野,坑坎皆满,村庄户绝半,人十毙六七,米麦市斗银三两六钱,四五月粟绝,市草籽蒲根,每斗银一两余,

---

① 曾国荃.曾国荃全集:第 3 册[M].长沙:岳麓书社,2006:575.
② 曾国荃.曾国荃全集:第 1 册[M].长沙:岳麓书社,2006:269.
③ 杨虎城,邵力子.(民国)续修陕西通志稿:第 65 册[M].铅印本.1934:23.

秋大疫"①。在平阳府的洪洞县,乾隆三十七年(1772)就已停止了对土地的丈量纳税。光绪时,洪洞县人口激增,较之于清初多达数倍,"迨光绪改元,其盛犹其,乃自三四等年,连遭大祲,死亡几半,民数三分去一"②,"(光绪)三年至四年,岁大祲,斗米麦制钱三千六七百文不等。树皮草根剥掘殆尽,人相食,饿莩盈途,目不忍睹"③。

河南省的情况大抵相当。在河南卫辉府的新乡县,"光绪三年大旱,麦秋全无。赤地千里,流亡载道,饿殍塞途,人相食"。翌年情况有所好转,"四年秋,大熟,荒野未种之地,破屋颓垣之间,皆收获倍蓰,至斗粟七八十文"。④ 在永宁县,"(光绪)三年,大旱,米麦俱无。四年……三月,麦米每斗价五千文。人相食。有父食其子,母食其女,夫食其妻者,人死十之七八"⑤。在豫南地区的南阳府南阳县,"光绪三年,大饥,人多饿死。乡民远逃,村落空虚,诏发仓谷赈饥,缓征本年钱粮"⑥。在汝宁府的汝南县,"光绪三年,西北连年大旱,灾民麇集汝南,时因灾民过多,收容无所,官绅虽设法安插,施粥放饭,筹措不及,饿死者尤复无算。变卖妇女暂资糊口,沿途经过,触目皆然"⑦。据此可见,"丁戊奇荒"对华北诸省造成了巨大灾难。为了生存,各地均出现不同程度的人竞相食的状况,众多灾民不得不迁徙他乡,由此形成了一股庞大的流民潮。

2. 教赈引发士绅焦虑

传教士来华赈灾的现象在鸦片战争前后就已出现。当时传教士主要集中在5个通商口岸,因而赈济的范围也大体囿于此。上海是传教士主要的活动区域,传教士在华的赈济集中在上海周遭,葛壮在《宗教和近代上海社会的变迁》一书中,集中讨论了早期传教士来华的赈济活动。咸丰二年(1852)初,雒魏林向上海租界内的外商募捐,买米煮饭发给饥民,持续了2个多月。11月,他再次分米给饥民。

---

① 张于铸. 直隶绛州志:卷20[M]. 太原:三晋出版社,2016:9.
② 孙奂仑.(民国)洪同县志:卷9[M]. 上海:上海商务印书馆,1917:5.
③ 孙奂仑.(民国)洪洞县志:卷18[M]. 上海:上海商务印书馆,1917:8.
④ 韩邦孚.(民国)新乡县续志:卷4[M]. 上海:上海商务印书馆,1923:29.
⑤ 王凤翔.(民国)洛宁县志[M]//中国地方志集成:河南府县志辑68. 上海:上海书店出版社,2013:132.
⑥ 潘守廉,张嘉谋,张凤冈.(光绪)南阳县志[M]//中国地方志集成:河南府县志辑57. 上海:上海书店出版社,2013:364.
⑦ 陈伯嘉,李城均.(民国)汝南县志[M]//中国地方志集成:河南府县志辑47. 上海:上海书店出版社,2013:279.

"丁戊奇荒"中的传教士赈济,是西方宗教团体在华的首次大规模赈济。在旱灾发生之初,传教士就极为敏锐地做出了反应。一些新教传教士在获知发生旱灾后,暂时放下日常教务,转而积极投入赈济中。在传教士的劝导与带动下,寓居中国的外籍人士纷纷慷慨解囊,不少人还亲自参与劝募赈款的活动。传教士的赈济活动发端于山东,主要是因为"山东登莱等处地皆濒海,而轮船之行走常寄碇于其旁,教士之往来每托迹于其处,皆亲见其民之饥饿难堪……故生怜悯之心,设拯救之法"①。在参与赈济的传教士中,英国浸礼会传教士李提摩太颇具声威。李提摩太率先于光绪三年(1877)在山东青州、阳曲等地开展赈济工作。为了募集更多的赈款,1877 年 3 月,寓居上海的传教士慕维廉发动在沪洋商、外交官等人,组建了"山东赈灾委员会"。他们将所募集的赈灾款转寄给李提摩太等人。这一跨区域乃至跨境赈济网络的构建,为推动山东赈灾的顺利实施起到了重要作用。据《万国公报》载,从上海汇寄到山东的赈灾款共计 36 300 余两,其中上海募捐 13 083 两,湖北募捐 299 两,安徽募捐 100 两,福建募捐 1 684 两,广东募捐 707 两,香港募捐 1 000 两,日本募捐 4 112 两,新加坡募捐 7 344 两,伦敦募捐 347 两。以上赈款由英国汇丰银行汇寄至山东,并转交李提摩太全权支配。后来,慕维廉又募集 6 000 余两寄送至山东,以解燃眉之急。

这笔善款一是作为赈款直接发放给灾民;二是用于在山东青州各地设立收养难童与弃婴的场所,妥善安排难童的日常生活。李提摩太在山东青州府建立了 5 个难童收容中心,"(每个)能够收容一百名儿童的孤儿院,对遭受灾难的孤儿进行最基本的救助。"为了使这些儿童能够掌握一技之长,李提摩太从海外订购了许多新式机器,"从各种小玩意儿到威力巨大的手动机床"。同时,他还根据需要购买了其他一些必要设施,向孤儿院推广一种新的制作毛毯的工艺,以培养他们的一技之长。②

李提摩太在拜会青州知府时,"建议他奏请北京的中央政府组织从朝鲜和日本进口各种谷物,并免除进口税,以降低价格"③。后来,他又拜谒了山东巡抚丁宝桢,建议"采取措施从朝鲜和日本进口谷物、修筑铁路、开挖矿产,以便

---

① 论山东山西两省灾实相同赈则各异事[N].申报,1877-07-04(1592).
② 李提摩太.亲历晚清四十五年:李提摩太在华回忆录[M].李宪堂,侯林莉,译.天津:天津人民出版社,2005:90.
③ 李提摩太.亲历晚清四十五年:李提摩太在华回忆录[M].李宪堂,侯林莉,译.天津:天津人民出版社,2005:80.

为穷人提供就业机会"①。此时,江南的士绅也在山东开展赈济。李提摩太与青州知府和益都知县商讨,"将益都县划成几个区,江苏的士绅在其中的一些村庄发放救济,而我在另一些村庄发放,这样就避免了由于不同团体在同一个地方发放而在接受者中引起的不满,同时保证了发放到每个人手里的数目是完全相等的"②。1878年1月,在"山东赈灾委员会"的基础上,在沪西人成立了"中国赈灾基金委员会"(简称"基金会"),并推举慕维廉负责具体事宜。在基金会的积极筹措下,从中国各通商口岸的外侨那里共募集了204.56万两赈款,受基金会派遣前往灾区的工作人员前后多达30余人。不可否认,传教士介入救荒的初衷不乏消除中国人长久的偏见,从而为传教扫清障碍,但在实践中传教士享受了士绅在该领域的垄断权威,尤其是在医药慈善领域,传教士获得了士绅从未有过的赞誉和声威。诚如传教士明思溥所言,"灾荒结束之后,事情变得很明显,我们进入了一个传教的崭新时代"③。

这种"寓教于赈"的方式确实成效卓著,它改变了中国人对基督教的一贯偏见,尤其是底层民众固有的看法。李提摩太在山东赈济灾民的过程中,给对基督教感兴趣的灾民分发《教义问答》和《赞美诗》,"惟一的条件是他们要把这些内容背诵下来。回到家以后,他们会把他们的书讲给自己邻居听。这样,以这些人为中心又会有许多问询的人"④。诚如他在日记中写的那样,"每到一个县城,我都住在最大的旅馆里休息。经常是还没等我吃完饭,由当地老人组成的民众代表们便来到旅馆,跪下来哀求我告诉他们如何侍奉上帝,如何向活的神明祷告"⑤。在李提摩太等传教士的不懈努力下,山东青州的教会一时间迅猛发展起来,"一年之内,就有超过两千名对基督教产生兴趣者在数十个

---

① 李提摩太. 亲历晚清四十五年:李提摩太在华回忆录[M]. 李宪堂,侯林莉,译. 天津:天津人民出版社,2005:85.
② 李提摩太. 亲历晚清四十五年:李提摩太在华回忆录[M]. 李宪堂,侯林莉,译. 天津:天津人民出版社,2005:99.
③ 顾长声. 从马礼逊到司徒雷登——来华新教传教士评传[M]. 上海:上海书店出版社,2005:310.
④ 李提摩太. 亲历晚清四十五年:李提摩太在华回忆录[M]. 李宪堂,侯林莉,译. 天津:天津人民出版社,2005:86.
⑤ 李提摩太. 亲历晚清四十五年:李提摩太在华回忆录[M]. 李宪堂,侯林莉,译. 天津:天津人民出版社,2005:79.

中心定期举行礼拜,遍及青州的东、南、西、北"①。李提摩太在给英国浸礼会协会的信中说道:"上帝给了英国教会一个千载难逢的机会,向中国人表明真正的基督教意味着什么:无论对这个民族整体还是对任何个人来说,都是上帝的祝福。教会应当从以下四条途径来帮助中国人:(1) 立即赈济灾荒;(2) 把基督教文明的真正原理传授给中国民众,包括医学、化学和矿物学、历史;(3) 引进新兴的工业技术;(4) 传授精神的真理,讲述对真正上帝的信仰的过程。"②在李提摩太的竭力游说下,英国教会很快又汇寄了500英镑。

3. 江南士绅的跨区域义赈

① 江南士绅的义赈活动

"丁戊奇荒"时,清政府的财政税收甚为拮据。为了缓解赈济日蹙的困境,清廷晓谕地方官绅参与赈济。在华北大旱灾的义赈队伍中,主要有两股民间救灾势力,一股是华北的富绅,一股是江南的士绅。在实施义赈的过程中,华北富绅的态度较为复杂。他们当中的部分富绅,以救济乡邑为己任,积极配合官府实施救灾。然而,不少富绅则极力推脱,要么表现出形势所迫或无可奈何的样子,要么竭力婉拒。更有甚者,竟将粮食、麦籽等农耕必备品"囤积居奇",以备涨价出售,从而聚集财富,大发国难财。江南士绅与后者形成了鲜明对比,他们并未囿于地域,不仅在本邑号召士绅积极劝募赈济,而且以李金镛、谢家福、胡雪岩为代表的江南慈善家,还远赴华北赈灾。

华北富绅的"力所不及"使得灾荒赈济的重任落在了江南士绅身上。江南士绅参与华北旱灾赈济,大抵采取了两个方面的措施。

首先,士绅就地设置粥厂,安抚灾民。江南自明清以来素有民间慈善传统,各地设立善堂组织蔚然成风,"匡济贫者""积善施予"俨然成为士绅的一种风尚。

灾荒发生后,鲁西南、苏北、皖北等地灾民涌入江南。面对约9万名灾民渡江南下,江南士绅一方面置办粥厂,救济灾民;另一方面采取"留养资送"的方式,分批遣送灾民返回原籍。依据江苏巡抚吴元炳给朝廷的奏报,我们大抵可知江南各地收留灾民的数量,如图4-8所示,苏州府、松江府、太仓州共收养灾民8 000余人。常州府共收养灾民3 100余人。江阴县共收养灾民4 600余

---

① 李提摩太.亲历晚清四十五年:李提摩太在华回忆录[M].李宪堂,侯林莉,译.天津:天津人民出版社,2005:87.

② 李提摩太.亲历晚清四十五年:李提摩太在华回忆录[M].李宪堂,侯林莉,译.天津:天津人民出版社,2005:104.

人。镇江府共收养灾民3 000余人。扬州府共收养灾民41 900余人。其余各地"随时分起遣回就地给赈者",共收养灾民9 400余人。光绪二年(1876)十月,苏州士绅谢家福与其他善士一道在苏州城的盘门设置灾民厂,然后"帮同端整灾民牌照",目的是分批按人头给灾民发放食物与药品。谢家福等善士还专门拟定了"灾民产婴、给药、给棺、筹捐章程四则",以保障赈济活动的井然有序。① 光绪三年二月,谢家福还协同当地官府与善堂"验放灾民出厂",分批遣返江北灾民回籍。

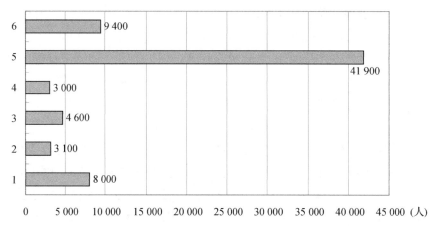

图4-8 "丁戊奇荒"时江南地区收留灾民数量统计图

注:1. 苏州府、松江府、太仓州;2. 常州府;3. 江阴县;4. 镇江府;5. 扬州府;6. 其余各地。
资料来源:李文海,周源.灾荒与饥馑:1840—1919[M].北京:高等教育出版社,1991:124.

其次,江南士绅亲自前往灾区兴办义赈。综观明清时期慈善事业的历史发展轨迹,地方士绅兴办慈善,大多囿于本地或某一特殊地域,地缘性的特点十分鲜明。"丁戊奇荒"中的江南士绅,首次突破地缘束缚,亲赴灾区,跨区域义赈,其目的主要有两个:一是大量涌入江南的灾民给江南的地方社会秩序与社会治安造成了巨大压力。为了减缓流民涌入江南,士绅决议亲赴灾区赈灾。二是防止传教士"以救灾之名,行传教之实",笼络与蛊惑大批灾民信奉基督教,从而对士绅的权威造成极大的损害。基于此,江南士绅出于维护"乡土安全"与"儒学道统"的考虑,采取跨区域的方式,亲赴灾区赈灾。

② 江南士绅的民族危亡意识

江南士绅在应对"丁戊奇荒"的过程中,表现出了空前的团结,他们已意识

---

① 谢家福.欺天乎[M].苏州:苏州博物馆藏稿本.

第四章 近代公共危机应对机制产生的原因及影响

到西方传教士的赈济对儒学道统的冲击与影响。出于拯救百姓,抵制洋教,维护道统的目的,江南士绅积极投身于救灾事业之中,已然具有挽救民族危亡的意识。

光绪三年(1877)二月,苏州士绅谢家福将一批灾民遣返回原籍。在归途中,谢家福得知了以李提摩太为首的西方传教士在山东所开展的义赈,知"耶稣教之洋人慕惟廉、倪惟思、李提摩太及烟台领事哲美生等在东赈济灾民","深惧敌国沽恩,异端借肆,不能无动于衷,顾以才微力薄,莫可挽回。耿耿之怀,言难自已"。出于维护民族利益的考虑,他邀集袁敬孙、潘伟如、黄梅先、金少愚、李秋婷、杨殿臣等士绅一同前往山东赈灾,以免外国传教士借机收买人心。在他看来,如果士绅不彻底展开行动,"窃恐民心外属,异教横恣,为中国之大患"。只有江南士绅积极展开救助,举办义赈,方可"以杜外人之觊觎,固中国之藩篱"。① 与谢家福有同样想法的士绅不在少数,他们认为传教士在山东名义上是赈灾,实则是笼络人心,妄图"以夷变夏"。

光绪三年五月,谢家福在给李金镛的书信中提及,山东经过灾荒,流落民间的婴孩不计其数,仅传教士收留的弃婴就多达百余人,倘若士绅不积极采取行动,恐怕百姓会纷纷投靠洋教,"人心外属,异说横行,为邹鲁之大患"。在谢家福看来,尤其应当拯救婴孩,因为他们年龄尚幼,未曾涉世,容易遭受洋教的蛊惑。于是他号召江南士绅积极筹款,收养弃婴、孩童。这一倡议迅速得到了江南士绅的普遍赞同,一个名叫尤春畦的士绅就认为,"小孩饿死尚是小事,为天主教诱去,则大不可"。另一个名叫袁遂的士绅认为,"西人想要领养饥荒孤儿,那是万万不可"。倘若士绅能够以合力拯救,多收养一名弃婴,便少一人加入洋教,这个功德巨大。谢家福在日记中,还表明了自己坚决赈灾的态度,"生平灭夷之志,刻不能忘。势力所拘,愧未能减。此朝食。今得隐相慴制之机,而交臂失之,则身存实死",并毅然说道:"天下不必有此人,谢氏不必有此子矣。"② 足见谢家福等士绅对西方传教士赈济所持有的轻蔑与忌惮态度。

当然,西方传教士前往山东赈济对江南士绅的刺激,仅仅是其跨区域义赈的原因之一。实质上,李金镛前往山东义赈,与地方政府存在关系。李提摩太在日记中记述,山东受灾严重的7个县内,尤以青州府的治所益都县受灾最为惨烈,它成为赈济的集散地。益都的知县是江苏人,他本人不仅积极参与救

---

① 谢家福.东齐日记:卷上[M].苏州:苏州博物馆藏稿本.
② 谢家福.东齐日记:卷上[M].苏州:苏州博物馆藏稿本.

灾,还通过乡谊关系,邀集江南士绅前往益都赈灾。在他的积极劝说下,江南士绅将义赈的重心放在了青州,并且广设粥厂。在知县与江南士绅的共同努力下,"每天有五万人接受政府供应的质量不错的粥饭。他还在其他八个灾荒中心区建立了类似的施粥场"①。可见,江南士绅选择青州作为山东赈济的第一站,其中不无私人情愫。诚如李金镛信中所说的那样,其之所以在苏北赈济后还继续前往山东赈灾,是因为收到了在山东为官的同乡的求助。由此可见,李金镛、胡雪岩等人选择的义赈路径,是随着对灾情的不断深入了解所作出的综合决策。因而,江南士绅前往华北赈灾,是由于民族危亡意识的觉醒,与此后产生的民主主义思潮存在本质不同。

  总体而言,华北旱灾的发生,的确促进了近代义赈的发展。这从李金镛亲赴苏北赈济的那一天起,就注定铭刻于历史丰碑之上。义赈是慈善事业在近代社会变革中所产生的新事物,它从属于慈善事业,但是这种慈善救助形态又与传统的官方赈济有着密切的联系。在李金镛等人看来,赈济的首要目的在于"救命",当中虽不乏其他诱因,但仍旧是儒学道统济世为民的体现。然而,从事救灾的是中国人还是外国人,在当时并非"吴越悬隔""夷夏大防"的原则性问题,不少国人同样向李提摩太等传教士提供赈款与帮助,诚如李提摩太记载的那样,"南京一位职位不高的中国官吏在听了关于山东救灾工作的报告后,汇给我一百两白银(相当于30英镑),尽管他根本就不认识我"②。

---

  ① 李提摩太. 亲历晚清四十五年:李提摩太在华回忆录[M]. 李宪堂,侯林莉,译. 天津:天津人民出版社,2005:99.
  ② 李提摩太. 亲历晚清四十五年:李提摩太在华回忆录[M]. 李宪堂,侯林莉,译. 天津:天津人民出版社,2005:99.

结 语

跨学科的研究范式是史学研究的重要方法,已成为史学研究的助推器。以灾荒史为例,学界已突破传统模式的桎梏,探索将灾害学、环境学等前沿理论贯穿于灾荒史的研究之中,以期逾越旧有藩篱,朝着更深的层次、更广的范围拓展。新世纪以来,区域史的研究取得了令人瞩目的成就,尤其是江南史的研究成果颇为丰硕。综观既有的研究,学界在理论与方法、文献与史料、田野调查与口述史等方面已取得了显著进展,初步形成了特色鲜明的学术方法和研究模式,为进一步拓展江南史的研究提供了坚实基础。公共危机管理理论作为学术理论,诞生于20世纪70年代,现广泛运用于各个学科之中。

为了拓展史学研究的视野,创新研究方法与思路,笔者尝试将公共危机管理理论运用至史学研究之中,即将以灾害性公共危机、社会公共危机、公共卫生危机为母题的理论框架、研究方法、基本原理、应用体系等综合运用在史学中。将现代社会隐喻的"公共危机管理模式"移植到近代社会的"江南场域"之中,无疑为江南史的研究注入了新鲜血液,不啻有益的探索。

公共危机管理理论的研究旨趣在于对危机的治理。危机的治理机制与权力资源的配置休戚相关。危机治理机制能否发挥成效,关键在于社会整合力。社会整合力受制于特定时代与特定区域的内在属性,而社会发展不能自觉地提升社会整合力,必须建构在最大限度地凝聚社会资源的基础之上。传统与现代的激烈碰撞是近代中国社会整合的动力源。它一方面诱发政治与社会危机,对现存的统治秩序产生冲击力,加速其内部的瓦解与崩析;另一方面,公共危机事件发生后,潜在的危机元素不断显现,促使社会的统一力与向心力渐趋离散。社会中既有的多重矛盾与分配不均,糅合于危机事件之中,对社会的内部系统与外部系统产生作用。

运用公共危机管理理论对历史上的公共危机事件进行综合剖析,可以精确地测定社会系统内部的运行状态,以及社会系统外部的负荷力与承载率。

转型时期的近代中国社会,不仅存在传统社会既有的危机,而且出现了新的危机,犹如"数千年未有之大变局"影响着社会体系中的每一个细胞。倘若将社会变迁理论看成是历史学的宏观研究方法,那么公共危机管理理论则偏向于历史学的微观剖析。近代中国社会的危机应对机制,并非剥离于社会常态之外,恰恰是社会长期发展的必然结果。分析危机应对机制,能较为明晰地测量社会的内聚性与耦合性、稳定性与离散性等多项指标,这对考察社会资源的整合与分配、权力结构的配置与运行、国家与地方关系、区域的外部刺激与内核冲击等问题,具有重要的学术价值。

以同治初年苏、浙、皖三省瘟疫为例,引发这一危机事件的原因集中表现为民众挫折感下的政权危机。清政府作为合法性政府,承担着公共政策的制定者、公共权力的行使者、公共事务的管理者、公共服务的提供者等多重角色。在应对公共危机事件时,清政府处于各种资源分配的领导性地位,从而构建了以政府为中心、以士绅为代表的各种社会力量共同参与的危机应对机制。然而这一情况,在太平天国运动之后的江南,发生了根本性的改变。一方面,清政府的社会控制力大为削弱,军事与财政实力日蹙,危机应对能力逐渐衰退,导致责任政府的缺失。另一方面,以士绅为代表的地方力量开始跨越藩篱,在危机事件的应对与处置中,发挥着越来越重要的作用。此外,以西方传教士为代表的外部势力加紧渗透,在公共事务中拥有一定的话语权。江南社会的权力结构变异,促使传统的危机应对机制发生解构,近代危机应对机制应运而生。

公共危机事件的暗潮迭起,不仅导致上层统治阶级权力的内部分化,还使底层民众产生强烈的挫折感,激化社会矛盾,引发政权危机。当时的江南惨遭兵燹,疠疫盛行,死亡枕藉。瘟疫肇始于咸丰十年(1860),同治元年(1862)达到高潮,同治四年渐趋平息,前后共波及32个县次,疾亡者众多,不满者甚众,对江南社会产生重大影响。首先,瘟疫的蔓延使本已残败的社会经济雪上加霜。传统的危机应对机制已然乏力,儒学道统体系受到猛烈冲击,民间巫术陋俗与西方宗教思想乘虚而入。其次,繁重的荒政职责对官方赈济体系造成巨大压力。拯救庶民,苏解民困,本是责任政府所必须承担的重要职责。清政府疲于战事,对惨遭疫症之苦的江南民众无所作为,没有履行合法性政府应承担的责任。地方政权受战争影响,大多苟延残喘,无力赈灾济民,底层民众对清政府的公信力产生怀疑。苦于瘟疫,不少民众或投靠太平军,或流徙他乡,扰乱了既有的社会秩序。最后,公共危机事件的冲击不仅使底层民众遭受了损

结 语

害,而且对以士绅为主体的知识权力阶层构成了威胁,导致儒生日益贫困,软化了中下层知识分子作为中间阶层的磨合力。三省蔓延的瘟疫,正以涟漪效应影响整个江南社会,客观上触动了清政府在江南的统治根基,增加了政权的风险概率。

底层民众虽不具备左右政局的力量,但通过对民众心理、行为等要素的分析,可以发现,民众会生成挫折感。民众的风险感知最初缘于个体,他们对风险事件的判断依赖于直觉或经验,主要表现为两类:一是危机条件下的"过度自信",民众或低估风险发生的概率,麻痹大意;或认为危机不会过早来临,疏于防范。二是危机条件下的"反应过度",民众或高估危机风险,产生过激反应,引发极度恐慌;或受到过度惊吓,茫然无措,坐以待毙。公众挫折感的反应程度分为一般心理反应、严重心理反应、事后心理创伤。当挫折感越强,风险感知能力就越大,恐惧感也越强烈。风险感知的传递方式分为集束式、流言式、偶然式三种。这种感知迅速向周围人群传递,由个体向群体延展,最终酿成社会的集体恐惧感与挫折感。剖析个体的感知轨迹与心理因素,对探求群体性社会危机事件的诱因有所裨益。

瘟疫发生后,江南社会持续动荡。在市镇与乡村,民众的抗租、抗税事件增多,不少地区已显现"革命"端倪。依据"戴维斯J曲线"可以推知,底层民众内心的期望与遭受的挫折和群体性社会危机事件之间,呈现一定的关联性。底层民众因挫折感而导致的失范性行为是内心预期与实际所得比较后产生的。挫折感来源于个体遭受外部环境的压抑,当挫折感增强时,其固有的政治信仰与社会认同发生错位。底层民众在饱受战乱与瘟疫的双重打击后,个体认同感往往会产生偏差。倘若细究底层民众的政治抉择,可以推知,政权的更迭并非政治抉择的关键性因素,来自个体内心的期望与实际得失的差异,才是底层民众政治抉择的要因。民众饱受外部政治与社会环境侵扰,渴望保障基本的生存权与发展权。倘若自身基本权益与实际所得存在不可容忍的差距,底层民众便会采取抗争性行为,进而否定原有的政治信仰,做出新的政治抉择。清政府在应对公共危机事件时,忽视了对底层民众基本权益的保障,使得底层民众的政治偏差感累积,以致由个体性的政治信仰动摇演变为群体性的抗争事件,从而使政权产生合法性危机。

可以显见,有别于社会学、环境学、卫生防疫学,公共危机管理理论作为一门新兴学科,尚处于不断完善与发展的过程。关于公共危机管理理论中的概念及研究范式还存在诸多争议,这为史学工作者驾驭理论带来了不便。然而,过去的现实即现今的历史,公共危机管理理论急需从历史个案中吸取可资借鉴的经验,从而推动学科的建设。犹如桥梁一般,它将历史学与危机学紧密联系在一起,为史学的发展寻找到了新的支点。目前,史学界对公共危机管理理论还缺乏深入的探讨,但正如社会史的勃勃生机促进了历史学的成长,跨学科研究、边缘学科研究已经越来越成为史学发展的主旋律。公共危机管理理论作为一门新兴学科,充满着无限的生机与活力,倘若将公共危机管理理论引入史学研究之中,则必将成为历史学发展的新契机。这不仅是史学工作者所期待的结果,也终将成为史学发展的光明前景。

参考文献

1. 上海公共租界工部局档案[A].上海:上海市档案馆藏,全宗号:U目.
2. 上海市慈善团体联合会档案[A].上海:上海市档案馆藏,全宗号:Q目.
3. 上海同业公会档案[A].上海:上海市档案馆藏,全宗号:S目.
4. 上海市档案馆.工部局董事会会议录[M].上海:上海古籍出版社,2001.
5. 上海市地方志办公室,上海市南汇区地方志办公室.南汇县卷.[M].上海:上海古籍出版社,2009.
6. 申报[M].影印本.上海:上海书店出版社,1983.
7. 东方杂志[M].影印本.上海:上海书店出版社,2012.
8. 南汇义赈公所报告书[M].上海:上海图书馆藏,1917.
9. 魏源.魏源全集[M].长沙:岳麓书社,2004.
10. 沈云龙.近代中国史料丛刊[M].台北:文海出版社有限公司,1987.
11. 太平天国历史博物馆.太平天国史料丛编简辑[M].北京:中华书局,1961.
12. 曹炳章.中国医学大成[M].长沙:岳麓书社,1990.
13. 彭元瑞.清朝孚惠全书[M].北京:北京图书馆出版社,2005.
14. 王定安,等.光绪重修两淮盐法志[M].金陵刻本.清光绪三十一年(1905).
15. 虞和平.经元善集[M].武汉:华中师范大学出版社,1988.
16. 中国第二历史档案馆,中国海关总署办公厅.中国旧海关史料:1859—1948[M].北京:京华出版社,2001.
17. 王卫平.明清时期江南城市史研究——以苏州为中心[M].北京:人民出版社,1999.

18. 王卫平,黄鸿山. 中国古代传统社会保障与慈善事业:以明清时期为重点的考察[M]. 北京:群言出版社,2005.

19. 王树槐. 中国现代化的区域研究:江苏省 1860—1916[M]. 台北:"中央研究院"近代史研究所,1984.

20. 王韬. 瀛壖杂志[M]. 上海:上海古籍出版社,1989.

21. 梁其姿. 施善与教化:明清的慈善组织[M]. 石家庄:河北教育出版社,2001.

22. 蔡勤禹. 国家、社会与弱势群体——民国时期的社会救济(1927—1949)[M]. 天津:天津人民出版社,2003.

23. 周秋光,曾桂林. 中国慈善简史[M]. 北京:人民出版社,2006.

24. 夏明方. 民国时期自然灾害与乡村社会[M]. 北京:中华书局,2000.

25. 刘仰东,夏明方. 灾荒史话[M]. 北京:社会科学文献出版社,2011.

26. 龚维斌. 公共危机管理[M]. 北京:新华出版社,2004.

27. 李伯重. 多视角看江南经济史:1250—1850[M]. 北京:生活·读书·新知三联书店,2003.

28. 李向军. 清代荒政研究[M]. 北京:中国农业出版社,1995.

29. 刘翠溶,尹懋可. 积渐所至:中国环境史论文集[M]. 台北:"中央研究院"经济研究所,1995.

30. 朱凤祥. 中国灾害通史:清代卷[M]. 郑州:郑州大学出版社,2009.

31. 朱浒. 地方性流动及其超越:晚清义赈与近代中国的新陈代谢[M]. 北京:中国人民大学出版社,2006.

32. 靳环宇. 晚清义赈组织研究[M]. 长沙:湖南人民出版社,2008.

33. 国际会议编辑委员会. 奉天国际鼠疫会议报告[M]. 张士尊,译. 北京:中央编译出版社,2009.

34. 郭剑鸣. 晚清绅士与公共危机治理:以知识权力化治理机制为路径[M]. 北京:光明日报出版社,2008.

35. 徐雪筠,等. 上海近代社会经济发展概况(1882—1931)[M]. 上海:上海社会科学院出版社,1985.

36. 彭善民. 公共卫生与上海都市文明:1898—1949[M]. 上海:上海人民出版社,2007.

37. 余新忠. 清代江南的瘟疫与社会:一项医疗社会史的研究[M]. 北京:中国人民大学出版社,2003.

38. 李提摩太. 亲历晚清四十五年:李提摩太在华回忆录[M]. 李宪堂,侯林莉,译. 天津:天津人民出版社,2005.

39. 夫马进. 中国善会善堂史研究[M]. 伍跃,杨文信,张学锋,译. 北京:商务印书馆, 2005.

40. 小浜正子. 近代上海的公共性与国家[M]. 葛涛,译. 上海:上海古籍出版社, 2003.

41. 施坚雅. 中华帝国晚期的城市[M]. 叶光庭,等译. 北京:中华书局, 2000.

42. 大村欣一. 支那政治地理誌[M]. 影印本. 東京:丸善株式会社,1913.

43. 太田出,佐藤仁史. 太湖流域社会の歴史学的研究:地方文献と現地調査からのアプローチ[M]. 東京:汲古書院,2007.

44. Hong Kong Government Reports Online. Report on the epidemic of bubonic plague in HongKong in the year 1898[M]. Hong Kong Government,1898.

45. BENEDICT C. Bubonic plague in nineteenth century China[M]. California:Stanford University Press,1992.

46. 王卫平. 光绪二年苏北赈灾与江南士绅——兼论近代义赈的开始[J]. 历史档案,2006(01):99-102.

47. 郝秉键. 日本史学界的明清"绅士论"[J]. 清史研究,2004(04):94-111.

48. 谢高潮. 浅谈同治初年苏浙皖的疫灾[J]. 历史教学问题,1996(02):18-22.

49. 李文海. 晚清义赈的兴起与发展[J]. 清史研究,1993(03):27-35.

50. 夏明方. 也谈"丁戊奇荒"[J]. 清史研究,1992(04):83-91.

附 录

晚清江南地区重大自然灾害年表
（1840—1911）

道光二十年（1840）

[江苏省] 春,江阴地震。五月,江阴大水,岁歉。六月,武进、阳湖大霖雨,上元等十四县民屋多坏。（缪荃孙等纂修《江苏省通志稿·灾异志》第3卷）

[浙江省] 夏,湖州、南浔,久雨。（《南浔志》卷20）

道光二十一年（1841）

[江苏省] 武进、阳湖,春恒雨,夏大水,伤麦,冬寒。娄县,二月二十六日夜二鼓时,地震。五月,雷震魁星阁。七月,朔日申刻,上海大风雨,冰雹。苏州,大雪平地三尺。十月,南汇雪积三四尺。十一月,江阴大雪。十二月,嘉定地震。（缪荃孙等纂修《江苏省通志稿·灾异志》第3卷）

[浙江省] 春,嘉善,久雨,伤豆。春,湖州,大水,秋霖雨。九月,海宁霪雨,河水顿溢。十月十五、十六两日,海宁大雨日夜不止,稻被水淹。（光绪《嘉善县志》卷34、光绪《归安县志》卷27、《南浔志》卷20、民国《海宁州志稿》卷40）

十月,嘉善县田中飞凫,千万成群,自北而南,食穗无遗。（光绪《嘉善县志》卷34）

六月十二日,德清地震。十二月朔,嘉善、平湖地震。（民国《德清新志》卷13、光绪《嘉善县志》卷34、光绪《平湖县志》卷25）

道光二十二年(1842)

[江苏省] 春,武进、阳湖旱。青浦地震。五月十二日,嘉定地震。十月,江阴雨雹。十一月二十一冬至日,武进、阳湖雷电、雨雹。(缪荃孙等纂修《江苏省通志稿·灾异志》第3卷)

[浙江省] 六月,湖州、南浔久雨。(《清史稿·灾异志》、《太湖备考续编》、《南浔志》卷20)

道光二十三年(1843)

[江苏省] 三月,江阴地震。八月,奉贤飓风大雨。(缪荃孙等纂修《江苏省通志稿·灾异志》第3卷)

[浙江省] 七月初八日,海宁风暴,伤禾。(《清史稿·灾异志》)

七月,湖州旱,虫食禾,饥。(同治《湖州府志》卷44、光绪《归安县志》卷27、光绪《乌程县志》卷27)

道光二十四年(1844)

[江苏省] 十月二十三日,戌刻,上海、青浦、娄县、江阴、嘉定地震。(缪荃孙等纂修《江苏省通志稿·灾异志》第3卷)

[浙江省] 夏湖州、冬南浔,久雨。(《清史稿·灾异志》、光绪《归安县志》卷27、《南浔志》卷29)

七月,德清旱,螟食禾。(民国《德清新志》卷13)

五月,杭州霍乱流行。(王士雄《随息居霍乱论》卷下)

道光二十五年(1845)

[江苏省] 夏,嘉定、上海、青浦大雨雹。六月,娄县、上海地震,青浦地连震。(缪荃孙等纂修《江苏省通志稿·灾异志》第3卷)

道光二十六年(1846)

[江苏省] 五月丁卯,武进、阳湖地震。六月十二日乙丑,苏州及青浦地震。十三日丙寅,嘉定地震。十四日丁卯,子时,南汇星陨如雨,地大震;丑时,上海、娄县地大震。十九日,夜,奉贤地震。二十七日,子夜,奉贤大风,势如崩

山,有赤光如盘,自北而南落星千百,随之声如雷,地复大震。十月五日,上海、南汇、娄县、青浦、嘉定地复震。上海、南汇,见半空红光,隐现有声如雷。(缪荃孙等纂修《江苏省通志稿·灾异志》第 3 卷)

[浙江省] 七月,孝丰山水骤发。新城洪水,冲坏流芳桥。(光绪《孝丰县志》卷 8)

五月,新城大旱。(民国《新登县志》卷 11)

六月十二日夜,嘉兴、湖州等府县地震。六月十三日,海盐等县地震。是年六月,富阳等县地震。(光绪《嘉兴府志》卷 35、同治《湖州府志》卷 44、光绪《乌程县志》卷 27、光绪《海盐县志》卷 13、《中国地震目录》第 1 册)

夏,杭城暑风甚剧,时疫大作,俱兼喉症,亡者接踵。(陆以湉《冷庐医话考注》卷 3)

道光二十七年(1847)

[江苏省] 春,嘉定、青浦、上海霪雨。五月,南汇地大震。六月,奉贤每日晡见有星如矢,高四五丈,至戌后没,凡三十余日,地震。十三日,上海、娄县、青浦、嘉定地震,众星陨。二十八日,上海、娄县、青浦、嘉定大风潮。(缪荃孙等纂修《江苏省通志稿·灾异志》第 3 卷)

[浙江省] 八月二十五日,于潜灵济山发蛟水。(光绪《于潜县志》卷 20)
富阳大旱。(民国《杭州府志》卷 85)

道光二十八年(1848)

[江苏省] 夏秋,上海多风雨。八月十六日,上海骤寒冰,饥。二十日,上海大风雨,潮溢。二十三日,晨,上海大雷雨。二十日,嘉定飓风,大雨。八月,江阴大风,潮溢。九月,江阴地震。(缪荃孙等纂修《江苏省通志稿·灾异志》第 3 卷)

[浙江省] 六月二十日夜,海水冲平湖白沙湾,淹民居。孝丰大水,仁和等县大水。新城洪水,冲坏亭子桥。(光绪《平湖县志》卷 25、光绪《太平县志》卷 17、光绪《孝丰县志》卷 8、民国《杭州府志》卷 85)

道光二十九年(1849)

[江苏省] 春,奉贤霪雨,夏,奉贤饥。秋,奉贤大疫。二月,娄县霪雨。五

月,娄县方霁,岁大荒,饿。六七月间,娄县地屡震。上海、青浦、南汇、嘉定皆然。南汇、嘉定,八月龙见。同时,江阴雨,城陷西北隅,数十人海溢。田潦,民饥。秋,苏州大水,伤稼。(缪荃孙等纂修《江苏省通志稿·灾异志》第3卷)

冬,昆新疠疫盛行,棺木无资,半多藁葬,至明年五六月疫情始平。吴下烂喉痧大盛。(光绪《昆新两县续修合志》卷51、金德嘉《烂丹喉痧辑要·叙》)

青浦秋冬疫。川沙秋冬大疫。奉贤秋大疫。上海秋冬大疫,民大饥,饿殍载道。南汇疫大作,饿殍载道。金山张堰秋冬疫。(光绪《松江府续志》卷39、光绪《川沙厅志》卷14、光绪《奉贤县志》卷20、同治《上海县志》卷30、光绪《南汇县志》卷22、民国《重辑张堰志》卷11)

[浙江省] 四月,嘉兴、湖州大水、田淹尽。闰四月十七,昌化大水。五月,湖州又大水,霪雨自五月至七月,水势比道光三年更高三尺许,民以榆皮为食。孝丰春夏间,发水二十九次。夏,仁和、钱塘、余杭、临安大水。夏,富阳霪雨,浃旬。夏,石门大涝。五月,海宁霪雨,大水。五月,新城、嘉善俱大水。六月,海宁霪雨连旬,大水。海盐大水。七月十六日,昌化大水,圮五圣桥。八月,安吉大水入城。(《清史稿·灾异志》、光绪《嘉兴府志》卷35、光绪《富阳县志》卷15、民国《海宁州志稿》卷40、民国《杭州府志》卷85、同治《湖州府志》卷44、光绪《孝丰县志》卷8、《越缦堂日记补》、光绪《石门县志》卷11、光绪《海宁县志》卷23、《太湖备考续编》、光绪《海盐县志》卷13)

临安大水,虫害稼。(宣统《临安县志》卷1)

秋,九月六日,嘉兴地微震。(光绪《嘉兴府志》卷35)

道光三十年(1850)

[江苏省] 岁初,南汇饥,饿殍载道。青浦饥。秋,青浦稔。八月望,奉贤大风雨,雨日水骤涨。(缪荃孙等纂修《江苏省通志稿·灾异志》第3卷)

[浙江省] 七月,海宁大水。八月十四日,杭州大风雨,天竺山发蛟水,仁和等县水淹。同日,湖州大水,平湖俱大水,嘉善大水。(《越缦堂日记补》、光绪《嘉善县志》、民国《海宁州志稿》卷40)

夏秋,临安县大旱,昌化大旱。(宣统《临安县志》卷1、民国《昌化县志》卷15)

咸丰元年(1851)

[江苏省] 正月十七日,娄县、上海、奉贤、青浦、嘉定地夜震。三月,娄县、

上海、青浦大雪。六月,上海、青浦霪雨,见雪。八月,江阴地震,江水斗。(缪荃孙等纂修《江苏省通志稿·灾异志》第 3 卷)

[浙江省] 八月初二日,平湖大风暴雨,水骤涨。(光绪《平湖县志》卷 25)秋,嘉善蝗灾,米价腾贵。(光绪《嘉善县志》卷 34)

咸丰二年(1852)

[江苏省] 五月,娄县、奉贤大旱。八月,常州地震。十月六日,奉贤地震。十一月,苏州地震。十一月二日,娄县、上海、南汇、青浦、嘉定地震。(缪荃孙等纂修《江苏省通志稿·灾异志》第 3 卷)

[浙江省] 杭州半年不雨,运河自西兴至城中可以行路。(《清史稿·灾异志》)

二月,海宁地震。十一月初六夜,石门、杭州地震。(民国《海宁州志稿》卷 40、民国《杭州府志》卷 85、光绪《石门县志》卷 11)

咸丰三年(1853)

[江苏省] 春,武进、阳湖,日无光,地震。二月,江阴地震。三月六日夜,川沙所地大震,连日屡震,民房有倾覆者,其中波及浙江嘉善、石门、桐乡、南浔、归安、长兴、德清等县。三月七日亥时,嘉定地大震。连日微震,凡十八次。四月十七日,戌刻,又地震。七月二十五日黎明,大风拔木。是日,嘉定海潮。三至十月,河水沸。十一月冬至日,水溢。三月,辛亥、壬子,苏州地连震。辛酉,又震。四月,丙戌,又震。癸巳,又震。三月,娄县、上海、奉贤、南汇、青浦地震。上海,地有声,如鬼啸。四月十七日,戌刻,上海地震。二十四日,上海飓风雨日。八月十日,上海雨雹。八月,江阴彗星见,地又震。(缪荃孙等纂修《江苏省通志稿·灾异志》第 3 卷)

[浙江省] 二月,杭州地大震。三月,石门水溢,高数尺。(光绪《石门县志》卷 11)

三月初七日夜,嘉兴地震,后屡震不已。同日,嘉善地大震,窗棂屋瓦摇撼有声,后屡震不已,地生白毛。平湖同日地震三次,自此以后,屡震不已,五月方止。湖州、桐乡、德清等各县三月初七日夜地大震,自是连日小震,月余始定。杭州、富阳等县三月初九日夜地震。六月,海宁地震。(民国《杭州府志》卷 85、光绪《嘉兴府志》卷 35、光绪《嘉善县志》卷 34、同治《湖州府志》卷 44、光绪《桐乡县志》卷 20、民国《德清新志》卷 15、民国《海宁州志稿》卷 40)

咸丰四年（1854）

[江苏省] 三月二十日,未刻,嘉定水泣。七月,嘉定地震。十月七日,嘉定大雷雨。十一月五日,嘉定水溢、地震。十二月,嘉定地中喷水赤如血,高三尺余。七月,娄县、上海地大震。十二月,娄县、上海屡震。七月十六日,午后,娄县飓风大作。十月十六日,上海河水涌高五六尺。十一月五日,黄浦水沸,有高二三尺者。南至嘉定,北至苏州,皆同青浦亦涌起尺余。壬申,天鼓鸣。辛卯,大震。南汇,秋,蝗灾,岁大歉。十一月,武进、阳湖地震。（缪荃孙等纂修《江苏省通志稿·灾异志》第3卷）

[浙江省] 夏,湖州大水。闰七月初六日,仁和、钱塘、富阳、新城、余杭大水。（《越缦堂日记补》、光绪《归安县志》卷27、民国《杭州府志》卷85）

七月十二日夜,海宁地震。（民国《海宁州志稿》卷40）

咸丰五年（1855）

[江苏省] 正月辛酉,青浦,天雷地震。夏,麦、菜歉收,秋,大疫。九月戊辰,天雷地震。十月戊戌,大雷电,雨如注。辛卯,地又震。秋,娄县、上海大疫。九月初七日,上海夜闻空中有雷声,自西而东,一时许,乃息。十月初七日,大雷雨。十二日,地震。十三日,娄县夜震。（缪荃孙等纂修《江苏省通志稿·灾异志》第3卷）

嘉定,秋,大疫。十二月十二日,地震。十月辛丑,苏州地震。常熟疫。（龚又村《自怡日记》卷21）

青浦秋大疫。川沙秋大疫。华娄秋大疫。南汇春正月地震,秋大疫。（光绪《青浦县志》卷29、光绪《川沙厅志》卷14、光绪《娄县续志》卷12、民国《南汇县续志》卷22）

江阴大疫。（民国《江阴县续志》卷1）

秋,嘉定大疫。（光绪《嘉定县志》卷5）

[浙江省] 三月,浙江沿海大饥。（光绪《太平县志》卷17）

正月、十一月,富阳俱地震,屋墙破裂,河水沸腾。正月二十九日夜,嘉兴地震。十一月二十七、二十八日俱地震,墙屋动摇,河水沸腾。（民国《杭州府志》卷85、光绪《嘉兴府志》卷35、《越缦堂日记补》）

咸丰六年(1856)

[江苏省] 春,江阴地震。夏,江阴大旱灾。武进、阳湖亦天大旱。秋,武进、阳湖蝗。正月,青浦,屡大雪。娄县、上海、南汇、奉贤、青浦,夏皆大旱。七月,蝗。九月十日、二十五日,上海,潮,霪雨不止,坏禾。四月四日,嘉定,粉蝶蔽天;夏,大旱;秋,蝗,食稼,河水涨。苏州亦大旱,七月,蝗,伤禾。春,上海,蝗。三月,江阴、奉贤、南汇,蝗蝻生,得雨而绝。闰五月,既望,青浦雹。七月,上海大风雨,潮溢。乙亥,青浦大风雨。八月,嘉定飓风大雨。上海,恒雨,损禾。七月,苏州,蝗大至。(缪荃孙等纂修《江苏省通志稿·灾异志》第 3 卷)

夏,吴县横金大旱,秋大疫,死者甚众。(民国《横金志》卷 20)

宜荆岁饥,城中施赈,饥民环集,疫疠旋作。(民国《光宣宜荆续志》卷 9 中)

太仓州镇洋县夏大旱,秋蝗伤禾,大疫。(民国《太仓州志》卷 26)

[浙江省] 秋,湖州久雨。(《清史稿·灾异志》)

湖州夏大旱,太湖夏旱。嘉兴夏亢旱,水涸。嘉善夏旱,河涸。海盐夏大旱。桐乡五月大旱,海宁五月不雨至于九月,大旱。富阳夏亢旱。杭州六月旱,河水尽涸,新城秋大旱。(《越缦堂日记补》、光绪《嘉兴府志》卷 35、光绪《嘉善县志》卷 34、光绪《海盐县志》卷 13、《太湖备考续编》卷 2、民国《海宁州志稿》卷 40、光绪《富阳县志》卷 15、《清史稿·灾异志》、民国《新登县志》卷 20、民国《杭州府志》卷 85)

六月,德清大旱,蟊。七月,湖州大旱,蝗,饥。(民国《德清新志》卷 13)

夏秋之交,杭州人患吊脚痧,吐泻腹痛,足筋拘急,不即救,一二时即死。(陆以湉《冷庐医话考注》卷 3)

咸丰七年(1857)

[浙江省] 七月,平湖等县水灾。九月,临安蛟水为灾。湖州秋雨,损稼。(光绪《平湖县志》卷 25、宣统《临安县志》卷 1、民国《杭州府志》卷 85)

夏,富阳亢旱。(民国《杭州府志》卷 85)

夏,海盐南乡飞蝗蔽天,居民捕逐,食松竹叶殆尽,一夕,飞入海,遂绝。秋,德清飞蝗蔽天,伤禾稼。杭州蝗。九月,孝丰蝗。(民国《海盐县志》卷 13、民国《德清新志》卷 15、民国《杭州府志》卷 85、光绪《孝丰县志》卷 8)

咸丰八年(1858)

[江苏省] 春,上海有蝗。四月十五日,嘉定咸雨,蝗蝻俱死。七月十一日,上海、青浦潮。(缪荃孙等纂修《江苏省通志稿·灾异志》第3卷)

[浙江省] 二月,孝丰蝗。(光绪《孝丰县志》卷8)

秋八月,嘉兴、嘉善、桐乡地震。(光绪《嘉兴府志》卷35、光绪《嘉善县志》卷34、光绪《桐乡县志》卷20)

平湖秋疫。嘉善秋地震,民病疫。(光绪《平湖县志》卷25、光绪《重修嘉善县志》卷34)

咸丰九年(1859)

[江苏省] 二月二十七日,上海、青浦大雾。六月四日,夜,上海、青浦雪寒甚。八月二十一、二十二日,上海、青浦大雷雨。二十四日,夜,上海、青浦有浓霜,寒如冬。五月,苏州,大雨伤禾,田禾稻蟊虫。六月四日,嘉定,微雪。八月二十四日,嘉定陨霜杀草。(缪荃孙等纂修《江苏省通志稿·灾异志》第3卷)

上海暑疫流行。(同治《上海县志》卷2)

[浙江省] 余杭水。八月十八日,海宁潮溢,漂溺三十余人。(民国《杭州府志》卷85、民国《海宁州志稿》卷40)

杭州府夏旱。(民国《杭州府志》卷85)

咸丰十年(1860)

[江苏省] 苏州、上海、青浦,霪雨。至三月,大雪,始霁。嘉定、娄县亦。三月十三日,大雪。闰三月,江阴,大雪盈尺。立夏,娄县、上海、奉贤、嘉定,寒于冬。南汇,秋,甚雨。(缪荃孙等纂修《江苏省通志稿·灾异志》第3卷)

秋冬之间,吴县大瘟疫,死者甚多。五、六、七月间,常熟时疫兴起,死亡相继。(蓼村遁客《虎窟纪略》、龚又村《自怡日记》卷13)

无锡六、七、八月,疫气盛行,死亡相藉。[佚名《平寇纪略》(上)]

[浙江省] 九月,湖州霪雨大水。(《越缦堂日记补》)

九十月,嘉兴府濮院瘟疫盛行。(沈梓《避寇日记》卷1)

七月,乌程乌镇大疫,每十家必有死者二。(沈梓《避寇日记》卷1)

咸丰十一年(1861)

[江苏省] 三月十九日,奉贤、上海城乡夜闻鬼啸,大风雨,雨昼夜。五月,南汇,地震。十一月,丁卯,青浦大雷雨。十二月二十六至三十日,大雪积四五尺。娄县、南汇、上海、奉贤、嘉定亦连日大雪,门户被封。黄浦,冰至明春始解。(缪荃孙等纂修《江苏省通志稿·灾异志》第3卷)

[浙江省] 二月,海宁大雨雹。三月十一日,桐乡大雨雹,大者十七斤。(民国《海宁州志稿》卷40、光绪《桐乡县志》卷20)

八月十九日,桐乡地震,由西而东。十二月二十三日戌时,海宁及海盐南乡,地啾啾有声,如无数小鸡者,忽东忽西,寻觅无踪,续而此声自旧仓、新仓起,沿海至黄浦而止。(光绪《桐乡县志》卷20、民国《海宁州志稿》卷40、光绪《海盐县志》卷13)

临安、昌化大疫,死亡无算。(民国《杭州府志》卷85、民国《昌化县志》卷15)

秋,嘉兴府濮院盛行霍乱转筋之症。(王士雄《随息居霍乱论》卷下)

同治元年(1862)

[江苏省] 正月,庚寅,青浦大雾,著草如棉。正月,南汇,霜雾作花。是年,二麦棉稻皆信收。奉贤、上海,雨水冰。奉贤、嘉定、娄县、上海大疫。七月,甲申,苏州飞蝗声如雷。八月,嘉定、上海、青浦大雨雹。(缪荃孙等纂修《江苏省通志稿·灾异志》第3卷)

秋八月既望,昆新霪雨十昼夜,河水暴涨,斗米千钱,道殣相望,疠疫大行,有全家病殁者。夏秋之交,吴县大瘟疫。夏秋以来,常熟时疫流行,名子午痧,朝发夕死。无家不病,病必数人,数人中必有一二莫救者。吴江时疫流行,日死数十人,名吊脚痧,无方可治,不过周时。(光绪《昆新两县续修合志》卷51、蓼村遁客《虎窟纪略》、龚又村《自怡日记》、倦圃野老《庚癸纪略》)

娄县、上海、川沙、南汇夏五月大疫。金山夏秋之间,大疫。金山张堰夏五月大疫。青浦蒸里兵乱,夏大疫。上海有数百人死于霍乱。(光绪《松江府续志》卷39、同治《上海县志》卷30、光绪《川沙厅志》卷14、民国《南汇县续志》卷22、光绪《金山县志》卷17、民国《重辑张堰志》卷11、宣统《蒸里志略》卷12、陈胜昆《中国疾病史》)

粤寇初平,宜荆疠疫迭起。(民国《光宣宜荆续志》卷9中)

五月,嘉定大疫。(光绪《嘉定县志》卷5)

[浙江省] 六月初四,海盐海溢。(民国《萧山县志稿》卷5)

元旦,海宁大雨雹。(民国《海宁州志稿》卷40)

九月,嘉善有虫食禾根,形似黑蚁,岁歉。(光绪《嘉善县志》卷34、光绪《桐乡县志》卷20)

同月,桐乡生异虫,食稻根,岁歉。夏秋疫,临安时大兵之后,继以大疫,死亡枕藉,邑民几无孑遗。昌化夏秋大疫,徙死相望于道,黎民几无孑遗。闰八月间,驻海宁之太平军疮痍及瘟疫大发,死者无算。(民国《杭州府志》卷85、民国《昌化县志》卷15、冯氏《花溪日记》)

石门夏大疫。嘉善夏大疫。四月间,嘉兴有吐泻等病,不及一昼夜即死。(光绪《石门县志》卷1、光绪《重修嘉善县志》卷34、沈梓《避寇日记》卷2)

六七月,孝丰瘟疫,民遭兵戈者半,遭瘟疫者亦半。乌程归安难民均病泻痢,秽气逼人,死者日二十余人。(光绪《孝丰县志》卷8、沈梓《避寇日记》卷3)

同治二年(1863)

[江苏省] 二月,娄县、上海、南汇、青浦城乡鬼啸。嘉定,大疫。(缪荃孙等纂修《江苏省通志稿·灾异志》第3卷)

六月常熟疫气大作,病者只半日不治。八月,吴江各处时疫流行,死者甚多。新阳信义,大乱初平,继以大疫,乡间无槥可售,尸骸枕藉。(佚名《庚申避难日记》、倦圃野老《庚癸纪略》、宣统《信义志稿》卷19)

二月,娄县、奉贤、上海、川沙、南汇城市鬼啸,大疫。(光绪《松江府续志》卷39、同治《上海县志》卷30、光绪《川沙厅志》卷14、光绪《金山县志》卷17、光绪《南汇县志》卷22)

嘉定大疫。(光绪《嘉定县志》卷5)

[浙江省] 春,湖州水溢。海盐海溢,平湖海溢,河水皆咸,田禾多死。(光绪《海盐县志》卷13、光绪《平湖县志》卷25)

富阳大疫。海宁遭时疫(吊脚痧),伤无计。(民国《杭州府志》卷85、冯氏《花溪日记》)

五月,嘉兴疫。时天热亢旱,酷热,盛川死疫者经掩埋局收管,三日间计死二百余,余镇亦每日各有数人,皆半日病而已。(沈梓《避寇日记》卷4)

孝丰疫疠盛行。(王微《孝丰志稿》卷首)

同治三年(1864)

[江苏省] 正月至四月,江阴大疫。三月三十日,酉刻,娄县、上海、南汇、青浦、嘉定地震。五月初十日夜,南汇狂风大作,倾屋拔木,舞石,覆舟溺者。六月,乙卯,苏州大雨雹,飓风。(缪荃孙等纂修《江苏省通志稿·灾异志》第3卷)

四月,自长毛去后,常熟遍处起病,医者忙极,西南尤甚,死者亦多。(佚名《庚申避难日记》)

上海霍乱流行。(陈胜昆《中国疾病史》)

正月至四月,江阴大疫。春夏靖江大疫。(光绪《江阴县志》卷8、光绪《靖江县志》卷8)

宝山大疫流行。(光绪《宝山县志》卷10)

[浙江省] 乌程归安六月天炎疫作,每日死者动以百计。(沈梓《避寇日记》卷4)

同治四年(1865)

[江苏省] 正月,奉贤雷雨。夏,上海、青浦、江阴、武进、阳湖大雨。六月二十日,奉贤,风雨拔木,坏屋。七月十二日,嘉定霪雨。十二月,嘉定雷,奉贤雷雨。十二月十三日,上海、青浦,晨大雾。十四日,夜,闻雷。秋,嘉定螟。(缪荃孙等纂修《江苏省通志稿·灾异志》第3卷)

[浙江省] 五月二十四、二十五日,杭州大雨七昼夜,府属各县低田被淹。富阳大水没城。(民国《杭州府志》卷85、光绪《富阳县志》卷15、《越缦堂日记·孟学斋日记丙集》)

秋,嘉善田生虫,害稼。(光绪《嘉善县志》卷34)

同治五年(1866)

[江苏省] 八月八日,嘉定、上海飓风海啸。九月,地震。十二月,地复震。(缪荃孙等纂修《江苏省通志稿·灾异志》第3卷)

[浙江省] 五月十一日,昌化大水,颊口桥等圮于水。于潜永乐桥圮于水。(民国《昌化县志》卷4、卷15,光绪《于潜县志》卷2)

五月朔,昌化地震。(民国《昌化县志》卷15)

同治六年(1867)

[浙江省] 五月,湖州,大雨水。(光绪《归安县志》卷27)

于潜夏亢旱。(光绪《于潜县志》卷20)

海宁、富阳、余杭、临安、于潜、昌化,水、旱、风、雹、潮、虫为灾。夏,于潜虫伤,南乡尤重,东乡次之。(民国《杭州府志》卷85、光绪《于潜县志》卷20)

夏六月,湖州双林镇河水忽涌,荡摇如沸,池水皆然,盛林山等地处尤甚。十一月二十四日又地震。八月,海宁地震,坏民居。(民国《双林镇志》卷19、民国《海宁州志稿》卷40)

同治七年(1868)

[江苏省] 夏,嘉定雨豆。江阴,霪雨水涨,渰田。八月,嘉定地震。(缪荃孙等纂修《江苏省通志稿·灾异志》第3卷)

[浙江省] 五月,于潜、孝丰等县俱水灾。(光绪《于潜县志》卷20、光绪《孝丰县志》卷8)

同治八年(1869)

[浙江省] 于潜夏秋霪雨。(光绪《于潜县志》卷20)

同治九年(1870)

[江苏省] 正月二十七日,娄县,夜有声轰轰。六月八日,嘉定,大风拔木。(缪荃孙等纂修《江苏省通志稿·灾异志》第3卷)

[浙江省] 于潜六、七月旱。(光绪《于潜县志》卷20)

同治十年(1871)

[江苏省] 夏,江阴亢旸。大风伤稼。六月十六日夜,娄县见有星移,西陨于地,大如鸡子,光焰甚长;二十六日,东南,夜有一星,赤如火徐徐挂下。(缪荃孙等纂修《江苏省通志稿·灾异志》第3卷)

[浙江省] 三月二十二日,湖州狂风骤雨,拔木毁屋,覆舟伤人。同日,杭州有大风从西来,压檐大雨,屋瓦尽飞。(同治《湖州府志》卷44、民国《杭州府志》卷85、《越缦堂日记·桃华圣觯盦日记丁集》、《清史稿·灾异志》)

二月二十九日戌刻,杭州城雷电雨雹,大者如拳,暴风拔大木,旗杆、牌坊,所在吹折,余杭县风暴尤烈,衙署、仓廒、民居,坍损无算。(民国《杭州府志》卷85)

十一月二十五日申刻,孝丰县大沙雾,西乡黄色,南乡黑色,地震。(光绪《孝丰县志》卷8)

秋,平湖,嘉善疫。(光绪《平湖县志》卷25、光绪《重修嘉善县志》卷34)

同治十一年(1872)

[江苏省] 三月,朔,南汇,热如暑。是月,江阴雨雹。四月,嘉定雹。六月十九日,青浦旱。八月十九日,青浦地震,有声如雨降。八月,南汇地震。是月,嘉定有青虫食棉花叶。八月,南汇桃花开,冬暖。(缪荃孙等纂修《江苏省通志稿·灾异志》第3卷)

[浙江省] 三月十一日,嘉兴、嘉善大雨雹,大者十七斤。三月十四日,湖州大雨雹。(光绪《嘉兴府志》卷35、光绪《嘉善县志》卷34、同治《湖州府志》卷44、光绪《归安县志》卷27、光绪《乌程县志》卷27)

八月,于潜虫伤。(光绪《于潜县志》卷20)

八月十九日,嘉兴地震,由西而东。同日辰刻,海盐地小震。同日,石门地震。(光绪《嘉兴府志》卷35、光绪《海盐县志》卷13、光绪《石门县志》卷11)

同治十二年(1873)

[江苏省] 三月,嘉定,西井亭上裂水出色如血。江阴,夏秋,亢旱,大风灾。嘉定,十二月雷。(缪荃孙等纂修《江苏省通志稿·灾异志》第3卷)

[浙江省] 嘉兴夏旱。嘉善夏秋亢旱。平湖夏秋大旱。海盐夏旱。湖州夏秋大旱。太湖夏旱。于潜夏亢旱。新城六月大旱。(光绪《嘉兴府志》卷35、光绪《嘉善县志》卷34、光绪《平湖县志》卷25、光绪《海盐县志》卷13、光绪《归安县志》卷27、《太湖备考续编》卷2、光绪《于潜县志》卷20、民国《新登县志》卷20)

同治十三年(1874)

[江苏省] 五月十八日夜,见娄县西北芒长二尺直指东南;二十余日,乃减。嘉定,夏寒。四月,青浦,雨雹,有重至十余觔者。江阴,六月,彗星见;十

一月,朔,太白蚀日。(缪荃孙等纂修《江苏省通志稿·灾异志》第3卷)

［浙江省］ 十月二十日夜,孝丰地雷震。(光绪《孝丰县志》卷8)

光绪元年(1875)

［江苏省］ 二月,青浦,鱼台河决境内,淹没过半。阳湖,夏疫。青浦八月朔,大风骤雨至潮陡涨,伤禾木棉。九月,甲戌,青浦,又雨雷震南门塔。(缪荃孙等纂修《江苏省通志稿·灾异志》第3卷)

靖江夏霪雨,秋疫,岁大祲。(光绪《靖江县志》卷8)

［浙江省］ 五月,湖州水。八月复水,杭州府属水。(光绪《归安县志》卷27、《南浔志》卷20)

湖州、南浔,六、七月旱。(《南浔志》卷29)

自夏徂秋,杭州府属水旱相继,风雹虫蝗伤稼。仁和、钱塘、海宁灾尤重。(民国《杭州府志》卷85)

光绪二年(1876)

［江苏省］ 五月十一日,嘉定,大风雨雹。七月,嘉定,有青虫害禾。江阴,夏秋旱,岁歉。六月十五日黎明,娄县天色赤如胭脂。七月初,金星昼见,去日丈许,娄县、江阴皆见之。七月,壬午,青浦城火延烧三十余家。十二月,江阴地震。(缪荃孙等纂修《江苏省通志稿·灾异志》第3卷)

［浙江省］ 六月十三日夜,海宁飓风,坏民居。六月十四日,临安、余杭大雨水,坏民庐。同日,于潜蛟洪骤发,平地水高数丈。同日,新城大水。六月二十一日,孝丰大水。(《清史稿·灾异志》、民国《海宁州志稿》卷40、宣统《临安县志》卷1、光绪《于潜县志》卷2、光绪《孝丰县志》卷8)

光绪三年(1877)

［江苏省］ 五月初八日,武进、阳湖飞蝗逼境,赵倩圩内蝗食禾尽。翌日,复生嫩苗收获胜常。六月,娄县蝗灾。六月,嘉定,虫食棉稻,豆叶状如蚕。安亭,秋蝗。五月二十三日,丁丑,大风雨发屋拔木,娄县、奉贤、武进、阳湖、江阴、嘉定皆然。七月二十六日夜,嘉定又怪风坏庐舍。六月,武进、阳湖见日晕五色。五月四日,丁亥,夜半。青浦地震、奉贤亦震。(缪荃孙等纂修《江苏省通志稿·灾异志》第3卷)

上海霍乱再度流行,有二十二名外国人死于霍乱。春,上海喉症流行,医多不治。(陈胜昆《中国疾病史》、王宗寿《重刊增补经验喉科紫珍集序》)

[浙江省] 五月二十一日,于潜大雨三昼夜,水灾。(光绪《于潜县志》卷20)

五月,孝丰蝗。夏,湖州蝗,不为灾。秋,湖州螟,害稼。七月,嘉善飞蝗蔽野,桐乡有蝗入境。于潜秋有虫伤,东乡较重,西北次之。(光绪《孝丰县志》卷8、光绪《乌程县志》卷27、光绪《归安县志》卷27、光绪《嘉善县志》卷34、光绪《桐乡县志》卷20、光绪《于潜县志》卷20)

光绪四年(1878)

[江苏省] 五月二十三日,嘉定蝗灾。八月,嘉定飓风数日。(缪荃孙等纂修《江苏省通志稿·灾异志》第3卷)

[浙江省] 湖州三月久雨,十月水。九月,于潜阴雨连旬。(光绪《归安县志》卷27、光绪《于潜县志》卷20)

湖州五月旱。(光绪《归安县志》卷27)

光绪五年(1879)

[江苏省] 夏,嘉定旱。(缪荃孙等纂修《江苏省通志稿·灾异志》第3卷)

[浙江省] 四月,于潜霪雨。(光绪《于潜县志》卷20)

八月,新城大旱,自五月初六日至七月初一日,不雨。(光绪《于潜县志》卷20)

光绪六年(1880)

[江苏省] 五月,嘉定大水。(缪荃孙等纂修《江苏省通志稿·灾异志》第3卷)

光绪七年(1881)

[江苏省] 嘉定疫且饥。(民国《嘉定县续志》卷3)

[浙江省] 七月初三日,浙江沿海飓风暴起,洪潮泛滥,濒海各县田禾被淹。(《东华录七年九月》卷38)

上海疫且饥。有二百五十一名中国人及二十五名外国人死于霍乱。青浦

疫且饥。(民国《上海县城续志》卷28、陈胜昆《中国疾病史》、民国《青浦县续志》卷23)

昌化秋大疫,死亡无算。(民国《昌化县志》卷15)

光绪八年(1882)

[江苏省] 苏州被霍乱波及。(陈胜昆《中国疾病史》)

青浦秋七月大疫。(民国《青浦县续志》卷23)

嘉定七月大疫。(民国《嘉定县续志》卷3)

[浙江省] 浙、皖二省被水。昌化夏大水。五月下旬,杭州、嘉兴、湖州三府属各县雨水过多,淹没田禾。五月二十三日,嘉善大风雨,于潜大水,圮永春桥等桥梁四座,平地水高丈余。(《东华录八年六月》卷27,《东华录八年七月》卷12、卷45,《清史稿·灾异志》,民国《昌化县志》卷15,光绪《嘉善县志》卷34,光绪《于潜县志》卷2、卷20)

光绪九年(1883)

[江苏省] 四月,宝山月浦霪雨,大疫。(民国《月浦志》卷10)

[浙江省] 杭州夏雨过多。七月初二至初六日,沿海大风潮,各处被灾。于潜七月俱大水。海宁飓风拔木,坏民居。(《申报》、民国《海宁州志稿》卷40、光绪《于潜县志》卷20)

嘉善夏旱。(光绪《嘉善县志》卷34)

光绪十年(1884)

[江苏省] 七月,上海疫作,疟疾流行。(民国《上海县续志》卷30、何斌《我国疟疾流行简史(1949年前)》)

[浙江省] 春,富阳大源山雨雹。(民国《杭州府志》卷85)

光绪十一年(1885)

[江苏省] 秋,昆新疫气横行,猝不及治。(民国《昆新两县续补合志》卷1)

青浦大疫。六七月,南汇疫疠大行。(民国《青浦县续志》卷23)

嘉定秋疫症流行。宝山秋疫。宝山罗店七月疫,患者上吐下泻,手足挛

急,子发午死,名曰子午痧,一家有毙三四人者。(民国《嘉定县续志》卷3、民国《宝山县续志》卷17、光绪《罗店镇志》卷8)

[浙江省] 五月初三、初五日,于潜大雨成灾。(光绪《于潜县志》卷20)

夏秋交,嘉善大疫,日晡后,人不敢外行,田禾歉收。(光绪《重修嘉善县志》卷34)

夏秋,湖州瘪螺痧盛行,死者日数十人。(莫枚士《研经言》卷4)

光绪十二年(1886)

[江苏省] 秋,川沙大瘟疫。(民国《川沙县志》卷23)

无锡霍乱流行。(《无锡市地方志·卫生卷》)

[浙江省] 七月,富阳大水。(光绪《富阳县志》卷15)

新城夏旱。(民国《新登县志》卷20)

光绪十三年(1887)

[江苏省] 吴门霍乱流行。(许起《霍乱燃犀说·自序》)

[浙江省] 八月,海宁潮溢,漂溺数十人。(民国《海宁州志稿》卷40)

光绪十四年(1888)

[江苏省] 吴县秋疫。(民国《吴县志》卷55)

九月中,金山张堰大起痢疾痧症,治鲜效。春起,上海烂喉疫痧盛行,牵连沾染,夭亡不可胜计。自是,该疫连续三年在沪流行。同时有三百七十五人死于霍乱。(民国《重辑张堰志》卷11、曹心怡《喉痧正的·序》、陈胜昆《中国疾病史》)

武阳霍乱流行。(陈廷儒《诊余举隅录》)

嘉定秋大疫。(民国《嘉定县续志》卷3)

[浙江省] 春,富阳水灾,各山发蛟水七十余处,淹毙人畜无算。(光绪《富阳县志》卷15)

秋,嘉善疫,田禾歉收。(光绪《重修嘉善县志》卷34)

光绪十五年(1889)

[江苏省] 昆山虬泽农民至无锡购油染疫,归延蔓,死者无数。(民国《昆

新两县续补合志》卷1)

七月,上海大疫。青浦大疫。南汇夏大疫,民多死者。(民国《上海县续志》卷28、民国《青浦县续志》卷23、民国《南汇县续志》卷22)

嘉定七月大疫。(民国《嘉定县续志》卷3)

[浙江省] 本年秋间,浙江大雨连旬,水势涨发,杭州、嘉兴、湖州等府俱被水灾,尤以杭、嘉、湖三府最为严重。海宁七月十六、二十七日,大雨两昼夜不止,山洪暴发。八月又霪雨四十日,大水成灾。八月,新城大水,圮临江桥。湖州、南浔八月二十四日大雨,连阴数旬,至十月初十始晴,田禾尽没。富阳八月至十月阴霪四十七日,田禾尽没,合邑皆荒。嘉善八月至十月霪雨四十日。(《东华录十五年十月》卷13、民国《海宁州志稿》卷40、光绪《南汇志》卷29、光绪《富阳县志》卷15、光绪《嘉善县志》卷34)

光绪十六年(1890)

[江苏省] 长洲相城大疫,有一家死数人者。夏,吴江黎里疫疠大作,死者枕藉。(民国《相城小志》卷5、光绪《黎里续志》卷12)

夏,上海时疫流行,霍乱症多,猝不及救。(民国《上海县续志》卷28)

嘉定夏霍乱流行。宝山夏大疫,流行霍乱症,俗称瘪螺痧,染者多猝不及救,榻市为空。(民国《嘉定县续志》卷3、民国《宝山县续志》卷17)

[浙江省] 霉伏之际,霪雨连绵,海宁州及平湖县海塘损毁。(《东华录十八年七月》卷4)

三月三日,富阳雹,大如斗,西南各乡大木尽拔,木叶皆如火灼。(民国《杭州府志》卷85)

秋,杭州虫伤,于潜虫。(民国《杭州府志》卷85、光绪《于潜县志》卷20)

秋,嘉善疫,田禾仍歉收。(光绪《重修嘉善县志》卷34)

光绪十七年(1891)

[江苏省] 夏秋之交,吴江黎里复大疫,初起或吐或泻,骤如霍乱,或足麻筋吊屈不能伸,名脚麻痧,又名瘪螺痧,患此者甚至顷刻殒命,里人死者日数人,四乡尤甚,病者过七日,乃得无恙。长洲相城秋疫症盛行,呕泻螺疮起,即不治。(光绪《黎里续志》卷12、民国《相城小志》卷4)

秋,宜荆夏旱,大疫。(民国《光宣宜荆续志》卷12)

[浙江省] 夏秋交,嘉善大疫。夏,秀水新塍大旱,舟楫不通,秋大疫。(光

绪《重修嘉善县志》卷34、民国《新塍镇志》卷4)

光绪十八年(1892)

[浙江省] 嘉善六月至闰六月初一,不雨,七月又不雨。临安夏大旱。于潜旱。昌化夏大旱。(《清史稿·灾异志》、光绪《嘉善县志》卷34、宣统《临安县志》卷1、光绪《于潜县志》卷20、民国《昌化县志》卷15)

光绪十九年(1893)

[江苏省] 上海天花流行,有十一名外国人和一百八十四名中国人罹是疾而死。(徐雪筠等译编《上海近代社会经济发展概况(1882—1931)》)

[浙江省] 于潜夏秋多雨。(光绪《于潜县志》卷20)

嘉善十月旱。(光绪《嘉善县志》卷34)

秋,杭州凤凰山崩。(民国《杭州府志》卷85)

光绪二十年(1894)

[浙江省] 嘉善夏秋旱,水西流。于潜夏秋旱。(光绪《嘉善县志》卷34、光绪《于潜县志》卷20、《清史稿·灾异志》)

光绪二十一年(1895)

[江苏省] 常昭夏疫(瘪螺痧),苏州霍乱流行。(光绪《常昭合志稿》卷47、陈胜昆《中国疾病史》)

青浦秋大疫。夏,上海霍乱流行,在租界,有二十名外国人和九百三十名中国人死亡。(民国《青浦县续志》卷23、徐雪筠等译编《上海近代社会经济发展概况(1882—1931)》)

嘉定秋大疫。(民国《嘉定县续志》卷3)

[浙江省] 九月二十一日戌初,嘉兴新塍镇地震,有声如雷。同日酉刻,乌青镇地震,屋瓦皆鸣。(民国《新塍镇志》卷4、民国《乌青镇志》卷2)

夏秋之间,平湖疫气流行,死亡枕藉。(民国《平湖县续志》卷12)

光绪二十二年(1896)

[浙江省] 四月十六日申刻,海宁大雨雹,大者如拳。(民国《海宁州志

稿》卷40）

光绪二十四年（1898）

[浙江省] 湖州、南浔六月大旱。（《南浔志》卷29）

光绪二十五年（1899）

[江苏省] 上半年，上海天花流行，在租界，有九名外国人和一百八十三名中国人死亡。（徐雪筠等译编《上海近代社会经济发展概况（1882—1931）》）

[浙江省] 八至十月，太湖久雨大水。（《太湖备考续编》）

杭州霍乱盛行。（连文冲《霍乱审证举要·序》）

光绪二十七年（1901）

[江苏省] 夏，常熟大水。秋，海潮为灾，淹东兴等沙。是月，武进、江阴沿江等厅州县圩岸数百处，同时冲破，田庐淹没。（缪荃孙等纂修《江苏省通志稿·灾异志》第3卷）

秋冬常昭起喉症，次年春尤甚。冬昆新喉症盛行，迄于明年之夏。（杨龙九《重订囊秘喉书·序》、王景华《重订囊秘喉书·跋》）

上海，冬，喉痧流行，多至不救。童稚染疫而死者尤多。（民国《上海县续志》卷28、《疫症集说补遗》）

嘉定，冬，喉痧症流行。（民国《嘉定县续志》卷3）

[浙江省] 五月，新城、富阳等县大水，富阳大水过城高一尺，没人畜无算。是年，全省计仁和等三十七州县水灾。（《东华录二十七年十二月》卷74、光绪《富阳县志》卷15）

光绪二十八年（1902）

[江苏省] 常熟夏疫。（缪荃孙等纂修《江苏省通志稿·灾异志》第3卷）

秋，昆新大疫，市橹为空，始喉症，继时痧。常昭夏疫（子午痧，亦名瘪螺痧）。翁同龢在京闻城外痧症盛行，乞药者踵相接。长洲相城大疫。吴江震泽自春徂夏大疫，初起足麻不能伸，名为脚麻痧，又名吊脚痧，患此者或吐或泻，骤如霍乱，甚至顷刻殒命者。吴中大疫，白喉陡发，传染相继，始自（上年）冬杪，以至春夏。［民国《昆新两县续补合志》卷1、光绪《常昭合志稿》卷47、《翁同龢日记》第 5 册、民国《相城小志》卷 5、费善庆《垂虹识小录》卷 7、俞樾《春在堂杂文六编》(三)、张采田《白喉症治通考·缘起》]

八月青浦大疫,棺椁为空。川沙大瘟疫。二月至九月,南汇喉痧大作,多至不救,有阖家尽死者。娄县枫泾大疫。金山张堰夏秋大疫,乡村白昼闭门,午后路人绝迹。上海流行猩红热(烂喉痧),是年夏天因是疾而亡的约 1500 人。(民国《青浦县续志》卷 23、民国《川沙县志》卷 23、民国《南汇县续志》卷 22、宣统《枫泾小志》卷 10、民国《重辑张堰志》卷 11、徐雪筠等译编《上海近代社会经济发展概况(1882—1931)》)

宜荆夏旱,大疫。(民国《光宣宜荆续志》卷 12)

秋,嘉定大疫。(民国《嘉定县续志》卷 3)

[浙江省] 新城县众缘桥为洪水所圮。(民国《新登县志》卷 6)

昌化夏大旱。(民国《昌化县志》卷 15)

新城夏秋大疫,死者甚众。(民国《新登县志》卷 20)

嘉善枫泾大疫。平湖天降瘟灾,一家或传染数口。海盐澉浦疠疫大行,传染遍四乡,触之立毙。自五月至九月始消除。嘉兴梅里夏秋大疫,感受者壮年居多。(宣统《枫泾小志》卷 10、民国《平湖县续志》卷 12、民国《澉志补录》卷下、民国《梅里备志》卷 8)

光绪二十九年(1903)

[江苏省] 上海夏大疫,多患红痧。(民国《上海县续志》卷 28)

宝山夏秋旱,多疫,染者多发红痧,不能透者辄死。嘉定夏大疫,红痧症流行。(民国《宝山县续志》卷 17、民国《嘉定县续志》卷 3)

[浙江省] 六月间,杭州城内,时疫流布,几于无人不病,大都发热头眩,热退则四肢发红斑,然死者甚少。(孙宝瑄《忘山庐日记》)

秀水新塍里中大疫,多喉症。(民国《新塍镇志》卷 4)

光绪三十一年(1905)

[江苏省] 八月初三、初四两日风潮为灾,崇明淹毙沙民一万七千余人,川沙淹毙五千四五百人,宝山淹毙二千五百余人。(缪荃孙等纂修《江苏省通志稿·灾异志》第 3 卷)

光绪三十二年(1906)

[浙江省] 春夏间,两浙盐场灶、荡受风雨潮灾,禾棉迭受重伤。六月十四日,湖州、南浔大风雨,坍民房甚多。是年,浙江风水成灾,仁和等一十八州县成灾十分,嘉兴、湖州二所受灾。(《东华录三十三年正月》卷29、《东华录三十三年二月》卷2、《南浔志》卷29)

光绪三十三年(1907)

[江苏省] 上海霍乱流行,有六百五十五人死亡。(陈胜昆《中国疾病史》)

[浙江省] 昌化夏大旱,新城夏秋之交久旱。(宣统《临安县志》卷1、民国《新登县志》卷20、民国《昌化县志》卷15)

三月杪麦秀时,忽起虫,青灰色,长寸许,口有细丝,麦田处处有之,多者麦秆俱黑,食麦叶及花。杭州、临安夏大旱,螟虫伤稼。昌化夏大旱,蟊虫害稼。(民国《杭州府志》卷85、宣统《临安县志》卷1、民国《昌化县志》卷15)

光绪三十四年(1908)

[浙江省] 六月,湖州、南浔霖雨,临安水灾。(《南浔志》卷29、宣统《临安县志》卷1)

新城夏旱。(民国《新登县志》卷20)

昌化无麦。(民国《昌化县志》卷15)

宣统元年(1909)

[江苏省] 无锡疫气厉行。(《无锡富安乡志》卷28)

[浙江省] 五月,临安、昌化大水,海宁大水。(宣统《临安县志》卷1)

六月,临安大旱。七月,昌化大旱。新城夏久旱。(民国《临安县志》卷1、民国《昌化县志》卷15、民国《新登县志》卷20)

二月初八日戌初,德清地震。(民国《德清新志》卷13)

桐乡青镇霪雨为灾,大水,田稻淹没,七月大疫。(民国《乌青镇志》卷2)

七月,乌程南浔大疫。乌程乌镇大疫。乌程归安喉疫流行。(民国《南浔镇志》卷29、民国《乌青镇志》卷2、包三鑛《包氏喉症家宝·攻洞天》)

宣统二年(1910)

[江苏省] 上海各租界鼠疫流行。(民国《上海县续志》卷28)

[浙江省] 五月,湖州、南浔久雨。六月,富阳、余杭蛟水暴注,淹人畜庐舍。(《南浔志》卷29、民国《杭州府志》卷85)

秋,昌化虫灾。是年,新昌鸡笼山裂丈余。(民国《新昌县志》卷18)

宣统三年(1911)

[江苏省] 秋,靖江瘟疫流行。(《靖江卫生志》)

嘉定六月红痧症流行。(民国《嘉定县续志》卷3)

[浙江省] 湖州、南浔,五、六月久雨。闰六月十六日夜大风至十七日止,太湖水高倒灌。太湖七月被阴雨积日,田禾被淹者十之三四。(《南浔志》卷29)

昌化无麦。(民国《昌化县志》卷15)

秋,昌化虫灾。(民国《昌化县志》卷15)

新城夏多阴雨,秋大疫。(民国《新登县志》卷20)

后 记

　　从周振鹤先生的《释江南》开始,学界有关江南史问题的讨论,历经三四十载的学术积累,可谓是名家辈出,硕果丰厚。即便如此,江南史研究相对于其他地方史研究而言,无论从选题的多样性,还是成果的丰富性来看,仍存在较大的潜力与空间。史学的生命力,恰恰在于一代代研究者苦心孤诣,持续提出新的见解,这或许就是学界"重绘江南"的意义所在。

　　回顾本人求学之路,从初学时的茫然无措,到毕业时的离愁别绪,霎时间过往思绪涌上心头。幸赖投入苏州大学王卫平先生门下,先生悉心教导,耐心点拨,为我打开了近代江南城市史研究的大门,使懵钝茫然的我寻到了一丝学术光芒。

　　在研究过程中,我不禁思索:近代江南城市的特点是什么？近代江南城市的社会问题有哪些？在近代翻天覆地的历史剧变中,推动江南城市社会治理机制变革的动力又是什么？身处骤变之中的近代江南社会各阶层,又是如何因应的？面对上述困扰,先生的谆谆教导让我认识到从近代江南公共危机与社会应对着手,或许是解决问题的钥匙。我便以此为切入点,耐心剖析公共危机的生成机理、内外环境及影响。然而越是深入剖析,就越感到不得不触及相对微观的层面,也不免做一些琐碎的个案分析或例证探讨。事实上,个案的史料往往比较分散与碎片化,且研究方法过于呆板与单一,这促使我不得不转向跨学科的研究方法以寻求新的见解。正因顿无措时,上海师范大学温家洪先生给予了我新的研究思路,我方才从韧性城市治理的理论体系中寻找到新的破解之道。为了深拓论证材料的来源,除了在故纸堆中辨清史料文献之外,我还利用出差的契机实地勘察,在沧海桑田的历史和地理环境中寻找历史记忆,重构历史空间,探析历史真相。

　　古今鉴证,斗转星移,唏嘘之余,让人莫名感慨,伫立于时空交错的历史坐标之上,或许就是史学研究工作者的高光时刻。蓦然回首间,我不由得在内心思索:我们研究江南史和城市史的目的是什么?抑或是怎样的学术魅力,吸引着我们投入如此多的精力专注于此?从最感性的视角来看,往昔生动与鲜活的历史瞬间,正是从文献史料的字里行间迸发的,其彰显的学术张力可以穿透纸背。以近代江南城市灾害性公共危机事件为例,重大灾情大都见诸方志、报刊、文集之中,但往往只是冰冷的寥寥数语,又或许只是简单的灾情统计,这就需要我们借助更加多样化的史料勾陈索隐,以使更为惨烈的历史真相再现。就我自己的研究体会而言,无论是飓风过后,还是疫病的肆虐与蔓延,抑或是民众的求雨祈禳仪式,那些在灾情过后穷困潦倒或是濒临死亡的个人或群体,他们的悲与痛,挫折与孤寂,挣扎与绝望,已化作一幕幕可悲可叹的历史瞬间,直击每个史学研究工作者的内心。在多维的历史叙事与话语体系中,一个个鲜活的人物在历史场景中被重构出来。

近代江南城市中的民众,都是生活在特定的社会秩序和公共空间之中的。秩序和观念影响着每个人的行动,这些行动又通过不断延展的行为方式构建起交互网络,支持和改变着原有的社会秩序和公共空间,成为一个周而复始、持续再生产的过程。可以说,内在的演化、断裂,外来的挑战、冲击,会让这个再生产的过程产生强烈的社会异化甚至是激烈的社会震荡,或表现为各个阶层复杂的竞合关系,或表现为简单的、具象化的社会冲突。而几乎所有这些过程,都已呈现为纷繁复杂的历史现象。从史料中爬梳和发掘这些真相,摹绘和构建有价值的历史画面,分析背后所蕴含的结构和动机,以及权力秩序、利益博弈、文化观念、行为逻辑和凝结成的社会结构网络等元素,可以更好地帮助我们理解历史环境中的人或事,这是史学研究的应有之义。

为了寻求这一结果,我们应当在有限的史料中发现和构建历史情境,通过真实的例证去讲述故事,去拼接碎片化的历史场景,通过厘清、辨别、演绎、诠释、探求,甚至是对比、拼合、重组、融通、整合,最终呈现出完整的历史脉络与历史叙事。这种思索方式,在近代社会史研究中显得颇为常见。只是相比起来,史学研究工作者无法像历史影视剧或历史小说一样自由驰骋想象力,或是自己主动设计场景,只能"戴着镣铐跳舞",努力将自己觉得感动而颇有价值的历史瞬间呈现给读者,让读者在文字中回味历史往事,体验历史美感,反思历史教训,汲取历史智慧。

后 记

不言而喻，这些承载着丰富文化意蕴的历史瞬间，在漫长的历史长河中持续不断地轮番上演，这也许就是历史中最令人感动的音符。对于史学工作者而言，最希望去做的，就是试图解构这一幕幕场景背后的历史动因和生成机理，透过历史情境去刻画历史人物的复杂关系和内心世界。令人欣慰的是，近年来学界已越来越多地将目光聚焦于小人物的悲欢离合，让读者真切感受到他们的存在以及活灵活现的绰绰身影，城市公共危机事件无疑是最好的注脚。正因为如此，我们才能真切刻画历史中每一个个体的生命与尊严，在他们的喜怒悲欢中创造新的历史。正如英国历史学家爱德华·霍列特·卡尔在《历史是什么？》中坦言的：阐明历史真相是历史学家的责任。

事实上，江南城市史的研究只是史学研究的一隅，江南城市公共危机与社会治理问题也只是万千历史问题中微不足道的一个。然而，在近年来的学术实践中，本人深感历史学的理论生长与话语体系需要踏踏实实地回归对往昔人群和社会的理解与观察，从中构建新的认知；需要从过往的历史问题中，归纳现象，提炼概念，构筑解释，在与古人、今人的反复对话中构建史学认知；需要在反思既有的提问方式与概念中，逼近历史真相。时间如流水永在流逝，社会情势和文化语境持续变幻，生长、经历于其中的史学研究工作者，或许都有自己新的意趣与高见。唯有如此，学术方能不断焕发新意。

恰逢拙著杀青之际，我深知这绝非我一人努力之结果，实则凝聚着众人的心血与冀望。拙著历经几度修缮而成，从提出构思到搜集材料，再到著述成文，恩师王卫平先生付出了太多的期待与心力。先生开阔的学术视野、敏锐的问题意识，让我在选题与行文上深受启发。跟随先生的六载间，先生在为学与为人方面予我影响至深，其余诸位良师予我学习与生活上无微不至的关切，让我满怀感激。

在博士论文的评审和答辩阶段，幸赖南京大学陈谦平，苏州大学黄鸿山、池子华、朱小田、朱从兵、余同元、王国平、魏向东、俞政等教授的鼓励和指点，在此表示由衷的感谢。谨致谢常熟理工学院黄河、苏州文化广电和旅游局周恺、苏州大学王方星、上海市教育委员会吴庆全、中国人民警察大学（广州）陶伟文等好友，在百忙之中帮忙搜集资料。在拙著的修改过程中，分别得到了浙江传媒学院隗静秋、上海工程技术大学吴磊、湖南师范大学曾桂林、扬州大学朱煜等学友的帮助。在多年的求学和工作经历中，他们以各自不同的方式，尽其所能慷慨相助,甚为感念。拙著能够顺利出版,得到了上海海关学院各位领导的鼎力支持,苏州大学出版社编辑们为此付出甚多。我冀望在今后的学术生涯中,能够一如既往地得到各位师长和挚友的指导和教诲,始终勤奋刻苦,弥补自身不足,以志结草衔环。

最后,谨以此书致敬我的爱妻王小燕、爱女昱彤和昱昕以及我的双亲,是他们在我最孤寂的时候给予了我生活上的帮助和精神上的支持,是他们给了我一路前行的动力。同时,还要感谢各位读者在审读拙著之时,能够秉持精进学术之目的,提出宝贵的意见和建议。囿于本人的学识与能力,书中难免存在纰漏及舛误之处,敬望各位同人不吝赐教。

董　强

甲辰年于沪关院青莲湖畔